"双一流"建设高校立项教材
国家一流学科教材
新工科电子信息科学与工程类专业一流精品教材

# 光电成像与探测

◎ 安 玮　盛卫东　杨俊刚　主编
◎ 林再平　黄 源　王应谦　编著

电子工业出版社
Publishing House of Electronics Industry
北京·BEIJING

## 内 容 简 介

本书以光电成像目标探测作为核心应用背景，系统性地阐述了光电成像技术的基础理论知识、光电成像传感器的基本原理及其工作机制、光电成像目标检测过程中所涉及的信息处理基础知识和相关技术。全书共分为 8 章，主要内容包括：绪论、光学成像基础、红外物理基础、目标与环境特性、光电成像系统、辐射测量与几何测量、目标检测技术、目标定位与跟踪技术等。

本书可作为电子信息类、光学工程类等专业光电成像目标探测方向课程的基础教材，也可供相关领域的工程技术人员学习、参考。

未经许可，不得以任何方式复制或抄袭本书之部分或全部内容。
版权所有，侵权必究。

图书在版编目（CIP）数据

光电成像与探测 / 安玮，盛卫东，杨俊刚主编.
北京：电子工业出版社，2025.8. -- ISBN 978-7-121-50763-2

Ⅰ.O435.2；O482.7

中国国家版本馆 CIP 数据核字第 2025S4T830 号

责任编辑：袁　月　　文字编辑：庄　妍
印　　刷：三河市鑫金马印装有限公司
装　　订：三河市鑫金马印装有限公司
出版发行：电子工业出版社
　　　　　北京市海淀区万寿路 173 信箱　邮编　100036
开　　本：787×1 092　1/16　印张：13　字数：332.8 千字
版　　次：2025 年 8 月第 1 版
印　　次：2025 年 8 月第 1 次印刷
定　　价：59.00 元

凡所购买电子工业出版社图书有缺损问题，请向购买书店调换。若书店售缺，请与本社发行部联系，联系及邮购电话：(010) 88254888，88258888。
质量投诉请发邮件至 zlts@phei.com.cn，盗版侵权举报请发邮件至 dbqq@phei.com.cn。
本书咨询联系方式：(010) 88254553，yuany@phei.com.cn。

# 前　　言

俗话说"百闻不如一见"，人类通过视觉获取的信息占人类能够获取信息的80%以上，光电成像是信息感知的重要手段，在很多方面可突破人类视觉的局限。同时，光电成像也是目标探测的关键技术之一，它凭借被动探测的典型优势，如体积小、质量轻、功耗低等，在军用和民用领域均得到了广泛应用。无论是飞机、导弹的探测，地面车辆的监控，还是安防监控、要地监视、无人机防入侵探测等场景，光电成像都发挥着举足轻重的作用。

本书以光电成像目标探测为应用背景，融合了信号与系统分析、光学成像、红外物理、成像系统、相机标定、图像处理等领域知识。本书有别于常见的近场成像视觉图像处理，侧重军用和民用领域中远距离目标探测应用，同时将该应用背景相关的光电成像系统、图像信息处理等内容有机融合，内容结构主要按应用牵引组织。

本书共分为8章，主要内容包括：第1章绪论，主要介绍光电成像的内涵、发展历史、应用领域、典型应用等；第2章光学成像基础，主要介绍光学成像信号分析基础、透镜的傅里叶变换性质、光学成像系统的一般分析等；第3章红外物理基础，主要介绍电磁波谱、红外辐射的基本概念、相关物理量及热辐射基本定律等；第4章目标与环境特性，主要介绍空天目标特性，包括弹道导弹、临近空间飞行器、空中飞机的目标特性，背景环境的辐射特性、地球大气的传输特性、导弹预警探测波段选择等；第5章光电成像系统，主要介绍红外光电成像系统，光电成像系统的基本性能等；第6章辐射测量与几何测量，主要介绍辐射测量与几何测量的概念、辐射测量原理与方法、相机几何标定等；第7章目标检测技术，主要介绍光电成像与探测信号特性、点目标检测基本过程、红外图像背景抑制技术、门限分割与性能统计等；第8章目标定位与跟踪技术，主要介绍目标定位原理与方法、运动目标跟踪技术、光学成像与探测系统中的目标跟踪示例等。

本书以光电成像目标探测为应用牵引，多个领域知识交叉融合，综合了光电成像系统与信息处理的相关知识，作者所在单位在光学工程、信号与系统、图像处理等领域具备良好的基础，具有信号与系统国家精品课程、国家一流课程、信号系列课程国家级教学团队，为本书的编写提供了良好的支撑。本书配套电子课件及习题答案可登录华信教育资源网下载。

本书第1、2、3章由杨俊刚编写，第4、7章由安玮、林再平编写，第5、8章由盛卫东、黄源编写，第6章由杨俊刚、王应谦编写。安玮设计了本书的总体框架与编写内容，安玮、盛卫东对全书内容进行了审校，伍琼燕任本书编写组秘书。电子工业出版社的编辑为本书的出版做了大量工作，在此表示感谢！

本书的编写参考了大量近年来出版的相关技术资料，吸取了许多专家和同仁的宝贵经验，在此向他们深表谢意。

由于光电成像与探测技术发展迅速，内容涉及多学科交叉，作者学识有限，书中误漏之处难免，望广大读者批评指正。

# 目 录

**第1章 绪论** ·········································································································· 1
  1.1 光电成像的内涵 ···················································································· 1
  1.2 光电成像技术的发展历史 ···································································· 2
  1.3 光电成像技术的应用领域 ···································································· 3
  1.4 光电成像与探测典型应用 ···································································· 5
      1.4.1 弹道导弹预警系统 ···································································· 5
      1.4.2 机载红外搜索跟踪系统 ···························································· 8
  习题 ······································································································· 9

**第2章 光学成像基础** ···················································································· 10
  2.1 光学成像信号分析基础 ···································································· 10
      2.1.1 二维线性系统 ········································································ 10
      2.1.2 二维傅里叶变换 ···································································· 11
      2.1.3 二维线性空间不变系统 ························································ 16
      2.1.4 二维抽样理论 ········································································ 17
  2.2 透镜的傅里叶变换性质 ···································································· 20
      2.2.1 薄透镜的位相调制作用 ························································ 20
      2.2.2 透镜的傅里叶变换性质 ························································ 22
      2.2.3 透镜孔径的影响 ···································································· 25
  2.3 光学成像系统的一般分析 ································································ 27
      2.3.1 光学成像系统的普遍模型 ···················································· 27
      2.3.2 衍射受限系统的点扩展函数 ················································ 28
      2.3.3 像质评价 ················································································ 30
  习题 ····································································································· 30
  参考文献 ····························································································· 30

**第3章 红外物理基础** ···················································································· 32
  3.1 电磁波谱 ···························································································· 32
  3.2 红外辐射的基本概念 ········································································ 33
      3.2.1 红外辐射及谱段划分 ···························································· 33
      3.2.2 辐射源及其辐射量描述 ························································ 33
  3.3 相关物理量及热辐射基本定律 ························································ 35
      3.3.1 辐射照度 ················································································ 35

  3.3.2 黑体及其辐射 ········· 38
  3.3.3 基尔霍夫定律 ········· 39
  3.3.4 普朗克定律 ········· 40
  3.3.5 玻尔兹曼定律 ········· 40
 习题 ········· 41

## 第4章 目标与环境特性 ········· 42

 4.1 概述 ········· 42
 4.2 弹道导弹的目标特性 ········· 42
  4.2.1 弹道导弹主动段运动特性 ········· 43
  4.2.2 弹道导弹主动段尾焰辐射特性 ········· 48
  4.2.3 弹道导弹中段运动特性 ········· 53
  4.2.4 弹道导弹中段红外辐射特性 ········· 56
 4.3 临近空间飞行器的目标特性 ········· 58
  4.3.1 目标几何与运动特性 ········· 59
  4.3.2 目标红外辐射特性 ········· 60
 4.4 空中飞机的目标特性 ········· 61
  4.4.1 目标几何特性 ········· 61
  4.4.2 红外辐射特性 ········· 62
 4.5 背景环境的辐射特性 ········· 64
  4.5.1 太阳辐射特性 ········· 64
  4.5.2 地物辐射特性 ········· 65
  4.5.3 天空背景与云层辐射特性 ········· 66
  4.5.4 深空背景和天体辐射特性 ········· 68
 4.6 地球大气的传输特性 ········· 68
  4.6.1 大气的分层 ········· 69
  4.6.2 大气的成分 ········· 70
  4.6.3 大气传输效应 ········· 70
  4.6.4 大气吸收 ········· 71
  4.6.5 大气散射 ········· 72
  4.6.6 大气传输特性计算 ········· 73
 4.7 导弹预警探测波段选择 ········· 74
  4.7.1 主动段红外探测波段选择 ········· 75
  4.7.2 中段红外探测波段选择 ········· 75
 习题 ········· 76
 参考文献 ········· 76

## 第5章 光电成像系统 ········· 77

 5.1 概述 ········· 77
 5.2 红外光电成像系统 ········· 77
  5.2.1 红外光电成像系统的组成 ········· 77

5.2.2　红外光电成像的基本过程 ································································ 78
　　5.2.3　光学系统结构 ······················································································ 79
　　5.2.4　扫描系统 ······························································································ 89
　　5.2.5　空间红外杂散辐射抑制 ········································································ 94
　　5.2.6　红外探测器 ·························································································· 94
　　5.2.7　红外光电成像系统的制冷 ···································································· 102
5.3　光电成像系统的基本性能 ···················································································· 105
　　5.3.1　空间分辨率 ·························································································· 105
　　5.3.2　覆盖视场 ······························································································ 105
　　5.3.3　系统灵敏度 ·························································································· 106
　　5.3.4　探测距离 ······························································································ 107
习题 ···································································································································· 108

# 第6章　辐射测量与几何测量 ··········································································· 109
6.1　辐射测量与几何测量的概念 ················································································ 109
　　6.1.1　辐射测量概念 ······················································································ 109
　　6.1.2　几何测量概念 ······················································································ 110
6.2　辐射测量原理与方法 ···························································································· 111
　　6.2.1　光电成像辐射响应模型 ········································································ 111
　　6.2.2　辐射参数定标方法 ················································································ 112
　　6.2.3　辐射定标源 ·························································································· 113
　　6.2.4　探测器非均匀校正 ················································································ 115
　　6.2.5　盲元的判断与处理 ················································································ 121
6.3　相机几何标定 ········································································································ 126
　　6.3.1　相机成像模型 ······················································································ 127
　　6.3.2　张正友相机标定法 ················································································ 137
6.4　天基成像条件下的视线确定 ················································································ 144
　　6.4.1　天基光学传感器成像几何模型与误差来源 ·········································· 144
　　6.4.2　视线误差参数估计原理与方法 ······························································ 154
习题 ···································································································································· 155
参考文献 ···························································································································· 156

# 第7章　目标检测技术 ··························································································· 157
7.1　光电成像与探测信号特性 ···················································································· 157
　　7.1.1　目标信号特性 ······················································································ 157
　　7.1.2　背景信号分析 ······················································································ 160
　　7.1.3　图像信噪比 ·························································································· 161
7.2　点目标检测基本过程 ···························································································· 163
　　7.2.1　先检测后跟踪技术 ················································································ 163
　　7.2.2　先跟踪后检测技术 ················································································ 164
7.3　红外图像背景抑制技术 ························································································ 165

  7.3.1 空域背景抑制方法 ········································································ 166
  7.3.2 时域背景抑制原理 ········································································ 169
 7.4 门限分割与性能统计 ··········································································· 171
  7.4.1 恒虚警检测 ················································································· 171
  7.4.2 基于恒虚警的门限分割 ·································································· 171
  7.4.3 检测性能统计分析 ········································································ 174
 习题 ································································································· 176

## 第 8 章 目标定位与跟踪技术 ········································································ 177

 8.1 目标定位原理与方法 ··········································································· 177
  8.1.1 传感器观测模型 ··········································································· 177
  8.1.2 目标定位基本原理 ········································································ 180
  8.1.3 定位误差的描述与分析 ·································································· 186
 8.2 运动目标跟踪技术 ············································································· 190
  8.2.1 目标跟踪的基本概念 ····································································· 190
  8.2.2 航迹起始 ··················································································· 191
  8.2.3 数据关联 ··················································································· 191
  8.2.4 跟踪滤波 ··················································································· 192
  8.2.5 跟踪终结 ··················································································· 196
 8.3 光电成像与探测系统中的目标跟踪示例 ····················································· 197
 习题 ································································································· 198
 参考文献 ····························································································· 198

# 第1章 绪论

## 1.1 光电成像的内涵

成像是获取信息的重要手段之一，成像与人们的生活息息相关，人眼就是一个复杂且精密的生物成像系统。研究显示，人眼"像素"高达5亿，可获取丰富的信息。人类感知外界信息的主要手段包括眼、耳、鼻、舌、肤（视觉、听觉、嗅觉、味觉和触觉）。据相关统计，人类通过视觉获取的信息占人类能够获取信息的80%以上，正所谓"百闻不如一见"。

但是，由于人眼自然构造所形成的视觉性能限制，人类通过直接观察所获得的图像信息仍然是有限的。主要原因包括：灵敏度的限制，夜间无照明时人的视觉能力很差；分辨率的限制，没有足够的视角和对比度就难以辨识；光谱的限制，人眼只对电磁波谱中很窄的可见光区敏感；空间的限制，人眼无法观察到被阻隔的空间；时间的限制，过去的影像无法存留在视觉中。总之，人类的直观视觉只能有条件地提供图像信息。

为了突破人眼的限制，很早以前人类就为开拓自身的视觉信息获取能力进行了探索，并取得了不小的成效。灯具的出现改善了人类夜晚的照明环境；望远镜的出现为人类延伸了视见距离；显微镜的应用为人类观察微小物体提供了方便。但是，在扩展可视光谱范围、提高视觉灵敏度和突破时空限制方面，人类则经历了漫长的探索才有所进展，这一进展得益于光电成像技术的发展和进步。如今，光电成像技术已发展成为信息时代不可或缺的高新技术之一，正在不断推动着视觉感知领域的边界拓展。

被观察对象通过一定的成像系统可以转化为可目视观察的图像，这一过程需要借助一定的成像媒介来完成。成像系统是成像过程中最重要的要素之一。一般而言，被观察对象为成像系统的输入，最后得到的可目视观察的图像为成像系统的输出。通常，成像系统不仅包含成像的物理装置，还包含信息的传输、记录、处理和显示等部件。

作为直接成像的一类方式，几何成像是最简单、历史最长、最成熟的成像方法之一，即成像系统直接把物体各点转换至相应图像的各像元。几何成像需要通过成像元件进行，一般只能在紫外、可见光、近红外和红外区进行成像。而扫描成像可以对被观察物体各点的能量进行一次接收、记录或显示，故也属于直接成像，并且，由于它只需逐点接收能量，不需要成像元件，故可用的成像媒介比几何成像的多。

非直接成像技术是基于近年来激光和计算机技术的发展而发展的。所谓非直接成像技术，就是不直接接收或记录各像元，而是对各像元先进行适当编码，也就是对图像进行一定的变换，然后加以接收或记录。要得到图像的复原，需进行解码，也就是进行逆变换。非直接成像系统较直接成像系统复杂，非直接成像技术大大扩展了人们能观察对象的范围，提高了成像的性能。编码孔径成像是测量像元的一些线性组合，这种方法可提高成像的信噪比；结合压缩感知理论，可以采用低分辨率的传感器获得高分辨率的图像。此外，也发展了一些图像超分辨率重建算法来改善压缩编码孔径的成像质量。

光电成像作为成像技术中的一个主要类别，其典型特点是成像系统中采用光电技术或器件，利用光电系统获取图像信息，涉及光学成像与光电转换。例如，数码相机中的CCD、CMOS

等感光元件可将光信号转换为电信号，并记录成数字图像；而传统的胶片式相机，只涉及光学成像及化学感光，一般定义下不属于光电成像。

光电成像技术作为光学和电子学深度融合的产物，近年来受益于半导体技术的迅猛发展，其性能提升遵循着半导体行业的"摩尔定律"，实现了日新月异的飞跃。特别是，随着电子学图像传感器的不断革新和先进图像处理算法的持续优化，即便是基于相对有限的光学系统资源，也能产出高质量的成像效果。以智能手机摄像头为例，其性能已达到相当高的水平，这充分展示了光电成像技术在实际应用中的巨大潜力和显著成就。

探测技术的核心在于借助各类传感器来收集感兴趣目标的信息，包括发现、跟踪、识别等。这一过程涉及信息获取与处理，然后基于光电成像系统获得的数据，进一步进行图像处理，以提取有用的目标信息。例如，通过红外相机对无人机等目标进行探测，就是一个典型的光电成像与探测系统的应用场景。此外，光电成像技术还广泛应用于安防监控、天文监视及侦察预警等诸多军民领域，展示了其在民用和军用方面的广泛适用性和重要价值。

## 1.2 光电成像技术的发展历史

光电成像技术是在人类探索和研究光电效应的进程中产生和发展起来的，最早可追溯到 1873 年，史密斯（Smith）首先发现了光电导现象。随后，普朗克（Planck）于 1900 年提出了光的量子属性。1905 年，爱因斯坦（Einstein）成功解释了光电效应，完善了光与物质内部电子能态相互作用的量子理论，人类从此揭示了内光电效应的本质。在相继的大量研究工作中，伴随着近代物理学的发展，人们先后建立了半导体理论并研制出了各类光电器件，由此带来了内光电效应的广泛应用，提供了人类探测光子的技术手段，为扩展人眼的视见光谱范围奠定了基本条件。人类在探索内光电效应的同时也探索了外光电效应。1887年，赫兹（Hertz）首先发现了紫外辐射对放电过程的影响，第二年哈尔瓦克斯（Hallwachs）通过实验证实了紫外辐射可使金属表面发射负电荷，其后，斯托列托夫（Stoletov）、勒纳（Lenard）和爱因斯坦等科学家相继明确了光电发射的基本定律。在此基础上，1929 年，科勒（Koller）制成了第一个实用的光电发射体——银氧铯光阴极，随后利用这一技术成功研制了红外变像管，实现了将不可见的红外图像转换成可见光图像的功能。此后，相继出现了紫外变像管和 X 射线变像管，使人类的视见光谱范围获得了更有成效的扩展。外光电效应的深入研究使格利胥（Görlich）在 1936 年研制出锑铯光阴极，萨默（Sommer）在 1955年研制出锑钾钠铯多碱光阴极。西蒙（Simon）在 1963 年提出了负电子亲和势光阴极理论，伊万思（Evans）等人在该理论的指导下成功研制了负电子亲和势镓砷光阴极。这些高量子效率光阴极的出现使微光图像的增强技术达到了实用阶段。利用图像增强器，人类突破了视觉灵敏度的限制。

在发展光电成像技术的进程中，为扩展视见能力，人类从 20 世纪初期就开始致力于电视技术的研究。美国安培公司（Ampex）推出的世界上第一台实用型摄像机，开创了图像记录的新纪元，但当时的摄像机使用摄像管摄取图像，摄像管不仅使用寿命低、制造成本高、性能不稳定，而且不能对着强光进行摄影。1925 年，苏格兰人贝尔德（Baird）经过精心设计，利用旧无线电器材、旧糖盒、自行车灯透镜、旧电线等废旧材料，制造出了世界上最原始的电视摄影机和接收机。1926 年 1 月 27 日，贝尔德在英国伦敦皇家学会向 40 位科学家演示了他的发明，成功展示了活动图像的传输，这被认为是第一次公开展示电视图像。1929 年，美国科学家伊夫斯（Eves）在纽约和华盛顿之间成功传送了 50 行的彩色电视图像，这是早期彩色电视技术发展的一个重要里程碑。1933 年，美国发明家兹沃雷金（Zworykin）等人制造出比较成熟的光电摄像管，即电视摄像机。其中，兹沃雷金在一次试验中将一个由 240 条扫描线组成的图像传送给 4 英里（1 英里约为 1.6 千米）以外的一台电视，完成了使电视摄像与显像完全电子化的过程。至此，现代电视系统基本成型，为人类提供了不必面对目标即可进行观察的可能性。电视具有的极大吸引力为它带来了迅速的发展。在短短的半个多世纪中，电视摄像器件从初期的析像器，逐步提高并发展出众多类型的摄像器件。相继出现的摄像器件有：超正析像管、分流摄像管、视像管、二次电子导电摄像管、硅靶摄像管以及热释电摄像管等。

在发展电真空类型摄像器件的同时，1970 年，美国贝尔实验室的博伊尔（Boyle）和史密斯（Smith）开发出了一种具有自扫描功能的电荷耦合器件（CCD）。CCD 的问世标志着固体摄像器件的诞生，使电视摄像技术产生了质的飞跃。博伊尔和史密斯因此获得了 2009 年诺贝尔物理学奖。近年来，随着 CMOS 成像器件的回归与突起，光电成像技术进一步走向了小型化、低成本化和高清晰化。CMOS 传感器也因其低功耗、高集成度和低成本优势，在消费电子、安防监控、医疗成像等多个领域得到了广泛应用。各种特殊用途的成像器件也如雨后春笋般不断涌现出来。尤其是现代半导体材料和技术在各种探测器件中的应用，使得采用红外焦平面探测器件的凝视红外热成像技术取得了重大进展，将人类的视见能力扩展和提高到了一个新的阶段。

归结起来，上述种种改善人类视见能力的新技术都是以光电转换技术、光电子理论和半导体物理等为基础，通过各类光电成像器件来实现的。采用这一类器件完成成像过程的技术可以统称为光电成像技术。

## 1.3 光电成像技术的应用领域

人们采用光电成像技术突破了人类视觉的部分限制，特别是突破了人眼在低照度和有限光谱响应下的视觉限制。同时，视觉机能在时间和空间两个方面得到了扩展。时间上的扩展如数码照相、印刷、静电复印、摄录像等；空间上的扩展如电视、微光观察镜等，可以将肉眼不能直接观察到的远处图像传输到人眼视网膜上。

图像记录以随时可看和长时间保存为特点，图像传输以即时可看和长距离传输为特点。两者的特点可以互补，如在电视方面发展了图像记录——录像技术，在照相方面发展了图像传输——传真技术等。

除了视觉机能的空间扩大和时间延长，即图像传输和图像记录技术，同样在发展扩大的还有视觉识别技术。例如，将超出人类视觉响应能力之外的红外和紫外图像转换成可见光图像，或者将细节模糊的图像处理成细节清晰的图像。由此可见，图像与视觉是密切相关的。

随着科学技术的迅速发展和信息化社会的需求，光电成像技术受到普遍重视且不断开拓新的应用领域。光电成像技术的应用如表 1-1 所示。

表1-1 光电成像技术的应用

| 应用波段 | 应用类型 | 使用部门 | 应用 |
|---|---|---|---|
| 可见光谱区的应用 | 观察黑暗过程 | 警务 | 隐蔽监视某地点，监视记录暗藏的犯罪活动 |
| | | 心理学和医学 | 行为状态研究的记录 |
| | | 军事 | 水下监视、隐蔽的远程监视记录，夜间射击控制 |
| | | 科学研究工作 | 记录空气动力学、核物理等方面的高速微光现象，记录空间探测的确定方位，水下自然现象的记录 |
| | 材料折射、色散和透明性的拍照 | 材料检查 | 应变光学 |
| | | 天文学 | 天象的记录 |
| | 显微镜工作 | 冶金学和地质学 | 厚且不透明断面内的现象的快速记录和一般记录 |
| | | 动物学 | 在极微光下发生的现象的记录 |
| 红外辐射的应用 | 在红外光照明条件下，观察黑暗过程 | 照相工业 | 在照相乳胶不起作用的光谱区进行目视工作，对乳胶和相纸进行试验，在黑暗中修理发生故障的仪器 |
| | | 动物学 | 研究动物，特别是夜间活动的动物的行为 |
| | | 公安 | 管理某一地区，夜间巡视，工事的防御 |
| | | 心理学和医学 | 研究某种行为 |
| | 利用与可见光相比有不同折射、色散和透明度的红外照相或观察 | 材料检查 | 应变光学 |
| | | 动物学 | 发射红外线（例如甲壳虫）的研究 |
| | | 法律技术 | 证据的检查与提取 |
| | | 艺术史 | 赝品检查 |
| | | 测量学 | 扩展浓雾大气的可见区 |
| | | 光学 | 红外区双折射的研究 |
| | | 天文学 | 行星和恒星星象的记录 |
| | 红外显微镜工作 | 生物学和动物学 | 光敏制品的鉴定 |
| | | 冶金学和地质学 | 金属或矿物断面的检查 |
| | 使温度高于绝对零度产生的热辐射可见的工作 | 材料检查 | 机器上存在热应力部分的温度分布 |
| | | 消防 | 研究起火原因，寻找火的中心区域 |
| | | 钢铁工业 | 炼钢、轧钢过程的监控，高炉料面温度的测定，热风炉破损的诊断，出炉板坯温度的测量等 |
| | | 石化工业 | 输油管道状态检查，焦炭塔物料界面、HF储罐物料界面的检测，动力设备热泄漏及保温结构状况的检测等 |
| | | 电力工业 | 输电线、电力设备热状态检查，故障诊断 |
| | | 医学 | 癌症及与温度变化有关的病变早期诊断 |
| | | 军事 | 洲际导弹的探测、识别、跟踪，拦截武器的制导，大气层内外核爆炸的探测，战术侦察，观瞄、火控、跟踪制导和报警等 |
| 紫外辐射的应用 | 利用衍射、物质辐射和透过辐射等性质的紫外照相 | 林料检查 | 利用液体磷光的表面伤痕记录，瞬时薄膜现象记录 |
| | | 动物学和生物学 | 记录在辐射影响下动物活动和植物生长的变化情况，快速变化的生理过程的非干涉研究等 |
| | | 法律技术 | 证据的检查与提取 |
| | | 艺术史 | 赝品检查 |
| | | 光学 | 用菲涅耳波带片成像 |
| | | 天文学 | 用装在人造卫星上的望远镜进行天体的紫外照相 |
| | | 物理学 | 等离子现象和高能现象的记录 |

续表

| 应用波段 | 应用类型 | 使用部门 | 应用 |
|---|---|---|---|
| 紫外辐射的应用 | 紫外显微镜工作 | 动物学 | 标本横断面和有关现象的研究 |
| | | 冶金、地质学 | 金属和矿物断面检查 |
| X射线谱段的应用 | X射线照相 | 材料检查 | 检查静止和运动物体的内部情况，以及超高速运动物体的状态 |
| | | 动物学和生物学 | 利用低辐射强度的放射性跟踪，记录动植物内部的活动情况 |
| | | 天文学 | 利用人造卫星研究X射线辐射 |
| | | 医学 | 病灶与创伤的检查和记录 |
| | | 机场、海关的安检 | 违禁品检查 |
| | | 物理学 | 快速结晶体取向的劳厄图形的直接观察、瞬时事件的记录；用电视技术进行X射线图形的远程显示；根据谱线宽度的变化测量结晶的程度，高能现象的记录等 |

如表 1-1 所示，光电成像技术利用光电变换和信号处理技术获取目标图像，在工农业生产、科学研究和国防建设中占有重要地位。

综上，光电成像技术所研究的内容可以概括为以下四个方面。

（1）在空间上扩展人类视觉能力的图像传输技术；
（2）在时间上扩展人类视觉能力的图像记录、存储技术；
（3）扩展人类视觉光谱响应范围的图像变换技术；
（4）扩展人类视觉灵敏机能的图像增强技术。

人眼视觉局限与光电成像应用如图 1-1 所示。

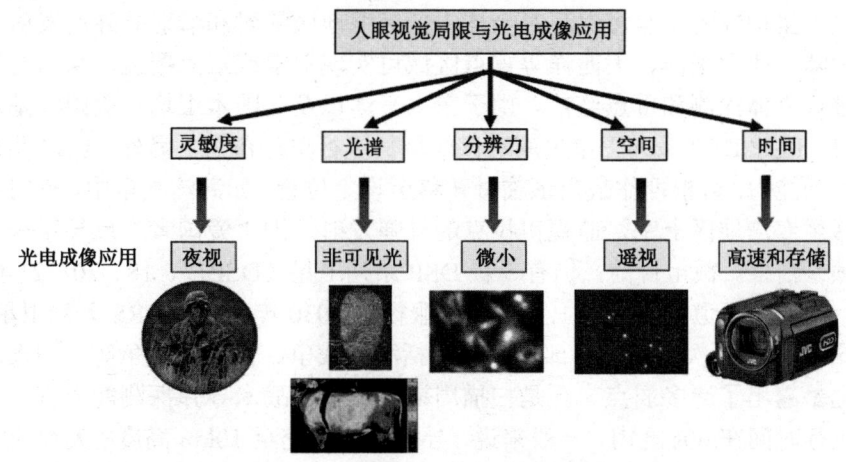

图 1-1　人眼视觉局限与光电成像应用

## 1.4　光电成像与探测典型应用

### 1.4.1　弹道导弹预警系统

为了应对弹道导弹威胁，美国自 20 世纪 50 年代开始发展弹道导弹预警系统（Ballistic Missile Early Warning System，BMEWS），当时主要采用地面预警雷达探测来袭导弹，由于受地球曲率的影响，地面预警雷达存在大片远距离低空盲区，严重压缩了预警窗口。为了增加预警时间，美国开始研制导弹预警卫星，先后经历了米达斯（Missile Defense Alarm System，MiDAS）、国防支援计划（Defense Support Program，DSP）和天基红外预警系统（Space-Based Infrared System，SBIRS）三个阶段。其中，MiDAS 和 DSP 系列卫星通过探测地球背景中弹道导弹发射产生的红外辐射，对目标进行发射告警与助推段跟踪，SBIRS 在提升与完善助推段预警能力的基础上，增加了对太空冷背景中目标的探测与跟踪能力，最终目标是实现对导弹目标的全程探测与跟踪。

### 1. 米达斯（MiDAS）

米达斯始于 1958 年，最初设计成 8 颗卫星，分布于两个低轨正交极地轨道，后来设计成由 12 颗卫星组成星座，与地面预警雷达构成"两位一体"的弹道导弹预警系统。1960 年至 1966 年，先后发射了 12 颗卫星，其中，3 颗发射失败，9 颗正常入轨。由于当时卫星电源技术不成熟，大部分卫星因电源系统失效而无法工作，直到 MiDAS-7 入轨后才证实了该卫星具有探测陆基洲际弹道导弹的能力，尽管如此，美国并没有批量生产与部署，而是继续验证卫星运行寿命、对潜射弹道导弹和中远程弹道导弹的探测能力、发射点估计误差等相关指标，最终积累了大量红外数据，获取了试验结果。MiDAS 作为美国第一代导弹预警卫星，尽管没有实战部署应用，但为后续第二代导弹预警卫星的发展奠定了技术基础。

### 2. 国防支援计划（DSP）

国防支援计划始于 20 世纪 70 年代，1970 年至 2007 年间，先后发射了 23 颗 DSP 系列卫星，其中，2 颗发射失败，1 颗不明原因失效，其他卫星均正常入轨担负战备任务。该系列卫星部署于地球静止轨道，主要通过卫星自旋方式进行区域导弹发射探测，扫描周期为 10s，地面分辨率为 3~5km。DSP 系列卫星星座构型几经变迁，直到 1993 年才形成了稳定的 5 星星座构型，5 颗卫星构成的星座可保证对全球中低纬度地区陆射和潜射导弹的发射实施无缝探测，对亚欧大陆、西太平洋、大西洋等重点区域可实现双重或三重覆盖，从而对该区域发射的弹道导弹进行立体探测和重点监控。由于东太平洋以及美国本土均在美国陆基远程预警雷达探测范围内，因此 DSP 系列卫星星座对该区域只进行单重覆盖。另外，DSP 系列卫星具有较强的轨道机动能力，可根据作战需求临时转移至设定位置，如海湾战争中，美国将 2 颗 DSP 系列卫星转移至海湾地区上空，监视伊拉克的导弹发射，为"爱国者"反导系统实施拦截提供了重要的预警情报。截至目前，仍有 5 颗 DSP 系列卫星（DSP17、18、20、21 和 22）在轨超年限服役，据最新报道，这 5 颗卫星将延长服役至 2030 年，与 SBIRS 系列卫星协同工作。

DSP 预警卫星在历次高技术局部战争（包括海湾战争、伊拉克战争等）中表现出了巨大优势，同时也暴露出了诸多弱点。一是扫描周期太长，对战术导弹探测能力有限。战术弹道导弹助推段飞行时间在 60s 之内，一般来说，导弹发射升空至 10km 高度（大约 30s）后，DSP 系列卫星方能探测到目标；另外，至少需要 2 帧以上图像才能区分是虚警、导弹发射还是核爆炸等，而且地面站处理卫星探测数据也需要一定的时间。因此，最后形成的预警时间非常有限。二是虚警率偏高。高空云层反射的太阳光和地面强烈的红外辐射源容易引起卫星发出虚警。1991 年海湾战争期间，一共发生了 60 次导弹袭击虚警。在这 60 次虚警中，38 次是由 DSP 预警卫星的虚警造成的，虚警的原因多种多样，炸弹爆炸、高强度曳光弹、弹药库爆炸和其他突发热源等因素都能造成 DSP 预警卫星虚警。虽然后续通过软件改进，虚警率有所降低，但受制于 DSP 预警卫星的红外探测体制，无法彻底消除虚警。三是无法探测中段、再入段飞行的导弹目标。DSP 系列卫星主要通过导弹尾焰对目标进行探测，因此只能对助推段导弹目标进行跟踪，对于洲际弹道导弹，依靠地面预警雷达和 DSP 系列卫星仍无法实现全程跟踪。四是存在南北极盲区。DSP 系列卫星均部署于地球静止轨道，只能覆盖中低纬度区域，无法对南北极区域进行监视，尤其是北极区域，是俄罗斯潜射弹道导弹发射的主要区域。

### 3．天基红外预警系统（SBIRS）

针对 DSP 卫星存在的不足，美国从 1995 年开始研制新一代的天基红外预警系统，该系统原计划由 4 颗地球静止轨道卫星（SBIRS-GEO）、2 颗大椭圆轨道卫星（SBIRS-HEO）和 24 颗以上低轨卫星（SBIRS-LEO）组成，2002 年，SBIRS-LEO 改名为空间跟踪和监视系统（Space Tracking and Surveillance System，STSS）。其中，SBIRS-GEO 和 SBIRS-HEO 系列卫星属于高轨部分，主要负责除南极外的全球范围内导弹助推段探测与跟踪，SBIRS-LEO 系列卫星主要负责全球范围内导弹中段和再入段跟踪，由此形成对弹道导弹的天基全程预警链，美国 SBIRS 系列卫星接力全程探测示意图如图 1-2 所示。

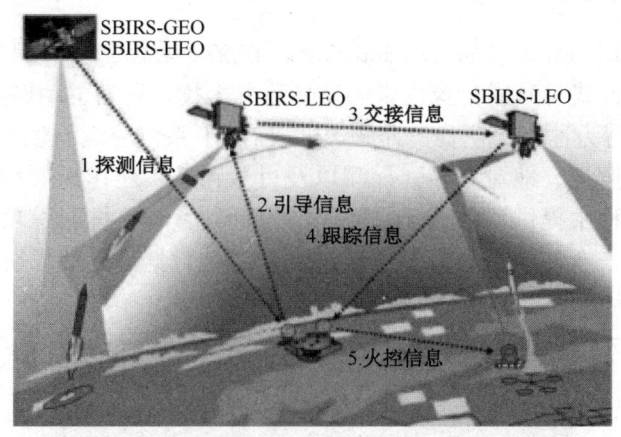

图 1-2　美国 SBIRS 系列卫星接力全程探测示意图

SBIRS-GEO 卫星均部署于地球静止轨道，主要用于替代 DSP 卫星，对全球中低纬度区域进行全天候监视，该卫星装有高速扫描相机和与之互补的凝视相机，扫描相机用一个一维线阵扫描地球的北半球和南半球，对导弹在发射时所喷出的尾焰进行初始探测，然后它将探测信息提供给凝视相机，后者用一个精细的二维面阵将发射画面拉近放大，对目标进行跟踪。扫描相机的一维线阵在东西方向的瞬时视场大约为 10°，但通过两维指向机制，在现有的长线列红外探测器技术基础上实现了大范围的搜索（东西、南北方向视场均为 20°，可覆盖地球圆盘），成像周期大约为 3s；凝视相机采用小面阵的焦平面探测器，通过面阵拼接技术，实现了大面阵焦平面探测器才能获取的大范围跟踪视场，成像周期大约为 0.1s，地面分辨率大约为 1km。另外，SBIRS 采用了多级 TDI 延迟积分的红外探测器技术，通过增加探测器对目标的等效积分时间，提高系统对目标探测的信噪比，从而增强卫星探测能力。以上各种探测技术和工作模式的改进，有效解决了 DSP 卫星存在的对战术弹道导弹探测能力差、虚警率高等问题。同时，发射点估计、射向计算以及落点预报精度均得到大幅提升。

SBIRS-HEO 卫星部署在典型的"闪电"轨道，该轨道是一种特殊的大椭圆冻结轨道，轨道远地点位于北半球高纬度地区，使得卫星在 1 个周期内可长弧段（90%以上）位于北半球上空，冻结轨道的特点使其远地点高度和星下点位置较为稳定，即可长期保持该长弧段"逗留"特性。其轨道周期通常为 12h，地面轨迹 2 圈后回归，有利于星地管理和卫星对地观测，同时卫星有 50%的弧段位于 $3\times10^4 \sim 4\times10^4$ km 之间，对地覆盖范围大（卫星视场可完全覆盖北极地区）。该轨道卫星主要弥补了 SBIRS-GEO 卫星在北极存在的盲区，装备了扫描相机，工作模式与性能参数类似,但目前美国没有公开资料佐证是否装备了凝视相机。

SBIRS-LEO 计划几经更改,更名为 STSS。STSS 卫星部署于低轨道,主要用于跟踪导弹飞行中段和再入段,并进行弹头识别。该系列卫星主要装备于截获传感器和跟踪传感器,工作在不同的波段,可使传感器截获和跟踪不同温度的目标,包括关机以后的弹道导弹。截获传感器始终从地平线到地平线进行扫描,采用大视场、小口径望远镜和快速扫描方式。跟踪传感器使用窄视场、大口径望远镜和凝视方式,保持跟踪到弹道导弹中段和再入段。由于 STSS 卫星在低轨上运行,无法长时间停留在相同区域的上空。为了灵活运用 STSS 应对来自各地的导弹攻击,至少要发射几十颗 STSS 卫星覆盖全球,达到平时任意卫星能够覆盖地球上任意地点的状态。

### 1.4.2 机载红外搜索跟踪系统

机载红外搜索跟踪(Infrared Search and Track,IRST)系统在空中探测领域具有显著优势。由于雷达等有源探测方式易暴露自身位置、易受敌方干扰,且为主动探测手段,所需功率高,因此系统体积、重量等方面劣势明显。为此,机载 IRST 系统应运而生并得到广泛应用。它不仅能够有效进行空域监视、地对空导弹探测以及目标跟踪,还作为一种战术级的光学预警系统,为飞机在作战过程中提供局部战场空间内的目标搜索与目标跟踪功能,一方面增强了飞机执行任务过程中的安全性,另一方面可以进一步通过数据链为战场决策提供有力的情报支撑。机载 IRST 系统示意图如图 1-3 所示。

图 1-3 机载 IRST 系统示意图

机载 IRST 系统主要具有以下几点优势。一是被动工作方式。与雷达等主动探测相比,机载 IRST 系统不容易暴露自身位置,提高了飞机生存概率。二是发现能力强。隐身飞机通过吸波材料,雷达无法有效发现,而由于高速飞行,任何飞机都会产生较为强烈的红外辐射,使得机载 IRST 系统具有较强的发现能力。三是抗干扰能力强。雷达等主动探测方式容易受到干扰欺骗,特别是对于低空目标,地平面、海平面的反射作用使得雷达难以在复杂电磁环境下有效发现低空目标,而机载 IRST 系统不受电磁环境影响,具有较强的抗干扰能力。四是分辨率高。与雷达相比,机载 IRST 系统的分辨率较高,对目标的定位与跟踪更加精确,特别是对编队机群以及地面编队车辆来说,这一优势更加显著,更有助于精确打击。

机载 IRST 系统主要分为探测器系统、处理系统以及显示系统三部分。探测器系统主要包括扫描镜与红外探测器两部分,其中扫描镜根据指示信息,配合红外探测器对搜索范围进行扫描成像;处理系统主要包括目标发现与目标跟踪两大功能模块,负责对红外探测器得到的图像进行处理,发现潜在目标并对目标进行跟踪,当发现目标后,跟踪模块通过对扫描镜的指向控制，完成对目标的持续跟踪；显示系统位于机舱内，主要负责显示系统处理结果，及时将预警情况反馈至驾驶员。

## 习题

1. 为什么雷达系统很难部署于天基平台，而红外成像系统可以？
2. 相比于地基雷达预警，光学预警探测的优势有哪些？
3. 美国典型的天基红外预警系统有哪些？各有哪些技术特点？

# 第2章　光学成像基础

## 2.1　光学成像信号分析基础

一个信息系统可视为某种装置，当对其施加激励时，便产生相应的响应。激励常称为系统的输入，响应则称为系统的输出。光学成像系统是一种最基本的光学信息处理系统，它用于传递、处理二维的光学图像信息。输入的图像信息从光学系统物平面传播到像平面，输出的图像信息取决于光学系统的传递函数。由于光学系统是线性系统，在一定条件下还是线性空间不变系统，因此可以用线性系统理论来研究其性能。而光学系统的传递函数能够全面反映光学系统的成像能力，是光学信息处理技术的理论基础。

### 2.1.1　二维线性系统

#### 1．二维系统

数学上，可以把二维系统定义为一个用算符 $L\{\ \}$ 来表示的变换，该算符把在 $x_1$-$y_1$ 平面上定义的二维输入函数 $f(x_1,y_1,t)$ 变换为定义在 $x_2$-$y_2$ 平面上的二维输出函数 $g(x_2,y_2,t)$，记为

$$g(x_2,y_2,t) = L\{f(x_1,y_1,t)\} \tag{2-1}$$

#### 2．二维线性系统

假设算符 $L\{\ \}$ 表示的系统，对任何两个输入 $f_1(x_1,y_1,t)$ 和 $f_2(x_1,y_1,t)$ 的响应分别为

$$g_1(x_2,y_2,t) = L\{f_1(x_1,y_1,t)\} \tag{2-2a}$$
$$g_2(x_2,y_2,t) = L\{f_2(x_1,y_1,t)\} \tag{2-2b}$$

如果该系统对以上两个任意输入的线性组合 $a_1 f_1(x_1,y_1,t) + a_2 f_2(x_1,y_1,t)$ 的响应为

$$\begin{aligned}
&L\{a_1 f_1(x_1,y_1,t) + a_2 f_2(x_1,y_1,t)\} \\
&= L\{a_1 f_1(x_1,y_1,t)\} + L\{a_2 f_2(x_1,y_1,t)\} \\
&= a_1 L\{f_1(x_1,y_1,t)\} + a_2 L\{f_2(x_1,y_1,t)\} \\
&= a_1 g_1(x_2,y_2,t) + a_2 g_2(x_2,y_2,t)
\end{aligned} \tag{2-3}$$

式中，$a_1$ 和 $a_2$ 为任意复常数，则称该系统为线性系统，即满足叠加性和齐次性的系统。可见，线性系统对几个激励的线性组合的整体响应等于对单个激励所产生的响应的线性组合。

#### 3．脉冲响应和叠加积分

任何输入函数都可以分解为某种基元函数的线性组合，相应的输出函数便可通过这些基元函数的线性组合来求得，基元函数通常是指不能再进行分解的基本函数单元。在线性系统分析中，常用的基元函数有 $\delta$ 函数、阶跃函数、余弦函数和复指数函数等。对光学系统来说，主要有二维 $\delta$ 函数和复指数函数。

以 $\delta$ 函数作为基元函数为例，根据 $\delta$ 函数的筛选性质，任何输入都可以表示为

$$f(x_1,y_1) = \iint f(\xi,\eta)\delta(x_1-\xi,y_1-\eta)\mathrm{d}\xi\mathrm{d}\eta \tag{2-4}$$

上式表明，函数 $f(x_1,y_1)$ 可以分解成在 $x_1$-$y_1$ 平面上不同位置处无穷多个幅度为 $f(\xi,\eta)$ 的 $\delta(\xi,\eta)$ 函数的线性组合，$f(\xi,\eta)$ 为坐标位于 $(\xi,\eta)$ 处的函数在叠加时的权重。$f(x_1,y_1)$ 通过系

统后的输出为

$$g(x_2,y_2) = L\left\{\iint f(\xi,\eta)\delta(x_1-\xi,y_1-\eta)\mathrm{d}\xi\mathrm{d}\eta\right\} \tag{2-5}$$

根据线性系统的性质，可先将算符 $L\{\ \}$ 作用于各基元函数，再把各基元函数得到的响应叠加起来，得

$$g(x_2,y_2) = \iint f(\xi,\eta)L\{\delta(x_1-\xi,y_1-\eta)\}\mathrm{d}\xi\mathrm{d}\eta \tag{2-6}$$

$L\{\delta(x_1-\xi,y_1-\eta)\}$ 的意义是物面上位于 $(\xi,\eta)$ 处的单位脉冲激励通过系统后的输出，把它定义为系统的脉冲响应函数，表示为

$$h(x_2,y_2;\xi,\eta) = L\{\delta(x_1-\xi,y_1-\eta)\} \tag{2-7}$$

将上式代入式（2-6），得到系统输出为

$$g(x_2,y_2) = \iint f(\xi,\eta)h(x_2,y_2;\xi,\eta)\mathrm{d}\xi\mathrm{d}\eta \tag{2-8}$$

式（2-8）通常称为"叠加积分"，它描述了空间线性系统的输入和输出之间的关系。显然，线性系统的性质完全由它的脉冲响应所表征，这是一个形式上很完美的表达式。在一般情况下，脉冲响应与输入平面上的位置有关，会使得脉冲响应的形式十分复杂，叠加积分难于实际运算。只是对于线性空间不变系统，分析才变得简单。在大多数情况下，光学系统都可以视为线性空间不变系统，本书将重点研究线性空间不变系统。

## 2.1.2 二维傅里叶变换

傅里叶变换是研究线性空间不变系统的重要数学工具，在光信息系统中用来研究光学系统的频谱特性。本节先简要介绍二维傅里叶变换，然后给出典型函数的二维傅里叶变换。

**1. 二维傅里叶变换的定义及存在条件**

若函数 $f(x,y)$ 在整个 $x$-$y$ 平面上绝对可积且满足狄里赫利条件，其傅里叶变换及傅里叶逆变换存在，并可定义为

$$F(f_x,f_y) = \iint f(x,y)\exp[-\mathrm{j}2\pi(f_x x+f_y y)]\mathrm{d}x\mathrm{d}y \equiv F\{f(x,y)\} \tag{2-9a}$$

$$f(x,y) = \iint F(f_x,f_y)\exp[\mathrm{j}2\pi(f_x x+f_y y)]\mathrm{d}f_x\mathrm{d}f_y \equiv F^{-1}\{F(f_x,f_y)\} \tag{2-9b}$$

式中，$x$, $y$, $f_x$, $f_y$ 均为实变量。

式（2-9b）表示函数 $f(x,y)$ 是各种频率为 $f_x$、$f_y$ 的余（正）弦函数的叠加，叠加时的权重因子是 $F(f_x,f_y)$。因此，$F(f_x,f_y)$ 常被称为函数 $f(x,y)$ 的频谱。

傅里叶变换存在的充分条件有若干形式，绝对可积且满足狄里赫利条件是其中一种，可具体表述为：

（1）$f(x,y)$ 在任一 $(x,y)$ 区域绝对可积；

（2）$f(x,y)$ 在任一矩形区域，必须只有有限个间断点和有限个极大/极小点；

（3）$f(x,y)$ 没有无穷大间断点。

物理上存在的信号均存在傅里叶变换。从应用角度来看，可以认为傅里叶变换总是存在的。

**2. 可分离变量函数的傅里叶变换**

一般函数的二维傅里叶变换是很复杂的，但如果函数 $f(x,y)$ 在直角坐标系中是可分离的，即

$$f(x,y) = f_x(x)f_y(y) \tag{2-10}$$

则利用一维和二维傅里叶变换定义可证明，其二维傅里变换也是可分离的，可以表示成两个

一维傅里叶变换的乘积

$$F\{f(x,y)\} = F\{f_x(x)\}F\{f_y(y)\} \tag{2-11}$$

实际上，许多光学元器件能够用可分离变量函数表示，如光学十字架。因此，这一性质是很有用的。

### 3. 具有圆对称函数的二维傅里叶变换——傅里叶-贝塞尔变换

光学系统通常是以传播方向为光轴的轴对称系统，在垂直于光轴的物（像）平面、透镜平面、光瞳及光瞳平面上放置的透镜等元器件常常具有圆对称性，此时用极坐标比直角坐标更方便。假设 $x\text{-}y$ 平面上的极坐标为 $(r,\theta)$；$f_x\text{-}f_y$ 平面上的极坐标为 $(\rho,\phi)$，则

$$\begin{cases} x = r\cos\theta, f_x = \rho\cos\phi \\ y = r\sin\theta, f_y = \rho\sin\phi \end{cases} \tag{2-12}$$

代入式（2-9a），得

$$F(\rho\cos\phi, \rho\sin\phi) = \int_0^\infty \int_0^{2\pi} f(r\cos\theta, r\sin\theta)\exp[-j2\pi\rho r\cos(\theta-\phi)]r\mathrm{d}r\mathrm{d}\theta \tag{2-13}$$

令

$$G(\rho,\phi) = F(\rho\cos\phi, \rho\sin\phi) \tag{2-14}$$

$$g(r,\theta) = f(r\cos\theta, r\sin\theta) \tag{2-15}$$

则极坐标下的二维傅里叶变换可表示为

$$G(\rho,\phi) = \int_0^\infty rg(r)\left\{\int_0^{2\pi}\exp[-j2\pi\rho r\cos(\theta-\phi)]\mathrm{d}\theta\right\}\mathrm{d}r \tag{2-16a}$$

$$g(r,\theta) = \int_0^\infty \int_0^{2\pi} \rho G(\rho,\phi)\exp[j2\pi\rho r\cos(\theta-\phi)]\mathrm{d}\rho\mathrm{d}\phi \tag{2-16b}$$

若 $f(x,y)$ 是圆对称的，即

$$f(x,y) = g(r,\theta) = g(r) \tag{2-17}$$

代入式（2-16），并利用贝塞尔函数关系式

$$\int_0^{2\pi}\exp[-ja\cos(\theta-\phi)]\mathrm{d}\theta = 2\pi\mathrm{J}_0(a) \tag{2-18}$$

得到圆对称函数的傅里叶变换对

$$G(\rho) = 2\pi\int_0^\infty rg(r)\mathrm{J}_0(2\pi\rho r)\mathrm{d}r \tag{2-19a}$$

$$g(r) = 2\pi\int_0^\infty \rho G(\rho)\mathrm{J}_0(2\pi\rho r)\mathrm{d}\rho \tag{2-19b}$$

式（2-19）表明，圆对称函数的傅里叶变换仍为圆对称函数，而且圆对称函数的傅里叶变换与逆变换形式相同。式（2-19）表示的傅里叶变换又称为傅里叶-贝塞尔变换。

### 4. 二维傅里叶变换定理

设函数 $g(x,y)$ 和 $h(x,y)$ 的傅里叶变换分别为 $G(f_x,f_y)$ 和 $H(f_x,f_y)$，则有以下定理。

（1）线性定理

两个函数线性组合的变换等于两个函数变换的线性组合，即

$$F\{ag(x,y) + bh(x,y)\} = aG(f_x,f_y) + bH(f_x,f_y) \tag{2-20}$$

（2）空间频率压缩定理（相似性定理）

函数 $g(x,y)$ 在空域坐标 $(x,y)$ 上的扩展，导致其频谱 $G(f_x,f_y)$ 中坐标 $(f_x,f_y)$ 的压缩以及总体频谱幅度的变化，反之亦然。

$$F\{g(ax,by)\} = \frac{1}{|ab|}G\left(\frac{f_x}{a},\frac{f_y}{b}\right) \qquad (2\text{-}21)$$

（3）位移定理

函数在空域中平移，导致频域中的线性相移；函数在频谱中的位移，导致空域中的相移，即

$$F\{g(x-a,y-b)\} = G(f_x,f_y)\exp[-\mathrm{j}2\pi(f_x a + f_y b)] \qquad (2\text{-}22\mathrm{a})$$

$$g(x,y)\exp[\mathrm{j}2\pi(f_a x + f_b y)] = F^{-1}G(f_x - f_a, f_y - f_b) \qquad (2\text{-}22\mathrm{b})$$

（4）能量守恒定理（帕塞瓦尔定理）

$$\iint_{-\infty}^{\infty}|g(x,y)|^2\,\mathrm{d}x\mathrm{d}y = \iint_{-\infty}^{\infty}|G(f_x,f_y)|^2\,\mathrm{d}f_x\mathrm{d}f_y \qquad (2\text{-}23)$$

若 $g(x,y)$ 表示一个实际的物理信号，$|G(f_x,f_y)|^2$ 通常称为信号的功率谱（有时是能量谱）。该定理表明，信号在空域中的能量与其在频域中的能量相等，即能量守恒。

（5）卷积定理

函数 $g(x,y)$ 和 $h(x,y)$ 的卷积定理为

$$g(x,y) * h(x,y) = \iint_{-\infty}^{\infty}g(\xi,\eta)h(x-\xi,y-\eta)\,\mathrm{d}\xi\mathrm{d}\eta \qquad (2\text{-}24)$$

则

$$F\{g(x,y) * h(x,y)\} = G(f_x,f_y)\cdot H(f_x,f_y) \qquad (2\text{-}25\mathrm{a})$$

即空域中两个函数卷积的傅里叶变换等于它们对应傅里叶变换的乘积。

此外

$$F\{g(x,y)\cdot h(x,y)\} = G(f_x,f_y) * H(f_x,f_y) \qquad (2\text{-}25\mathrm{b})$$

即空域中两个函数乘积的傅里叶变换等于它们对应傅里叶变换的卷积。卷积定理可以用来通过傅里叶变换求卷积或者通过卷积求傅里叶变换。

（6）相关定理（互相关定理与自相关定理）（维纳-辛钦定理）

两复函数 $g(x,y)$ 和 $h(x,y)$ 的互相关定理为

$$g(x,y)\Delta h(x,y) \equiv \iint_{-\infty}^{\infty}g(\xi,\eta)h(x-\xi,y-\eta)\,\mathrm{d}\xi\mathrm{d}\eta \qquad (2\text{-}26)$$

显然两函数的互相关可以表示为卷积的形式，再利用卷积定理，得

$$F\{g(x,y)\Delta h(x,y)\} = G^{*}(f_x,f_y)\cdot H(f_x,f_y) \qquad (2\text{-}27)$$

式中，$G^{*}(f_x,f_y)$ 的上标 * 为共轭。$G^{*}(f_x,f_y)\cdot H(f_x,f_y)$ 通常称为函数 $g(x,y)$ 和 $h(x,y)$ 的互谱密度。式（2-27）说明两函数的互相关与其互谱密度构成傅里叶变换对，这就是傅里叶变换的互相关定理。

函数与其自身的互相关称为自相关。在式（2-27）中，用 $g(x,y)$ 替换 $h(x,y)$ 可得自相关定理为

$$F\{g(x,y)\Delta g(x,y)\} = |G(f_x,f_y)|^2 \qquad (2\text{-}28)$$

自相关定理表明一个函数的自相关与其功率谱构成傅里叶变换对。

（7）傅里叶积分定理

在函数 $g(x,y)$ 的各个连续点上，有

$$F^{-1}F\{g(x,y)\} = FF^{-1}\{g(x,y)\} = g(x,y) \qquad (2\text{-}29)$$

$$FF\{g(x,y)\} = F^{-1}F^{-1}\{g(x,y)\} = g(-x,-y) \qquad (2\text{-}30)$$

即对函数相继进行正变换和逆变换，重新得到原函数；而对函数相继进行两次正变换或逆变换，得到原函数的"倒立像"。

（8）导数定理

函数 $g(x,y)$ 的导数为

$$F\{g^{(m,n)}(x,y)\} = (\mathrm{j}2\pi f_x)^m (\mathrm{j}2\pi f_y)^n G(f_x, f_y) \qquad (2\text{-}31)$$

$$F\{x^m y^n g(x,y)\} = \left(\frac{\mathrm{j}}{2\pi}\right)^m \left(\frac{\mathrm{j}}{2\pi}\right)^n G^{(m,n)}(f_x, f_y) \qquad (2\text{-}32)$$

式中，$g^{(m,n)}(x,y) = \dfrac{\partial^{m+n} g(x,y)}{\partial x^m \partial y^n}$；$G^{(m,n)}(f_x, f_y) = \dfrac{\partial^{m+n} G(f_x, f_y)}{\partial f_x^m \partial f_y^n}$。该定理表明函数微分的傅里叶变换可以转化为乘积运算。

### 5. 常用函数和二维傅里叶变换

（1）常用函数

有一些数学函数在后面要经常用到。因此，对一些常用函数定义如下。

① 矩形函数

$$\mathrm{rect}(x) = \begin{cases} 1 & |x| \leqslant \dfrac{1}{2} \\ 1 & |x| > \dfrac{1}{2} \end{cases} \qquad (2\text{-}33)$$

② sinc 函数

$$\mathrm{sinc}(x) = \frac{\sin(\pi x)}{\pi x} \qquad (2\text{-}34)$$

③ 符号函数

$$\mathrm{sgn}(x) = \begin{cases} 1 & x > 0 \\ 0 & x = 0 \\ -1 & x < 0 \end{cases} \qquad (2\text{-}35)$$

④ 三角状函数

$$\Lambda(x) = \begin{cases} 1 - |x| & |x| \leqslant 1 \\ 0 & |x| > 1 \end{cases} \qquad (2\text{-}36)$$

⑤ 梳状函数

$$\mathrm{comb}(x) = \sum_{n=-\infty}^{\infty} \delta(x - n) \qquad (2\text{-}37)$$

⑥ 圆函数

$$\mathrm{circ}(\sqrt{x^2 + y^2}) = \begin{cases} 1 & \sqrt{x^2 + y^2} \leqslant 1 \\ 0 & \sqrt{x^2 + y^2} > 1 \end{cases} \qquad (2\text{-}38)$$

这些函数中的前五个都是一元函数。常用一元函数如图 2-1 所示。这些函数的乘积可以构成许多可分离变量的二元函数。圆函数是唯一的二元函数，圆函数及其变换如图 2-2 所示。

在结束对傅里叶变换的讨论后，给出一些特殊的二维傅里叶变换对。一些在直角坐标系中可分离函数的傅里叶变换式如表 2-1 所示。为了读者使用方便，这些函数的自变量都有任意常系数。

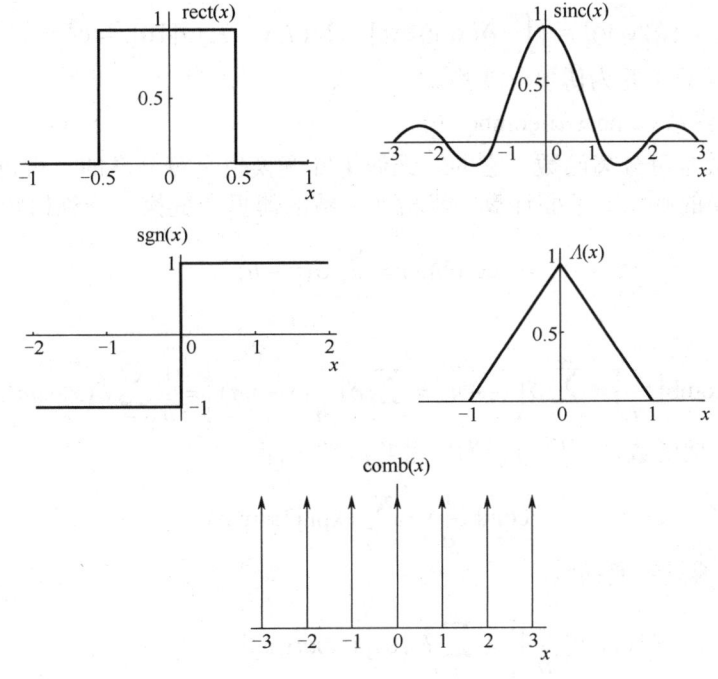

图 2-1  常用一元函数

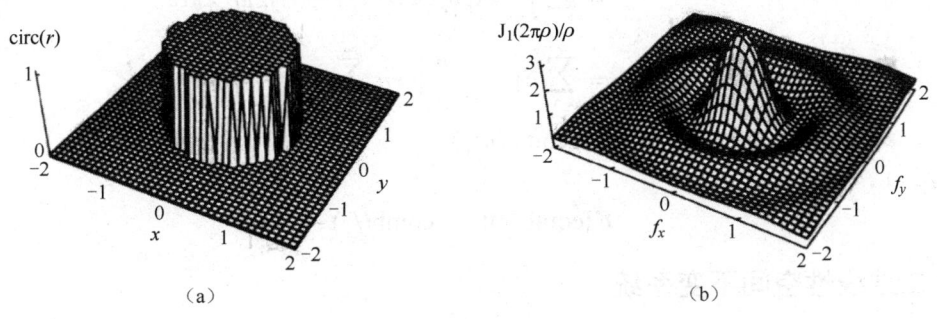

(a)　　　　　　　　　　　　　(b)

图 2-2  圆函数及其变换

表 2-1  一些在直角坐标系中可分离函数的傅里叶变换式

| 函数 | 变换式 | 函数 | 变换式 |
|---|---|---|---|
| $\exp[-\pi(a^2x^2+b^2y^2)]$ | $\dfrac{1}{\|ab\|}\exp\left[-\pi\left(\dfrac{f_x^2}{a^2}+\dfrac{f_y^2}{b^2}\right)\right]$ | $\mathrm{sgn}(ax)\mathrm{sgn}(by)$ | $\dfrac{ab}{\|ab\|}\dfrac{1}{\mathrm{j}\pi f_x}\dfrac{1}{\mathrm{j}\pi f_y}$ |
| $\mathrm{rect}(ax)\mathrm{rect}(by)$ | $\dfrac{1}{\|ab\|}\mathrm{sinc}(f_x/a)\mathrm{sinc}(f_y/b)$ | $\mathrm{comb}(ax)\mathrm{comb}(by)$ | $\dfrac{ab}{\|ab\|}\mathrm{comb}(f_x/a)\mathrm{comb}(f_y/b)$ |
| $\Lambda(ax)\Lambda(by)$ | $\dfrac{1}{\|ab\|}\mathrm{sinc}^2(f_x/a)\mathrm{sinc}^2(f_y/b)$ | $\exp[\mathrm{j}\pi(a^2x^2+b^2y^2)]$ | $\left\|\dfrac{\mathrm{j}}{ab}\right\|\exp\left[-\mathrm{j}\pi\left(\dfrac{f_x^2}{a^2}+\dfrac{f_y^2}{b^2}\right)\right]$ |
| $\delta(ax,by)$ | $\dfrac{1}{\|ab\|}$ | $\exp[-(a\|x\|+b\|y\|)]$ | $\dfrac{1}{\|ab\|}\dfrac{2}{1+(2\pi f_x/a)^2}\dfrac{2}{1+(2\pi f_y/b)^2}$ |
| $\exp[\mathrm{j}\pi(ax+by)]$ | $\delta(f_x-a/2,f_y-b/2)$ | | |

（2）傅里叶变换举例

① $\delta(x,y)$ 函数

根据 $\delta$ 函数的筛选性质，有

$$F\{\delta(x,y)\} = \iint_{-\infty}^{\infty} \delta(x,y)\exp[-j2\pi(f_x x + f_y y)]dxdy = e^0 = 1 \qquad (2\text{-}39)$$

因此，$\delta(x,y)$ 和常数 1 互为傅里叶变换。

② 二维梳状函数 $\text{comb}(x/a)\text{comb}(y/b)$

二维梳状函数是可分离函数，它的二维傅里叶变换也是可分离的，可以化成两个一维梳状函数傅里叶变换的乘积。下面计算一维梳状函数的傅里叶变换。一维梳状函数定义为

$$\text{comb}(x) = \sum_{n=-\infty}^{\infty} \delta(x-n) \qquad (2\text{-}40)$$

因此，

$$\text{comb}\left(\frac{x}{a}\right) = \sum_{n=-\infty}^{\infty} \delta\left(\frac{x}{a} - n\right) = \sum_{n=-\infty}^{\infty} \delta\left[\frac{1}{n}(x-na)\right] = \frac{1}{a}\sum_{n=-\infty}^{\infty} \delta(x-na) \qquad (2\text{-}41)$$

这是周期为 $a$ 的周期函数，可以展开为傅里叶级数，即

$$\text{comb}\left(\frac{x}{a}\right) = \sum_{n=-\infty}^{\infty} \exp(j2\pi nx/a) \qquad (2\text{-}42)$$

所以 $\text{comb}(x/a)$ 的傅里叶变换为

$$\begin{aligned}
F\left\{\text{comb}\left(\frac{x}{a}\right)\right\} &= \sum_{n=-\infty}^{\infty} F\{\exp(j2\pi nx/a)\} \\
&= \sum_{n=-\infty}^{\infty} \int_{-\infty}^{\infty} \exp(j2\pi nx/a)\exp(-j2\pi f_x x)dx \\
&= \sum_{n=-\infty}^{\infty} \delta\left(f_x - \frac{n}{a}\right) = a\sum_{n=-\infty}^{\infty} \delta(af_x - n) \\
&= a\,\text{comb}(af_x)
\end{aligned} \qquad (2\text{-}43)$$

若 $a = 1$，则

$$F\{\text{comb}(x)\} = \text{comb}(f_x) \qquad (2\text{-}44)$$

## 2.1.3 二维线性空间不变系统

在研究了一般的线性系统的输入/输出关系式之后，进一步讨论线性系统的一个重要子类即线性空间不变系统。如果一个线性系统的脉冲响应 $h(x_2, y_2; \xi, \eta)$，只依赖于激励点和响应点之间在 $x$ 和 $y$ 方向的距离 $(x_2 - \xi)$ 和 $(y_2 - \eta)$，则称该系统是空间不变（简称空不变）的（或称为等晕的）。对于这种系统，脉冲响应函数表示为

$$h(x_2, y_2; \xi, \eta) = h(x_2 - \xi, y_2 - \eta) \qquad (2\text{-}45)$$

对于空不变系统，叠加积分式（2-8）变为如下简单形式

$$g(x_2, y_2) = \iint_{-\infty}^{\infty} f(\xi, \eta)h(x_2 - \xi, y_2 - \eta)d\xi d\eta \equiv f(x,y) * h(x,y) \qquad (2\text{-}46)$$

系统输出函数为输入函数与脉冲响应函数的二维卷积。

利用傅里叶变换中的卷积定理，线性空不变系统非常容易处理。对式（2-46）两边做傅里叶变换并应用卷积定理，则系统的输出频谱 $G_2(f_x, f_y)$ 和输入频谱 $G_1(f_x, f_y)$ 由下面简单的式子联系起来。

$$G(f_x, f_y) = H(f_x, f_y)F(f_x, f_y) \qquad (2\text{-}47)$$

式中，$H$ 是脉冲响应的傅里叶变换，则

$$H(f_x, f_y) = \iint_{-\infty}^{\infty} h(\xi, \eta)\exp\left[-j2\pi(f_x\xi + f_y\eta)\right]d\xi d\eta \qquad (2\text{-}48)$$

函数 $H$ 称为系统的传递函数，它表示系统在频域中的效应。

## 2.1.4 二维抽样理论

二维抽样理论探讨的是如何在实际应用中，将描述宏观物理过程且空间分布连续变化的物理量，通过离散化的方式进行传输和处理。在数字时代背景下，以往用模拟方式连续进行的信息检测、记录、存储、处理和传输也逐渐被数字方式所取代。因此，通常采用离散分布的抽样值来表示连续变化的物理量，并且这些抽样值本身也是以离散形式存在的。以现今广泛使用的 CCD 摄像机和数码相机为例，当它们在记录连续变化的图像时，表达每幅图像所用的采样点数都受限于 CCD 的像素数，这些像素点实际上就是图像连续分布的物理量在二维空间中的离散抽样值。那么将连续信号离散后，是否还能够由这些离散抽样值恢复出原始的连续信号？香农给出了确切回答，对于带限函数，答案是肯定的。本节讨论的就是惠特克-香农抽样定理的二维形式。

**1. 函数的抽样**

首先建立对连续变化的物理量进行抽样的数学模型。最简单的抽样方法是用二维梳状函数与被抽样的函数相乘。如果被抽样的函数为 $g(x,y)$，抽样函数 $g_s(x,y)$ 可表示为

$$g_s(x,y) = \text{comb}(x/X)\text{comb}(y/Y)g(x,y) \tag{2-49}$$

梳状函数与任意函数的乘积就是无数分布在 $x$-$y$ 平面上在 $x$、$y$ 两方向上间距为 $X$ 和 $Y$ 的 $\delta$ 函数与该函数的乘积。抽样函数如图 2-3 所示。

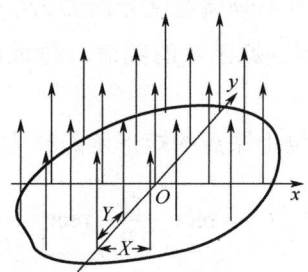

图 2-3 抽样函数

利用卷积定理和梳状函数的傅里叶变换，可得到抽样函数 $g_s(x,y)$ 的频谱 $G_s(f_x,f_y)$ 如下，

$$\begin{aligned}
G_s(f_x,f_y) &= F\left\{\text{comb}\left(\frac{x}{X}\right)\text{comb}\left(\frac{y}{Y}\right)\right\} * G(f_x,f_y) \\
&= XY\text{comb}(Xf_x)\text{comb}(Yf_y) * G(f_x,f_y) \\
&= \sum_{n=-\infty}^{\infty}\sum_{m=-\infty}^{\infty}\delta\left(f_x - \frac{n}{X}, f_y - \frac{m}{Y}\right) * G(f_x,f_y) \\
&= \sum_{n=-\infty}^{\infty}\sum_{m=-\infty}^{\infty}G\left(f_x - \frac{n}{X}, f_y - \frac{m}{Y}\right)
\end{aligned} \tag{2-50}$$

这一结果说明空域上对函数 $g$ 的抽样，导致函数频谱在频谱面上以点 $(n/X, m/Y)$ 为中心进行周期延拓。抽样前后信号的频谱变化如图 2-4 所示。

假如函数 $g(x,y)$ 是限带函数，即它的频谱仅在频谱面上的一个有限区域内不为零。若包围该区域的最小矩形在 $f_x$ 和 $f_y$ 方向上的宽度分别为 $2B_x$ 和 $2B_y$，那么要使得 $G_s(f_x,f_y)$ 中周期性复现的函数频谱 $G$ 不会相互混叠，必须满足

$$1/X \geq 2B_x，且 1/Y \geq 2B_y \tag{2-51}$$

或者说，抽样间隔必须满足

$$X \leqslant 1/(2B_x)，且 Y \leqslant 1/(2B_y) \tag{2-52}$$

此时就可以用滤波的方法，从抽样函数的频谱 $G_s(f_x,f_y)$ 提取出原来函数的频谱 $G(f_x,f_y)$，再由 $G(f_x,f_y)$ 恢复原函数。式（2-52）表示的是在两方向上的最大抽样间距 $1/(2B_x)$ 和 $1/(2B_y)$，通常称为奈奎斯特抽样间距。

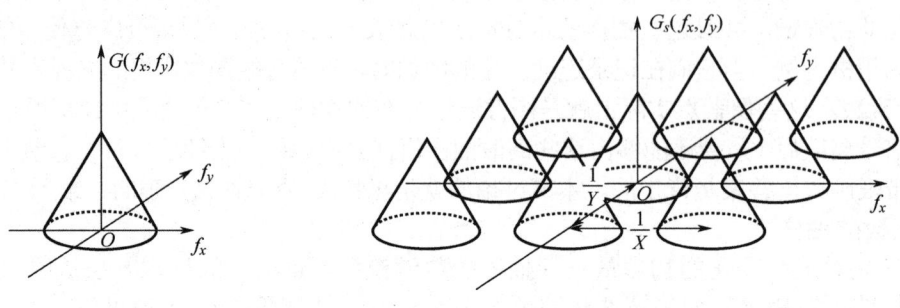

（a）原函数的频谱　　　　　　　　（b）抽样函数的频谱

图 2-4　抽样前后信号的频谱变化

### 2．从抽样信号中恢复原函数

在满足抽样定理的条件下，只要用频谱宽度分别为 $2B_x$ 和 $2B_y$ 的位于原点的矩形函数乘以抽样函数的频谱 $G_s(f_x,f_y)$，就可得到原函数的频谱。进而对原函数频谱做傅里叶逆变换，就可得到原函数。

用频域中宽度为 $2B_x$ 和 $2B_y$ 的位于原点的矩形函数作为滤波函数，即

$$H(f_x,f_y) = \text{rect}\left(\frac{f_x}{2B_x}\right)\text{rect}\left(\frac{f_y}{2B_y}\right) \tag{2-53}$$

滤波过程可写为

$$G_s(f_x,f_y)\text{rect}\left(\frac{f_x}{2B_x}\right)\text{rect}\left(\frac{f_y}{2B_y}\right) = G(f_x,f_y) \tag{2-54}$$

根据卷积定理，在空域中得

$$g(x,y) = g_s(x,y) * h(x,y) \tag{2-55}$$

式中，

$$g_s(x,y) = \text{comb}\left(\frac{x}{X}\right)\text{comb}\left(\frac{y}{Y}\right)g(x,y) = XY\sum_{n=-\infty}^{\infty}\sum_{m=-\infty}^{\infty}g(nX,mY)\delta(x-nX,y-mY) \tag{2-56a}$$

$$h(x,y) = F^{-1}\left\{\text{rect}\left(\frac{f_x}{2B_x}\right)\text{rect}\left(\frac{f_y}{2B_y}\right)\right\} = 4B_xB_y\text{sinc}(2B_xx)\text{sinc}(2B_yy) \tag{2-56b}$$

将其代入式（2-55），得

$$g(x,y) = \sum_{n=-\infty}^{\infty}\sum_{m=-\infty}^{\infty}g\left(\frac{n}{2B_x},\frac{m}{2B_y}\right)\text{sinc}\left(2B_x\left(x-\frac{n}{2B_x}\right)\right)\text{sinc}\left[2B_y\left(y-\frac{m}{2B_y}\right)\right] \tag{2-57}$$

若取最大允许的抽样间隔，即 $X = 1/(2B_x)$，且 $Y = 1/(2B_y)$，则

$$g(x,y) = \sum_{n=-\infty}^{\infty}\sum_{m=-\infty}^{\infty} g\left(\frac{n}{2B_x},\frac{m}{2B_y}\right)\text{sinc}\left[2B_x\left(x-\frac{n}{2B_x}\right)\right]\text{sinc}\left[2B_y\left(y-\frac{m}{2B_y}\right)\right] \quad (2\text{-}58)$$

式（2-57）和式（2-58）都是包含 sinc 函数的内插公式。抽样定理的核心在于，通过已知的抽样点及其函数值，可以计算出在抽样点之间未知的非抽样点的函数值。这一过程在数学上称为插值。抽样定理的重要意义在于，它证明了在一定条件下，准确的插值是存在的，也就是说，可以通过插值方法准确地恢复出原函数。一个连续的限带函数可以由其离散的抽样序列代替，而不丢失任何信息。下面用一维函数的有关曲线表明了函数抽样和还原的过程及其在频域发生的相应变化。理想抽样及其恢复过程如图 2-5 所示。

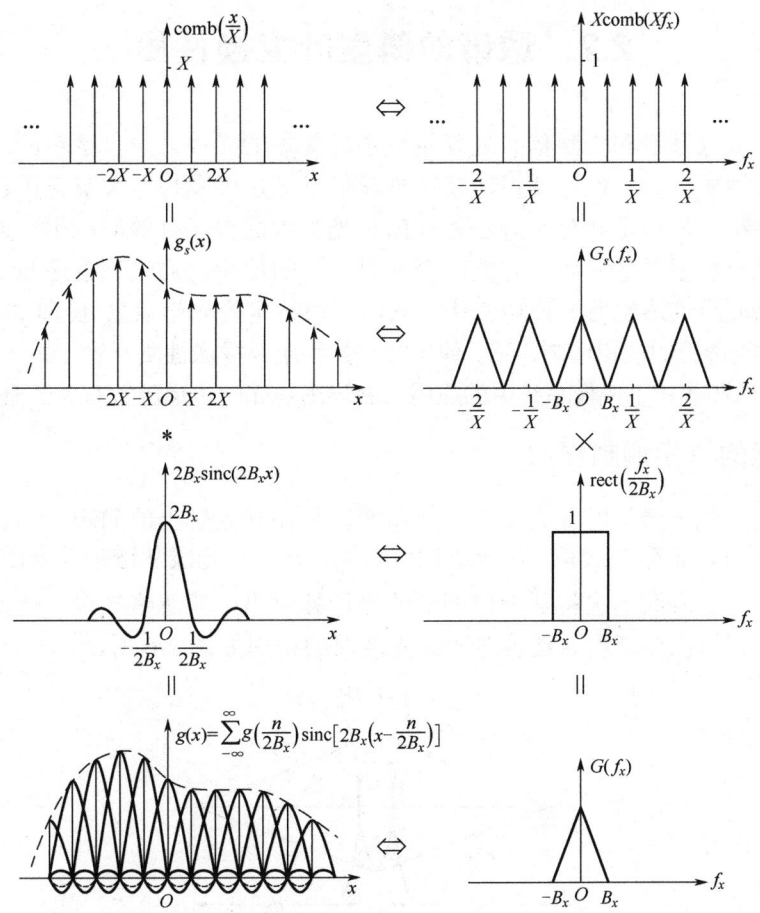

图 2-5  理想抽样及其恢复过程

### 3. 空间-带宽积

若限带函数 $g(x,y)$ 在频域中 $|f_x|\leqslant B_x$，$|f_y|\leqslant B_y$ 以外恒为零，则根据抽样定理，函数在空域中 $|x|\leqslant X$，$|y|\leqslant Y$ 的范围内抽样数至少为

$$\left[\frac{2X}{1/(2B_x)}\right]\left[\frac{2Y}{1/(2B_y)}\right] = (4XY)(4B_xB_y) = 16XYB_xB_y \quad (2\text{-}59)$$

式中，$4XY$ 为函数在空域中覆盖的面积；$4B_xB_y$ 为函数在频域中覆盖的面积。

在该区域中的函数可由数目为 $16XYB_xB_y$ 的抽样值来近似表示。

空间-带宽积（SW）定义为函数在空域和频域中所占面积的乘积，即
$$SW = 16XYB_xB_y \tag{2-60}$$
它不仅可以用来描述空间信号（如图像、场分布）的信息量，也可以用来描述成像系统、光学信息处理系统的信息容量，即传递与处理信息的能力。

当函数（图像）在空间位移或产生频移时，空间-带宽积 SW 不变；当函数（图像）放大式缩小时，空间-带宽积 SW 也不变。所以，假如没有外部因素的影响，物体的空间-带宽积具有不变性。当图像信息经由系统传递或处理时，为了不丢失信息，系统的空间-带宽积应大于图像的空间-带宽积。

## 2.2 透镜的傅里叶变换性质

透镜是光学成像系统和光学信息处理系统中最基本的元件之一。透镜的一个重要特性是它的傅里叶变换性质，这一性质使得透镜在光学信息处理中发挥着关键作用。正是由于透镜具有傅里叶变换特性，傅里叶分析方法才在信息光学中取得了有效的应用。而透镜之所以具有傅里叶变换性质，根本的原因是它能改变入射光波的位相。通过调整透镜的形状和位相变化，可以控制光波经过透镜后的位相变化，从而实现特定的光学信息处理功能。

本章就从讨论透镜的位相调制作用、傅里叶变换性质及成像性质开始，进一步研究傅里叶分析方法在相干成像和非相干成像系统中的应用，并导出与光学传递函数有关的概念和理论。

### 2.2.1 薄透镜的位相调制作用

所谓薄透镜，是指透镜的最大厚度（透镜两表面在其主轴上的间距）与透镜表面的曲率半径 $R_1$、$R_2$ 相比可以忽略的透镜。在薄透镜近似下，若一条光线从透镜前表面上坐标为 $(x,y)$ 的点射入，则在其后表面上也将从近似相同的坐标处射出，即忽略光线在透镜内的偏移，只考虑入射光波受到的位相延迟。透镜对入射光波面的作用如图 2-6 所示。

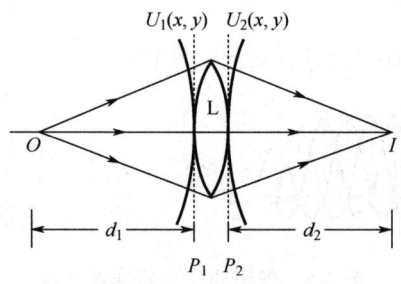

图 2-6　透镜对入射光波面的作用

如图 2-6 所示，由点源 $O$ 发出的发散球面波，经过透镜 L 后，会聚到 $I$ 点处，成为点源 $O$ 的像。设在透镜的两顶点处分别作两个垂直于主光轴的参考平面 $P_1$、$P_2$ 与之相切，则由薄透镜定义知，光线在 $P_1$ 平面上的入射点与在 $P_2$ 平面上的出射点高度相等，可以用同一坐标 $(x,y)$ 表示，且认为这两个平面上对应的光扰动的振幅也是相等的。再根据菲涅耳近似可知，由点源 $O$ 发出的球面波到达 $P_1$ 平面上某点 $(x,y)$ 处时，其复振幅可表示为

$$U_1(x,y) = \frac{A}{d_1} e^{ikd_1} e^{i\frac{k}{2d_1}(x^2+y^2)} \tag{2-61}$$

式中，$d_1$ 为物距；$k$ 为波数；$A$ 为常数，表示光波的振幅大小。因子 $\dfrac{A}{d_1}$ 对现在的讨论无关紧要，可以略去，故写成

$$U_1(x,y) = e^{ikd_1} e^{i\frac{k}{2d_1}(x^2+y^2)} \tag{2-62}$$

上式称为球面波的二次曲面近似，$k\left(d_1 + \dfrac{x^2+y^2}{2d_1}\right)$ 等于常数的平面称为广义等位相面。

由于点源 $O$ 成像在 $I$ 点，则根据光路可逆性原理，该球面波在透镜后 $P_2$ 平面上的光场也可看成是由 $I$ 点向左发出的半径为 $d_2$ 的球面波，其在 $P_2$ 平面上的二次曲面近似可表示为

$$U_2(x,y) = e^{-ikd_2} e^{-i\frac{k}{2d_2}(x^2+y^2)} \tag{2-63}$$

于是，透镜的透过率函数 $P_L(x,y)$ 可定义为

$$P_L(x,y) = \frac{U_2(x,y)}{U_1(x,y)} = e^{-ik(d_1+d_2)} e^{-i\frac{k}{2}\left(\frac{1}{d_1}+\frac{1}{d_2}\right)(x^2+y^2)} \tag{2-64}$$

按照透镜成像的公式，有

$$\frac{1}{d_1} + \frac{1}{d_2} = \frac{1}{f} \tag{2-65}$$

式中，$f$ 是透镜的焦距。式（2-64）中略去与 $x$、$y$ 无关的常数因子 $e^{-ik(d_1+d_2)}$ 后，可以写成

$$P_L(x,y) = e^{-i\frac{k}{2f}(x^2+y^2)} \tag{2-66}$$

由于 $P_L(x,y)$ 的幅值为 1，所以透镜是一个位相物体，它仅改变入射光波的位相分布。对一个沿透镜主光轴入射的平面波而言，通过透镜后的出射光波，其位相分布就是 $P_L(x,y)$，可以把它看成是半径为 $f$ 的球形波面的二次曲面近似。

式（2-66）是在假定透镜孔径为无限大的前提下推导出来的。如果考虑到透镜孔径的有限大小对光场分布的影响，则式（2-66）还必须乘以透镜的孔径函数 $P(x,y)$，该函数也称为光瞳函数，定义为

$$P(x,y) = \begin{cases} 1 & x^2+y^2 \leqslant r_0^2 \\ 0 & x^2+y^2 > r_0^2 \end{cases} \tag{2-67}$$

式中，$r_0$ 为透镜圆形孔径的半径。

于是，透镜的透过率函数更一般的表示式应写为

$$P_L'(x,y) = P(x,y) e^{-i\frac{k}{2f}(x^2+y^2)} \tag{2-68}$$

式中，$P_L'(x,y)$ 又称为透镜作用因子；$\phi(x,y) = \dfrac{k}{2f}(x^2+y^2)$ 称为位相变化函数。虽然这个位相变化函数是由如图 2-6 所示的双凸透镜中推导出来的，但是按照几何光学中关于焦距正负号的规则，式（2-66）同样适用于其他各种类型的透镜。各种类型的透镜如图 2-7 所示。对双凸透镜、平凸透镜、正弯月形透镜而言，其焦距 $f>0$，称为正透镜；对双凹透镜、平凹透镜、负弯月形透镜而言，其焦距 $f<0$，称为负透镜。另外，应当注意到，透镜对入射光的位相变换作用，是由透镜本身的性质决定的，而与入射光的复振幅无关。为了理解式（2-66）的物理意义，现以单位振幅的平面波垂直入射到透镜上，并对会聚透镜和发散透镜两种情况，分析透镜的位相调制作用。在此情况下，由于入射波的振幅为 1，则透镜后表面的复振幅应为

$$P_L(x,y) = e^{-i\frac{k}{2f}(x^2+y^2)} \tag{2-69}$$

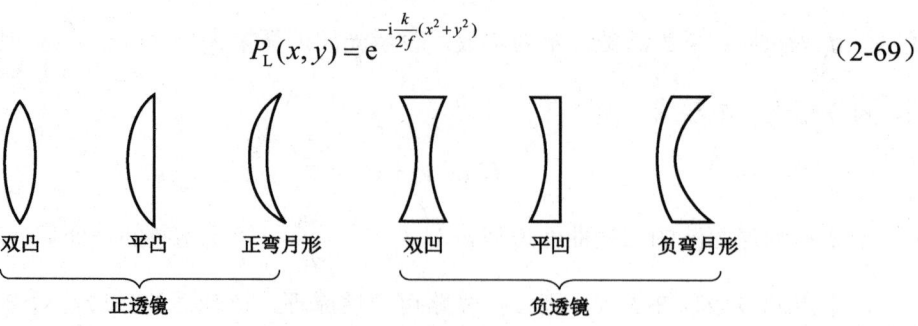

图 2-7 各种类型的透镜

在近轴条件下，这是一个球面波的表达式。说明由于透镜的位相变换作用，使平面波变成了球面波。正透镜和负透镜对垂直入射平面波的效应如图 2-8 所示。对于正透镜（$f>0$），这是一个向透镜后方距离 $f$ 处的焦点 $F'$ 会聚的球面波，如图 2-8（a）所示；对于负透镜（$f<0$），这是一个由透镜前方距离 $f$ 处的虚焦点 $F'$ 发出的发散的球面波，如图 2-8（b）所示。因此，焦距为正的透镜是会聚透镜，而焦距为负的透镜是发散透镜。

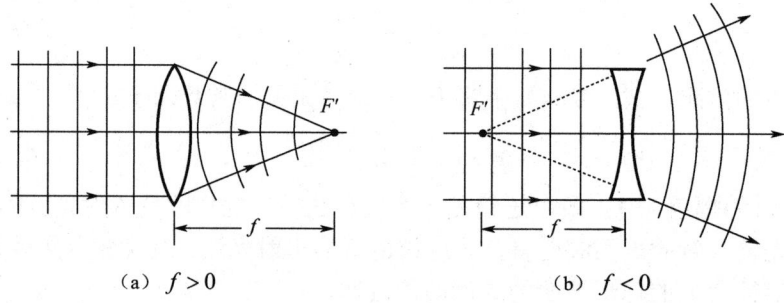

（a）$f>0$　　　（b）$f<0$

图 2-8 正透镜和负透镜对垂直入射平面波的效应

最后指出，如果某种器件或者透明图片对光波的复振幅透过率可用式（2-66）来表示，则其作用就相当于焦距为 $f$ 的透镜。

## 2.2.2 透镜的傅里叶变换性质

透镜较突出和较有用的性质之一，是它具有进行二维傅里叶变换的本领。傅里叶变换运算一般要使用复杂而昂贵的电子学频谱分析仪才能完成，然而这种复杂的模拟运算可采用一个简单的光学装置（可以是一个透镜）来实现，且运算速度非常快（理论上为光速）。为了理解透镜的傅里叶变换性质，可以先分析光波通过物和透镜后其光场分布最一般的表达式。

透镜的一般变换关系如图 2-9 所示。将一个平面透明物置于距透镜 L 前方 $d_1$ 处，令其透过率函数为 $f(x,y)$。现用一单位振幅的平面波垂直照明该物，则紧靠物后的光场分布为 $f(x,y)$。现考察在透镜后方相距为 $d_2$ 处的 $P_4$ 平面上的光场分布 $g(x,y)$。为此，先在透镜顶点处分别作两个垂直于主光轴的参考平面 $P_2$、$P_3$ 与之相切，再按照光波传播的过程，依次求出由 $P_1$ 传到 $P_2$ 平面，再由 $P_2$ 传到 $P_3$ 平面，最后由 $P_3$ 传到 $P_4$ 平面时光场的分布情况。

光波由 $P_1$ 平面到 $P_2$ 平面的传播过程可视为物函数对入射光波的菲涅耳衍射，$P_2$ 平面上的光场分布应为

$$f_1(x,y) = \frac{1}{\lambda d_1} f(x,y) * e^{i\frac{k}{2d_1}(x^2+y^2)} \tag{2-70}$$

式中，$\lambda$ 为波长。上式略去了常数位相因子 $\dfrac{\mathrm{e}^{\mathrm{i}kd_1}}{\mathrm{i}}$。

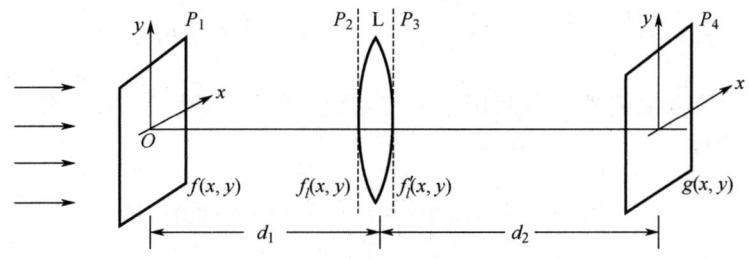

图 2-9 透镜的一般变换关系

$P_3$ 平面上的光场可由 $P_2$ 平面上的光场分布乘以透镜的透过率函数式（2-68）求得，即

$$f'_l(x,y) = \frac{1}{\lambda d_1}[f(x,y) * \mathrm{e}^{\mathrm{i}\frac{k}{2d_1}(x^2+y^2)}]P(x,y)\mathrm{e}^{-\mathrm{i}\frac{k}{2f}(x^2+y^2)} \tag{2-71}$$

最后，$P_4$ 平面上的光场分布可视为光场 $f'_l(x,y)$ 由 $P_3$ 平面到 $P_4$ 平面的菲涅耳衍射结果，即

$$g(x,y) = \frac{1}{\lambda^2 d_1 d_2}\{[f(x,y) * \mathrm{e}^{\mathrm{i}\frac{k}{2d_1}(x^2+y^2)}]P(x,y)\mathrm{e}^{-\mathrm{i}\frac{k}{2f}(x^2+y^2)}\} * \mathrm{e}^{\mathrm{i}\frac{k}{2d_2}(x^2+y^2)} \tag{2-72}$$

上式的积分表达式为

$$g(x,y) = \frac{1}{\lambda^2 d_1 d_2}\iint_{-\infty}^{\infty}\iint_{-\infty}^{\infty} f(\xi,\eta)\mathrm{e}^{\mathrm{i}\frac{k}{2d_1}[(\xi'-\xi)^2+(\eta'-\eta)^2]} \cdot$$
$$P(\xi',\eta')\mathrm{e}^{-\mathrm{i}\frac{k}{2f}(\xi'^2+\eta'^2)}\mathrm{e}^{\mathrm{i}\frac{k}{2d_2}[(x-\xi')^2+(y-\eta')^2]}\mathrm{d}\xi\mathrm{d}\eta\mathrm{d}\xi'\mathrm{d}\eta' \tag{2-73}$$

式（2-72）和式（2-73）描述了物置于透镜前任一位置时，物光场与衍射光场之间的一般关系。其中 $d_2$ 不一定是像距，也不一定是焦距。

下面暂不考虑透镜孔径对入射光场的影响（即令 $P(x,y)=1$），并在透镜后焦面上来考察几种特定情况下的衍射光场分布。这时，先将式（2-73）展开，经整理和简化，最后得透镜后焦面上的光场分布为

$$g(x,y) = \frac{1}{\mathrm{i}\lambda f}\mathrm{e}^{\mathrm{i}\frac{k}{2f}\left(1-\frac{d_1}{f}\right)(x^2+y^2)}\iint_{-\infty}^{\infty} f(\xi,\eta)\mathrm{e}^{-\mathrm{i}2\pi\left(\frac{x}{\lambda f}\xi+\frac{y}{\lambda f}\eta\right)}\mathrm{d}\xi\mathrm{d}\eta$$
$$= \frac{1}{\mathrm{i}\lambda f}\mathrm{e}^{\mathrm{i}\frac{k}{2f}\left(1-\frac{d_1}{f}\right)(x^2+y^2)} F(f_x,f_y)\Big|_{\substack{f_x=x/(\lambda f)\\ f_y=y/(\lambda f)}} \tag{2-74}$$

由此可见，若物置于透镜前方，当用单位振幅的平面波垂直照射时，则在透镜后焦面上得到物函数的傅里叶频谱。但由于在傅里叶变换式前面有一个位相因子，因而后焦面上的光场一般将产生位相弯曲，只有在特殊情况下此位相弯曲才会消失。

物置于透镜前焦面时，$d_1 = f$，式（2-74）中的位相因子消失，遂得透镜后焦面上的光场分布为

$$g(x,y) = \frac{1}{\mathrm{i}\lambda f}F(f_x,f_y) \tag{2-75}$$

上式表明，当物函数置于透镜前焦面上时，在透镜的后焦面上将得到物函数的准确的傅里叶变换。因此，当用平面波垂直照射时，常把透镜的后焦面称为傅里叶变换平面，或空间

频谱平面。

物平面紧靠透镜前表面时，$d_1=0$，由式（2-74）得后焦面上的光场分布为

$$g(x,y)=\frac{1}{\mathrm{i}\lambda f}\mathrm{e}^{\mathrm{i}\frac{k}{2f}(x^2+y^2)}F(f_x,f_y)=\frac{1}{\mathrm{i}\lambda f}\mathrm{e}^{\mathrm{i}\pi\lambda f(f_x^2+f_y^2)}F(f_x,f_y)|_{\substack{f_x=x/(\lambda f)\\f_y=y/(\lambda f)}} \qquad (2\text{-}76)$$

上式表明，后焦面上的光场分布仍然是物函数的傅里叶频谱，只是多了一个位相因子，但其光强分布可写为

$$I(x,y)=|g(x,y)|^2=\left(\frac{1}{\lambda f}\right)^2|F(f_x,f_y)|^2 \qquad (2\text{-}77)$$

光强分布 $I(x,y)$ 是可测量的，而位相分布在这种测量中不起作用，故由测量结果可知物的功率谱。

物置于透镜后的变换如图 2-10 所示。

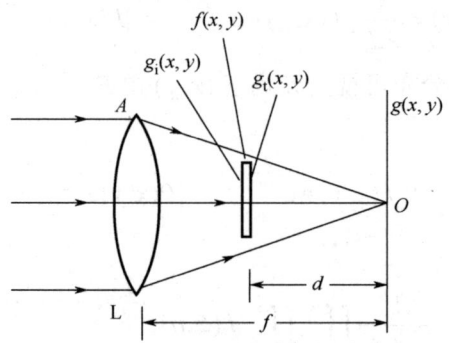

图 2-10　物置于透镜后的变换

设物平面置于距透镜后焦面距离为 $d$ 处，振幅为 $A$ 的平面光波入射到透镜 L 上。这时通过透镜的出射光波变为会聚球面波，其在物前表面的光场分布可视为由会聚球面波的中心 $O$ 向左发出的发散球面波在物前表面上的波面二次曲面近似，其复振幅为

$$g_i(x,y)=\frac{f}{d}A\mathrm{e}^{-\mathrm{i}\frac{k}{2d}(x^2+y^2)} \qquad (2\text{-}78)$$

于是，在物后表面上的光场分布为

$$g_t(x,y)=\frac{f}{d}A\mathrm{e}^{-\mathrm{i}\frac{k}{2d}(x^2+y^2)}\cdot f(x,y)P\left(\frac{f}{d}x,\frac{f}{d}y\right) \qquad (2\text{-}79)$$

式中，$P\left(\dfrac{f}{d}x,\dfrac{f}{d}y\right)$ 为物面被照明部分的孔径函数。可以这样来理解此孔径函数，即照明光斑的有限大小在数学上可以由透镜的光瞳函数沿着光束圆锥投影到物平面上的照明区域来表示，即

$$x^2+y^2=\left(\frac{D}{2}\frac{d}{f}\right)^2 \qquad (2\text{-}80)$$

如果仍以透镜的孔径尺寸 $D$ 为标准，则有

$$\left(\frac{f}{d}x\right)^2+\left(\frac{f}{d}y\right)^2=\left(\frac{D}{2}\right)^2 \qquad (2\text{-}81)$$

结果给出物平面上的一个有效光瞳函数 $P\left(\dfrac{f}{d}x,\dfrac{f}{d}y\right)$。

由于光场 $g_t(x,y)$ 从物后表面传播到透镜后焦面的过程可视为菲涅耳衍射过程，后焦面上的光场分布可写为

$$g(x,y) = \left[\frac{fA}{\lambda d^2} P\left(\frac{f}{d}x, \frac{f}{d}y\right) e^{-i\frac{k}{2d}(x^2+y^2)} f(x,y)\right] * e^{i\frac{k}{2d}(x^2+y^2)} \quad (2-82)$$

其积分表达式为

$$g(x,y) = \frac{fA}{\lambda d^2} \iint_{-\infty}^{\infty} f(\xi,\eta) P\left(\frac{f}{d}\xi, \frac{f}{d}\eta\right) e^{-i\frac{k}{2d}(\xi^2+\eta^2)} e^{i\frac{k}{2d}[(x-\xi)^2+(y-\eta)^2]} d\xi d\eta \quad (2-83)$$

如果假定物面尺寸比照明光束口径小，而令 $P\left(\frac{f}{d}x, \frac{f}{d}y\right)=1$，那么式（2-83）可简化成

$$\begin{aligned}g(x,y) &= \frac{fA}{\lambda d^2} e^{i\frac{k}{2d}(x^2+y^2)} \iint_{-\infty}^{\infty} f(\xi,\eta) e^{-i2\pi\left(\frac{x}{\lambda d}\xi + \frac{y}{\lambda d}\eta\right)} d\xi d\eta \\ &= \frac{fA}{\lambda d^2} e^{i\frac{k}{2d}(x^2+y^2)} \cdot F(f_x, f_y)\Big|_{\substack{f_x=x/(\lambda d)\\f_y=y/(\lambda d)}}\end{aligned} \quad (2-84)$$

上式表明，当物置于透镜后时，在透镜后焦面上仍得到物的傅里叶频谱，仅多一个位相弯曲因子。但其强度分布仍然是物的功率谱，即

$$I(x,y) = \left(\frac{fA}{\lambda d^2}\right)^2 |F(f_x, f_y)|^2 \quad (2-85)$$

当 $d=f$ 时，式（2-84）与式（2-85）的结果一致，说明无论是将物紧贴于透镜前表面还是后表面放置，效果都是一样的。

顺便指出，由于 $f_x = \frac{x}{\lambda d}$，$f_y = \frac{y}{\lambda d}$，故对于给定的空间频率 $(f_x, f_y)$，随着 $d$ 增大（或减小），$x$、$y$ 的绝对值也增大（或减小），这时频谱分布将由中心向外扩展（或向中心收缩）。于是，可通过改变物的位置来调整其傅里叶变换的空间尺寸。这种灵活性在实验上为相干光系统中空间滤波技术的应用带来很大方便。

总结前面的讨论，可以看到，用透镜来实现傅里叶变换，能够方便地采用两种途径：一种是采用平行光照明，在透镜的后焦面（无穷远照明光源的共轭面）上观察到物的频谱（除一个位相因子外）；另一种是用点光源照明衍射屏，在点光源的像平面上将得到衍射屏函数的傅里叶变换谱（无论衍射屏置于透镜前还是透镜后），且频谱的零频位置就在点光源的像点处。这些结论在进行光学信息处理时，具有重要的应用价值。

### 2.2.3 透镜孔径的影响

以上讨论透镜的傅里叶变换性质时，尚未考虑透镜孔径的影响。然而在实际工作中，透镜孔径的有限大小往往不能忽视。透镜孔径除限制入射光束从而影响出射光通量外，还会对形成傅里叶频谱产生影响，并最终影响成像质量。这里着重研究后一种影响。不失一般性，现仅就物置于透镜前，并用相干平行光照明这一特殊情况进行讨论。作为一种估算，可认为物面与透镜之间的距离 $d_1$ 相对于透镜孔径不是很大，这时光波在其间的传播可视为直线传播，并忽略透镜孔径的衍射，亦即采用几何光学近似。后焦面 $P_4$ 上任一点 $P'(x', y')$ 的光场应是物上所有点所发出的方向余弦 $\cos\alpha \approx \frac{x'}{f}$、$\cos\beta \approx \frac{y'}{f}$ 的光线，经透镜会聚后叠加而成的。但由于透镜的孔径有限，物平面上只有在一个圆形区域内各点所发出的光线才能够达到 $P'(x', y')$ 点，其余

光线均受到透镜边框的阻挡。透镜的孔径效应如图 2-11 所示。

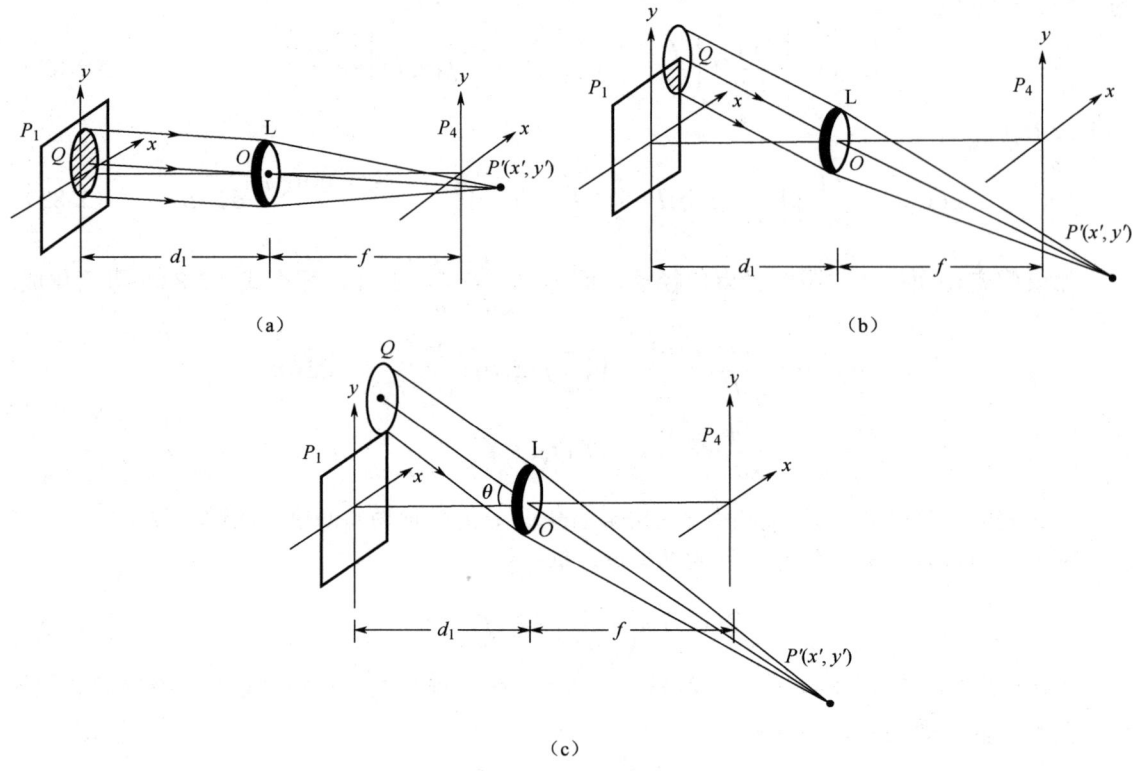

图 2-11 透镜的孔径效应

连接 $P'$ 和 $O$ 两点，并延长使其与物平面 $P_1$ 相交于 $Q(x,y)$ 点。在几何光学近似条件下，只有透镜孔径沿 $\overline{OQ}$ 方向在物平面上的投影所确定的一个圆域内的上述光线，通过透镜后才能到达 $P'$ 点，其余光线均被透镜的边框所限制，如图 2-11（a）所示。当 $P'$ 点逐渐远离光轴时，物面上圆域的中心点 $Q$ 也逐渐远离光轴。故当透镜孔径的大小有限时，只要 $P'$ 点离光轴足够远，就会出现圆域不能完全包含物平面的情况。此时能会聚于 $P'$ 点的光束的截面图是物平面与圆域的重叠区域，如图 2-11（b）所示。当 $P'$ 点离光轴更远时，就会出现整个物平面都不能落在圆域内的情况，从几何光学近似来看，就相当于物平面上没有光线到达 $P'$ 点，如图 2-11（c）所示。这时与沿 $\overline{OQ}$ 方向传播的平面波相对应的空间频率，在频谱面上得不到任何反映。从角谱的观点来看，与图 2-11（c）中 $\theta$ 方向相对应的空间频率便为透镜 L 的截止频率，频谱面上不反映任何高于此截止频率的频谱。

从这个意义上讲，透镜是一个低通滤波器：物的低频成分（靠近光轴的频谱值）可以通过；稍高的频率成分可以部分通过；更高的频率成分（远离光轴的频谱值）完全不能通过。由此可见，由于透镜孔径的限制，后焦面上不能得到准确的物频谱，这给傅里叶变换带来误差。频率越高，误差就越大，这种现象称为渐晕效应。为了减小渐晕效应，透镜的孔径应尽可能大，或物体应尽可能靠近透镜。当物面紧贴透镜时（$d_1=0$），透镜孔径产生的渐晕效应最小。这时，如果物体的尺寸小于透镜孔径，则频谱面上得到的是物透过率函数 $t(x,y)$ 的傅里叶变换；如果物体的尺寸大于透镜孔径，则透镜边框限制了物面的大小，频谱面上得到的是物透过率函数 $t(x,y)$ 与透镜孔径函数 $P(x,y)$ 乘积的傅里叶变换，有

$$g(x,y) = \frac{1}{i\lambda f} e^{i\pi\lambda f(f_x^2+f_y^2)} F\{t(x,y) \cdot P(x,y)\}$$
$$= \frac{1}{i\lambda f} e^{i\pi\lambda f(f_x^2+f_y^2)} T(f_x,f_y) * \tilde{P}(f_x,f_y) \tag{2-86}$$

式中，$\tilde{P}(f_x,f_y)$ 是孔径函数 $P(x,y)$ 的频谱函数。卷积的结果使物的频谱图像细节模糊。透镜孔径越小，模糊越严重。

上述关于透镜变换性质的讨论，都是在几何光学近轴近似条件下进行的。对于非近轴情况下的傅里叶变换，必须专门设计傅里叶变换透镜才能获得比较理想的傅里叶频谱，即使是消除了像差的理想成像系统，仍不能实现理想的傅里叶变换。

## 2.3 光学成像系统的一般分析

### 2.3.1 光学成像系统的普遍模型

单个凸透镜能够成像，是人们从基础光学中早已熟知的事实。但大多数光学成像系统都不只限于单个透镜，它可以是由若干个透镜（正透镜或负透镜）和其他光学元件（如棱镜、光阑等）组合成的复合系统。因此，在考察光学系统对成像的影响时，必须在若干个可能对光束起限制作用的通光孔径中，找到对光束起实际限制作用的那个孔径，该孔径可能是某一透镜的边框，也可能是光路中某一个特定光阑，人们把它称为孔径光阑或有效光阑。由基础光学可知，孔径光阑通过它前面的光学系统所成的像，称为系统的入射光瞳，简称入瞳（Entrance Pupil，记为 En. P.），它决定进入系统的光束的大小。孔径光阑通过它后面的光学系统所成的像，称为出射光瞳，简称出瞳（Exit Pupil，记为 Ex. P.），它决定从系统出射的光束的大小。并且，入射光瞳、孔径光阑和出射光瞳三者相互共轭。

根据基础光学的讨论，一个成像系统的外部性质可以由入射光瞳或出射光瞳来描述。因此，不管成像系统的详细结构如何，都可以将它归结为下列普遍模型。光学成像系统的普遍模型如图 2-12 所示。光波由物平面变换到像平面，可以分为 3 个过程，即光由物平面到入瞳，再由入瞳到出瞳，最后由出瞳到像平面。当光波通过成像系统时，波面要受到入瞳的限制，从而产生衍射效应。又因入瞳与出瞳彼此共轭，故物空间入瞳对入射波的限制，变换到像空间就成为出瞳对出射波的限制。这两种限制是等价的，是同一种限制在两个空间中的反映。这一结论称为光束限制的共轭原理。在考虑光波通过光学系统的衍射效应时，只需考虑其中的任何一种限制（例如，在本书中，通常是考虑出瞳对光波的衍射作用）。对于光波从入瞳到出瞳的传播，由于在此过程中波面已不再受到别的限制，故此段传播可以用几何光学很好地描述。有了光瞳的概念，在研究光学成像系统的性质时，可以不去涉及系统的详细结构，而把整个系统的成像看成是一个"黑箱"的作用，只需知道黑箱边端（即入瞳和出瞳）的物理性质，就可以知道像平面上合乎实际的像场分布。

为此，需要首先知道这个"黑箱"对点光源发出的球面波的变换作用。对于实际光学系统，这一边端性质千差万别，但总的来说可以分成两类，即衍射受限系统和有像差系统。如图 2-12 所示，设 $P_0(x_0,y_0)$ 为物平面上任一点，如果从该点发出的发散球面波通过成像系统后因受该系统的限制，转换成了新的理想球面波，并且在像平面上会聚成一个理想像点，则称该成像系统是衍射受限的。因此，衍射受限系统的作用就是将投射到入瞳上的发散球面波变换成出瞳上的会聚球面波。对于有像差系统，其边端条件是：点光源发出的发散球面波投射到入瞳上，在出瞳处的透射波场将明显偏离理想球面波，偏离程度由波像差决定。

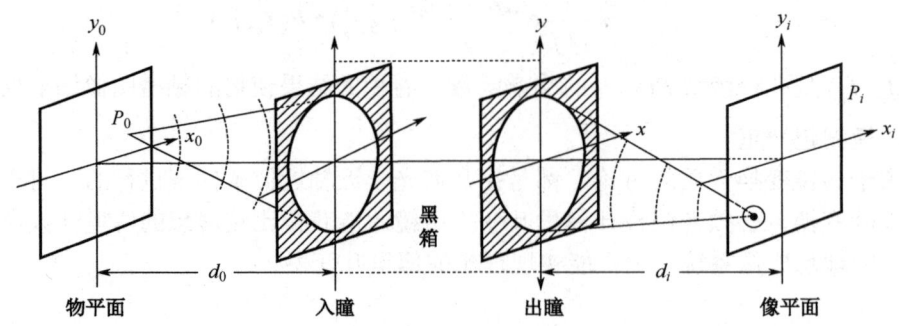

图 2-12　光学成像系统的普遍模型

### 2.3.2　衍射受限系统的点扩展函数

前面曾提到，当物面上任意面元产生的光场为单位脉冲时，对应的像函数称为脉冲响应，亦称点扩展函数。点物的脉冲函数用 $\delta(x-x_0, y-y_0)$ 表示，相应的脉冲响应表示成

$$h(x_0, y_0; x_i, y_i) = F\{\delta(x-x_0, y-y_0)\} \tag{2-87}$$

对于任意的物函数 $f(x_0, y_0)$，可以把它看成是由物平面上许多面元组成的，每个面元具有相应的脉冲响应，由于成像系统是线性系统，当用平面单色光照明时，其像平面上光场的复振幅分布 $g(x_i, y_i)$ 可以用叠加积分表示成

$$g(x_i, y_i) = \iint_{-\infty}^{\infty} f(x_0, y_0) h(x_0, y_0; x_i, y_i) \mathrm{d}x_0 \mathrm{d}y_0 \tag{2-88}$$

因此，只要能够确定成像系统的脉冲响应函数 $h(x_0, y_0; x_i, y_i)$，就能完备地描写该成像系统的性质。

现在将单透镜光学系统推广到复合成像系统。根据前面分析光波通过物和透镜后所得到的光场分布的一般表达式（2-74），用点脉冲 $\delta(\xi-x_0, \eta-y_0)$ 替代其中的物函数 $f(\xi, \eta)$，$(x, y)$ 和 $(x_i, y_i)$ 分别替换坐标 $(\xi', \eta')$ 和 $(x, y)$；将 $P(x, y)$ 视为出射光瞳函数（简称光瞳函数），在光瞳内其值为 1，在光瞳外其值为 0；$d_i$ 代表出瞳至像平面的距离，$h$ 就是点物经光学系统后所成的像，表示为

$$h(x_0, y_0; x_i, y_i) = \frac{1}{\lambda^2 d_0 d_i} \iint_{-\infty}^{\infty} \left\{ \iint_{-\infty}^{\infty} \delta(\xi-x_0, \eta-y_0) e^{\mathrm{i}\frac{k}{2d_0}[(x-\xi)^2+(y-\eta)^2]} \mathrm{d}\xi \mathrm{d}\eta \right\} \cdot$$

$$P(x, y) e^{-\mathrm{i}\frac{k}{2f}(x^2+y^2)} e^{\mathrm{i}\frac{k}{2d_i}[(x_i-x)^2+(y_i-y)^2]} \mathrm{d}x \mathrm{d}y \tag{2-89}$$

$$= \frac{1}{\lambda^2 d_0 d_i} \iint_{-\infty}^{\infty} e^{\mathrm{i}\frac{k}{2d_0}[(x-x_0)^2+(y-y_0)^2]} P(x, y) \cdot e^{-\mathrm{i}\frac{k}{2f}(x^2+y^2)} e^{\mathrm{i}\frac{k}{2d_i}[(x_i-x)^2+(y_i-y)^2]} \mathrm{d}x \mathrm{d}y$$

将上式各指数因子中的平方项展开，经合并、整理，并应用物像公式 $\frac{1}{d_0}+\frac{1}{d_i}=\frac{1}{f}$，可得

$$h(x_0, y_0; x_i, y_i) = \frac{1}{\lambda^2 d_0 d_i} e^{\mathrm{i}\frac{k}{2d_0}(x_0^2+y_0^2)} e^{\mathrm{i}\frac{k}{2d_i}(x_i^2+y_i^2)} \cdot \iint_{-\infty}^{\infty} P(x, y) e^{-\mathrm{i}2\pi\left[\frac{(x_i-Mx_0)}{\lambda d_i}x+\frac{(y_i-My_0)}{\lambda d_i}y\right]} \mathrm{d}x \mathrm{d}y \tag{2-90}$$

式中，$M=-\dfrac{d_i}{d_0}$ 是近轴条件下系统的横向放大率，根据像的倒、正，它可以取负值或正值。

上式积分号外面的两个位相因子 $\mathrm{e}^{\mathrm{i}\frac{k}{2d_0}(x_0^2+y_0^2)}$ 和 $\mathrm{e}^{\mathrm{i}\frac{k}{2d_i}(x_i^2+y_i^2)}$ 仅表示在物平面和像平面上的位相弯曲，舍弃它们对求解像强度分布没有任何影响，于是可将脉冲响应函数写成

$$h(x_0,y_0;x_i,y_i) = \frac{1}{\lambda^2 d_0 d_i}\iint_{-\infty}^{\infty} P(x,y)\mathrm{e}^{-\mathrm{i}2\pi\left[\frac{(x_i-Mx_0)}{\lambda d_i}x+\frac{(y_i-My_0)}{\lambda d_i}y\right]}\mathrm{d}x\mathrm{d}y \tag{2-91}$$

上式表明，单色光照明时，衍射受限系统的脉冲响应就是系统光瞳函数的傅里叶变换，其中心为几何光学理想像点 $x_i = Mx_0$，$y_i = My_0$。

现对物平面坐标 $(X_0,Y_0)$ 和光瞳面坐标 $(x,y)$ 进行坐标变换，令

$$\begin{cases} \tilde{x}_0 = Mx_0 & \tilde{y}_0 = My_0 \\ \tilde{x} = \dfrac{x}{\lambda d_i} & \tilde{y} = \dfrac{y}{\lambda d_i} \end{cases} \tag{2-92}$$

则式（2-91）可以写成

$$\begin{aligned}h(\tilde{x}_0,\tilde{y}_0;x_i,y_i) &= M\iint_{-\infty}^{\infty} P(\lambda d_i\tilde{x},\lambda d_i\tilde{y})\mathrm{e}^{-\mathrm{i}2\pi[(x_i-\tilde{x}_0)\tilde{x}+(y_i-\tilde{y}_0)\tilde{y}]}\mathrm{d}\tilde{x}\mathrm{d}\tilde{y} \\ &= h(x_i-\tilde{x}_0,y_i-\tilde{y}_0) \end{aligned} \tag{2-93}$$

上式表明，成像系统是线性空间不变系统。

如果光瞳相对于 $\lambda d_i$ 足够大，则在 $(\tilde{x},\tilde{y})$ 坐标的无限大区域内，都有 $P(\lambda d_i\tilde{x},\lambda d_i\tilde{y})=1$。这时，式（2-93）变为

$$h(x_i-\tilde{x}_0,y_i-\tilde{y}_0) = M\delta(x_i-\tilde{x}_0,y_i-\tilde{y}_0) \tag{2-94a}$$

或

$$h(x_0,y_0;x_i,y_i) = M\delta(x_i-Mx_0,y_i-My_0) \tag{2-94b}$$

因此，当不考虑光瞳的有限大小时，点脉冲通过成像系统后，其响应函数仍是点脉冲，其位置为 $x_i = Mx_0$，$y_i = My_0$。这便是几何光学中理想成像时物点像点的一一对应情况。

将式（2-94）代入式（2-88），在几何光学近似条件下，可得像函数为

$$\begin{aligned}g(x_i,y_i) &= M\iint_{-\infty}^{\infty} f(x_0,y_0)\delta(x_i-Mx_0,y_i-My_0)\mathrm{d}x_0\mathrm{d}y_0 \\ &= M\iint_{-\infty}^{\infty} f(x_0,y_0)\delta\left[M\left(\frac{x_i}{M}-x_0\right),M\left(\frac{y_i}{M}-y_0\right)\right]\mathrm{d}x_0\mathrm{d}y_0 \\ &= \frac{1}{M}f\left(\frac{x_i}{M},\frac{y_i}{M}\right) = f_g(x_i,y_i) \end{aligned} \tag{2-95}$$

显然，若不考虑出瞳的有限大小，则系统对物成理想像 $f_g(x_i,y_i)$，该像与原物准确相似。若考虑到出瞳的有限大小，则由叠加积分式（2-88）和式（2-93）得像函数为

$$\begin{aligned}g(x_i,y_i) &= \iint_{-\infty}^{\infty} f(x_0,y_0)h(x_i-\tilde{x}_0,y_i-\tilde{y}_0)\mathrm{d}x_0\mathrm{d}y_0 \\ &= \iint_{-\infty}^{\infty} \frac{1}{M}f\left(\frac{\tilde{x}_0}{M},\frac{\tilde{y}_0}{M}\right)\frac{1}{M}h(x_i-\tilde{x}_0,y_i-\tilde{y}_0)\mathrm{d}\tilde{x}_0\mathrm{d}\tilde{y}_0 \\ &= f_g(x_i,y_i)*\tilde{h}(x_i,y_i) \end{aligned} \tag{2-96}$$

式中，$\tilde{h}(x_i,y_i) = \dfrac{1}{M}h(x_i,y_i)$。由上式可知，像平面上光场的复振幅分布等于几何光学理想像 $f_g(x_i,y_i)$ 与系统脉冲响应函数 $\tilde{h}(x_i,y_i)$ 的卷积。这表明衍射受限的成像系统可以看成是光场复振幅的线性空间不变系统。换言之，当考虑了衍射效应后，像就不再是物体的准确复现了，而是物体的平滑变形。这种平滑作用能使物体中细微结构的空间频率信息受到强烈的衰减甚

至损失,从而使所生成的像产生相应的失真。

### 2.3.3 像质评价

光学成像系统是用来传递物的结构、灰度和色彩等信息的,其传递能力的大小,可以用来评价成像质量的好坏,通常称为像质评价。光学成像系统采用频谱分析方法和线性系统理论,全面研究成像的过程,是光学信息处理技术的重要理论基础。

检验光学系统的成像质量,传统的方法通常是采用分辨率板法和星点检验法。用分辨率板法评价像质,简便易行,并能评价一个系统分辨景物细微结构的能力,但不能对在可分辨范围内的像质好坏做出全面评价。例如,往往有这样的情况,分辨率相同的物镜,粗细线条像的明晰程度可能大不一样。此外,分辨率的等级完全由检验者主观判定,受人为因素影响较大。对于较高的像质评价要求,可以采用星点检验法。所谓星点检验法,就是观察点光源通过成像系统时所得像斑的形状。这个像斑就是成像系统的脉冲响应。当成像系统没有像差(或像差很小)时,像斑呈艾里圆;当离焦或像差较大时,光强就往外分散或像斑不规则。星点检验法可以保证较高的像质评价要求,缺点是仍属于主观检验,并且没有数值说明,只能做抽象的比较。

以上两种方法都是在空域中检验像质的方法。随着空间频谱分析方法和线性系统理论用于光学系统成像分析中获得成功,相应地产生了光学传递函数理论,从而使像质评价方法有了很大的改进。最初的推动力主要来自法国科学家迪菲厄(Pierre-Michel Duffieux),他将傅里叶分析方法引入光学领域中,并成功地分析了成像过程。英国科学家霍普金斯(H. H. Hopkins)在使用传递函数方法来评价成像系统质量方面做出了榜样,他首先计算了在通常的各种像差出现时的多种传递函数。特别是随着微型计算机和高精度光电探测技术的发展,光学传递函数的计算和测量方法日趋完善,并已实用化,成为像质评价的依据。这是现代光学重要的成就之一。

# 习题

1. 点目标经过光学系统后,形态会产生哪些变化?
2. 光学口径衍射极限分辨率如何计算?探测器决定的分辨率如何计算?实际成像系统分辨率由什么决定?
3. 如何提升光学成像系统分辨率?

# 参考文献

[1] 张记龙, 王志斌, 李晓, 等. 光电信息技术与应用[M]. 北京:国防工业出版社, 2008.
[2] 邵晓鹏, 王琳, 宫睿, 等. 光电成像与图像处理[M]. 西安:西安电子科技大学出版社, 2015.
[3] 白廷柱, 等. 光电成像技术与系统[M]. 北京:电子工业出版社, 2015.
[4] 王宏强, 王壮, 刘永祥, 等. 战略预警系统[M]. 长沙:国防科技大学出版社, 2015.

[5] 曲卫，李云涛，杨君. 导弹预警系统概论[M]. 北京：国防工业出版社，2023.
[6] 曲卫. 美国弹道导弹预警装备与运用[M]. 北京：国防工业出版社，2024.
[7] 陈钱，钱惟贤，张闻文. 红外目标探测[M]. 北京：电子工业出版社，2016.
[8] 杨风暴. 红外物理与技术[M]. 北京：电子工业出版社，2014.
[9] 王仕璠. 信息光学理论与应用[M]. 4版. 北京：北京邮电大学出版社，2020.
[10] 胡磊，张岐龙，郭宇，等. 美国导弹预警卫星发展情况与未来展望[J]. 飞航导弹，2021，(8):49-55.

# 第3章 红外物理基础

## 3.1 电磁波谱

由电磁理论可知,物质内部的带电粒子(如电子)的变速运动会发射或吸收电磁辐射。电磁辐射在空间传播过程中所携带的能量称为电磁辐射能。

在日常生活中,γ射线、X射线、紫外线、可见光、红外线、微波和无线电波等各种辐射都是电磁辐射。由于产生或探测各种辐射的方法不同,因此它们得到了上述各种不同的名称,但在本质上它们是相同的,故把各种辐射统称为电磁辐射。若将这些辐射按其波长(或频率)的次序排列成一个连续谱,则称之为电磁波谱。电磁波谱如图3-1所示。

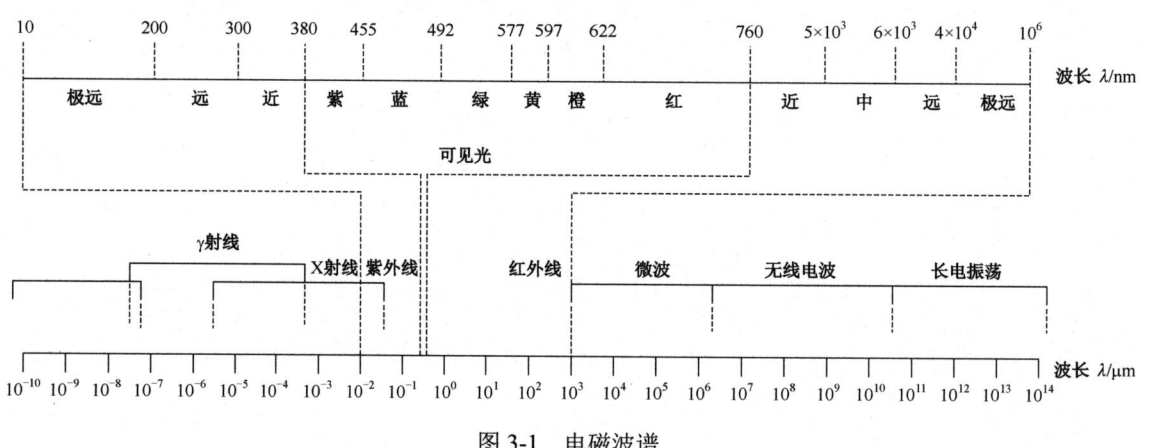

图3-1 电磁波谱

所有的电磁辐射都具有波动性,因此电磁辐射又称为电磁波。所有电磁波都遵循相同形式的反射、折射、干涉、衍射和偏振定律,且在真空中传播的速度具有同样的数值,称为真空中的光速,其值为 $c = 2.997\,924\,580\,000\,000\,12 \times 10^8$ m/s。

在真空中,频率为 $v$ 的电磁波,波长为 $\lambda$,真空中的光速为 $c$,则有

$$c = \lambda v \tag{3-1}$$

在介质中,同样频率 $v$ 的电磁波,波长为 $\lambda'$,速度为 $c'$,则有

$$c' = \lambda' v \tag{3-2}$$

由式(3-1)和式(3-2)得到

$$\lambda = \frac{c}{c'}\lambda' = n\lambda' \tag{3-3}$$

式中,$n = c/c'$ 称为介质对真空的折射率。式(3-3)表明,同一频率的电磁波,在介质中的波长是真空中波长的 $1/n$。

在光谱学中,由于电磁波的频率是很大的数值,不能直接测量,并且测得的频率数值精度通常比测得的波长数值精度低,因此,多用波长来标志紫外线、可见光和红外线。如无特殊说明,后面所引用的波长数值均是指在真空中的数值。在描述红外辐射时,波长的单位通常用微米(μm)表示。

在光谱学中，电磁波除用波长 $\lambda$ 或频率 $\nu$ 等参数来表示外，还经常用波数 $\tilde{\nu}$ 来表示。如果电磁辐射在真空中的波长用米（m）表示，则波长的倒数就是波数，即

$$\tilde{\nu} = \frac{1}{\lambda} \quad (3\text{-}4)$$

在国际单位制中，波数的单位是 $m^{-1}$。它的意义相当于在真空中 1m 长的路程上包含有多少个波长的数值。利用式（3-1），可得到波数 $\tilde{\nu}$ 和频率 $\nu$ 的关系为

$$\tilde{\nu} = \frac{\nu}{c} \quad (3\text{-}5)$$

由此可见，波数和频率成正比，波数大小同样可反映频率的高低。因此，在光谱学中，有时又把波数 $\tilde{\nu}$ 称为"频率"。应当注意，在对波数 $\tilde{\nu}$ 使用"频率"一词时，不要将其与真正的频率混淆，波数更多地被用于描述光谱中波的位置或分布。

在光学领域，一般将波长为 $0.38 \sim 0.76 \mu m$ 的电磁波段称为可见光波段，波长为 $0.76 \sim 1000 \mu m$ 的电磁波段称为红外波段。本章以让读者掌握红外辐射的基本规律为目的，主要介绍红外辐射的基本概念与基本定律，并按照点辐射源与面辐射源两大类型，来介绍红外辐射的定量描述方法及其相互关系。

## 3.2 红外辐射的基本概念

### 3.2.1 红外辐射及谱段划分

一切温度高于绝对零度的物体都能产生热辐射。热辐射可以产生紫外、可见光和红外的光谱，波长覆盖范围理论上可从零直至无穷，温度越高，辐射出的总能量就越大，光谱的短波成分也越多。大多数情况下热辐射的能量集中在红外波段，因而传统上研究红外辐射问题，主要关注的是热辐射的特性。

红外通常指波长为 $0.76 \sim 1000 \mu m$ 的电磁波，红外波段的短波端与可见光红光相邻，远波端与微波相接。红外波段与电磁频谱的其他波段一样以光速传播，遵守同样的反射、折射、衍射和偏振等定律，彼此差别只是波长、频率不同而已。

红外光谱的谱段有多种不同的划分方式，一般分为近红外、短波红外、中波红外、长波红外和极远红外等。根据红外产生的机理、物理特性、在大气中的传播特性或应用领域加以划分，产生了不同的波段划分范围。

红外与常见的可见光都是光波，但在特性和研究方法上有显著差异。红外主要表现为热辐射，而可见光主要来源于太阳光的反射。红外与其他电磁波不同，具有特殊性。因此，红外辐射的辐射源特性、描述其辐射能力的物理量以及相应的数学方法均有所不同。本章将针对红外辐射的辐射特性、辐射能力等进行介绍。

### 3.2.2 辐射源及其辐射量描述

从对辐射源探测和应用的角度考虑，辐射源可以分为点辐射源和面辐射源两类。此外，还有一种特殊的辐射源——朗伯辐射源，又称朗伯漫射体，其表面漫辐射或漫反射的辐射强度空间分布与发射角度有关。当目标辐射源的线度相对于光电系统的张角非常小，以至于这个张角远小于光学探测单元对应的视角（瞬时视场）时，该目标源可称为点源。反之，当目标辐射源的线度与光电系统的张角相当大，使得张角接近于甚至超过光学探测单元的视角时，

该目标源可称为面源，也称扩展源。之所以要这样区分辐射源，是因为在描述和计算它们的辐射能力和被照射表面接收到的辐射能量时，需要采用不同的物理量和计算方法。

在实际情况下，能否把辐射源视为点源，首要的问题不在于辐射源的真实物理尺寸，而在于它相对于观测者（或探测器）所张的立体角度。例如，喷气式飞机的尾喷口，在1km以外观测时，可以近似作为点源处理；而在3m处观测时，则表现为面源。

### 1. 点辐射源

对于点辐射源（简称点源），使用辐射强度来描述它的辐射能力。为了准确描述辐射在空间的分布特性，这里引入几个物理量。

（1）辐射通量（$P$）：即辐射功率，指单位时间内通过某一面积的辐射能量。

（2）立体角（$\Omega$）：描述辐射能向空间发射、传输或被某一表面接收时的发散或会聚的角度。立体角的大小是以立体角顶点为球心作半径为 $R$ 的球面，用此立体角的边界在球面上所截的面积除以半径的平方来确定，度量单位称为"立体弧度"，记为 sr。

（3）辐射强度（$I$）：点辐射源在某一方向上在单位立体角内所发出的辐射通量。若点辐射源在小立体角 $\Delta\Omega$ 内的辐射功率为 $\Delta P$，则 $\Delta P$ 与 $\Delta\Omega$ 之比的极限值定义为辐射强度 $I$，单位为 W/sr。即

$$I = \lim_{\Delta\Omega \to 0}\left(\frac{\Delta P}{\Delta\Omega}\right) = \frac{\mathrm{d}P}{\mathrm{d}\Omega} \tag{3-6}$$

点源的辐射强度示意图如图 3-2 所示。

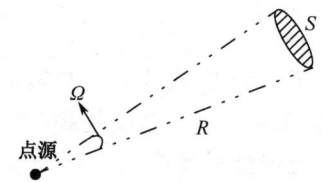

图 3-2  点源的辐射强度示意图

辐射强度是辐射源所发射的辐射功率在空间分布特性的描述。或者说，它是辐射功率在某方向上的角密度的度量。

### 2. 面辐射源

面辐射源又称扩展辐射源（简称面源或扩展源），其所发射的辐射功率的分布特性，需要考虑辐射面积的影响。辐射量与辐射源发出的位置和方向角有关，为此特引入以下物理量。

（1）辐射出射度（$M$）：扩展源单位面积向半球空间发射的功率（或辐射通量）。若辐射源的微小面积 $\Delta A$ 向半球空间的辐射功率为 $\Delta P$，则 $\Delta P$ 与 $\Delta A$ 之比的极限值定义为辐射出射度 $M$，单位为 W/m$^2$。

（2）辐射亮度（$L$）：辐射源在给定方向上的辐射亮度，是辐射源在该方向上的单位投影面积上、单位立体角内发出的辐射功率。假定有一辐射源呈面状，向外辐射的强度随辐射方向不同而变化，则辐射亮度 $L$ 定义为辐射源在某一方向，单位投影面积、单位立体角内的辐射通量，单位为 W/(sr·m$^2$)。

面辐射源的辐射示意图如图 3-3 所示。

若在扩展源表面上某点 $O$ 附近取小面源 $\mathrm{d}A$，则该面积向半球空间发射的辐射功率为 $\Delta P$。如果进一步考虑，在与面源 $\mathrm{d}A$ 的法线夹角为 $\theta$ 的方向上取一个小立体角元 $\mathrm{d}\Omega$，那么从面源 $\mathrm{d}A$ 向立体角 $\mathrm{d}\Omega$ 内发射的辐射通量为 $\mathrm{d}^2 P$。由于从 $\mathrm{d}A$ 向 $\theta$ 方向发射的辐射（也就是在 $\theta$ 方向

观察到来自 d$A$ 的辐射），在方向 $\theta$ 看到的面源 d$A$ 的有效面积，即投影面积 d$A_\theta$ = d$A\cos\theta$，所以，在 $\theta$ 方向观测到的辐射源表面上位置 $O$ 处的辐射亮度 $L$ 为

$$L = \lim_{\substack{\Delta A \to 0 \\ \Delta\Omega \to 0}} \left(\frac{\Delta^2 P}{\Delta A_\theta \Delta\Omega}\right) = \frac{\mathrm{d}^2 P}{\mathrm{d}A\cos\theta\mathrm{d}\Omega} \tag{3-7}$$

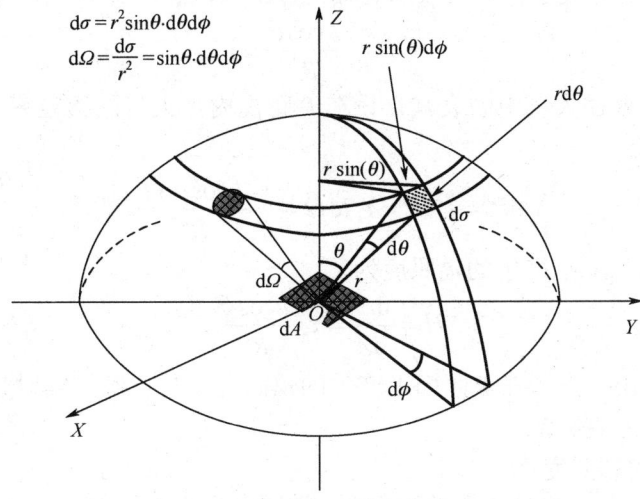

图 3-3　面辐射源的辐射示意图

**3. 朗伯辐射源**

一般情况下，物体辐射或反射的能量均有方向性，能量仅在一个有限的空间立体角内传递。换言之，它的辐射亮度与发射方向有关。理想的全漫射体发射的能量应能向半球空间均匀辐射，而且辐射亮度是常数，这种理想的漫辐射体称为朗伯辐射源。朗伯辐射源面元的辐射强度只与测量方向与面元法线夹角的余弦成正比。

$$\mathrm{d}^2 P = B\cos\theta\mathrm{d}A\mathrm{d}\Omega \tag{3-8}$$

式中，$B$ 为与方向无关的常数，这就是朗伯余弦定律。

虽然朗伯余弦定律是一个理想化的概念，但是实际遇到的许多辐射源，其辐射规律在一定范围内都十分接近朗伯余弦定律的辐射规律。例如，黑体就遵循朗伯余弦定律。大多数绝缘材料表面，在相对于表面法线方向观察角不超过 60°时，都接近遵循朗伯余弦定律。

## 3.3　相关物理量及热辐射基本定律

### 3.3.1　辐射照度

辐射照度是一种物理参数，物体表面单位面积上接收到的辐射功率称为该照射处的辐射照度，简称辐照度，用来衡量一个物体表面被辐照的程度，单位为 W/m²，用符号 $H$ 表示。即

$$H = \lim_{\Delta A \to 0}\left(\frac{\Delta P}{\Delta A}\right) = \frac{\mathrm{d}P}{\mathrm{d}A} \tag{3-9}$$

辐照度又称为辐射通量密度，是辐射亮度对立体角的积分。对辐照度进行面积积分可得到辐射功率，即辐射通量。

上一节已经描述了点辐射源、面辐射源以及朗伯辐射源，接下来讨论它们辐射的能量传递和照射作用，即辐照度。

### 1. 点源产生的辐照度

如图 3-3 所示，设点源的辐射强度为 $I$，它与被照面上 $X$ 点小面源 $dA$ 的距离为 $R$，$dA$ 的法线与 $R$ 的夹角为 $\theta$。如果不考虑大气的衰减，点源在被照面 $X$ 点上产生的辐照度为

$$H = \frac{I\cos\theta}{R^2} \tag{3-10}$$

如果考虑辐射功率在大气中的衰减，设在 $R$ 距离内，大气的透过率为 $\tau_a$，则 $dA$ 实际接收到的辐射功率为

$$dP' = \tau_a dP = \tau_a I d\Omega = \tau_a \frac{I\cos\theta dA}{R^2} \tag{3-11}$$

所以，点源在被照面上 $X$ 点产生的辐照度为

$$H = \frac{dP'}{dA} = \tau_a \frac{I\cos\theta}{R^2} \tag{3-12}$$

从上式中可以看出，点源在被照面上产生的辐照度，与点源的辐射强度成正比，与点源和被照面的距离的平方成反比。

### 2. 小面源产生的辐照度

对于面积为 $\Delta A_S$，辐射亮度为 $L$ 的小面源，被照面积为 $\Delta A$，$\Delta A_S$ 与 $\Delta A$ 相距 $R$。因为 $\Delta A_S$ 很小，所以它的辐射强度为

$$I = L\cos\theta_s \cdot \Delta A_S \tag{3-13}$$

由式（3-12）得到小面源产生的辐照度为

$$H = \tau_a \frac{I\cos\theta}{R^2} = \tau_a L \Delta A_S \cos\theta_s \frac{\cos\theta}{R^2} \tag{3-14}$$

又因是朗伯辐射源，故 $L = \dfrac{M}{\pi}$，则上式可改写为

$$H = \tau_a \frac{M}{\pi} \Delta A_S \frac{\cos\theta_s \cos\theta}{R^2} \tag{3-15}$$

式中，$\theta_s$ 与 $\theta$ 分别为 $\Delta A_S$ 与 $\Delta A$ 的法线以及 $R$ 的夹角。

### 3. 朗伯辐射源产生的辐照度

假设有一个按朗伯余弦定律辐射的扩展源（如红外搜索跟踪系统面对的天空背景），其各处的辐射亮度均相同。讨论在面积为 $\Delta A_d$ 的被照面 $X$ 上的辐照度。

假设扩展源可看到的面积被探测器半视场角 $\theta_0$ 约束，在探测器视场范围内，取圆环状面积元 $dA_S = x \cdot d\varphi \cdot dx$。设源表面与被照面平行，所以 $\theta_s = \theta$，于是从这个环状面积元上发出的辐射度，可以利用式（3-15）得

$$d^2H = \tau_a L \frac{\cos^2\theta}{r^2} x dx d\varphi \tag{3-16}$$

又由于

$$r = \frac{R}{\cos\theta} \tag{3-17}$$

$$x = R\tan\theta \tag{3-18}$$

$$dx = \frac{R}{\cos^2\theta} d\theta \tag{3-19}$$

可得

$$d^2H = \tau_a L\cos\theta\sin\theta \cdot d\theta d\varphi \tag{3-20}$$

对式（3-20）进行积分，可求出大面积扩展源在探测器表面产生的辐照度，即

$$H = \int_0^{2\pi}\int_0^{\theta_0} \tau_a L\cos\theta\sin\theta \cdot d\theta d\varphi = \pi\tau_a L\sin^2\theta_0 \tag{3-21}$$

对朗伯辐射源，$M = \pi L$，上式可以进一步写为

$$H = \tau_0 M \sin^2\theta_0 \tag{3-22}$$

由此可见，大面积扩展源在传感器上产生的辐照度，与扩展源的辐射出射度或辐射亮度成正比，与探测器的半视场角 $\theta_0$ 的正弦平方也成正比。

### 4．面辐射源与点辐射源的关系

辐射出射度 $M$ 与辐射亮度 $L$ 的转化关系为

$$M = \int_{2\pi球面度} L\cos\theta d\Omega \tag{3-23}$$

对于朗伯辐射源而言，$L$ 与方向角 $\theta$ 无关，于是有

$$M = L\int_{2\pi球面度} \cos\theta d\Omega \tag{3-24}$$

因为球坐标的立体角元为 $d\Omega = \sin\theta d\theta d\phi$，所以有

$$M = L\int \cos\theta d\Omega = L\int_0^{2\pi} d\varphi \int_0^{\frac{\pi}{2}} \cos\theta\sin\theta d\theta = \pi L \tag{3-25}$$

### 5．辐射强度 $I$ 与辐射亮度 $L$ 的转化关系

辐射强度是描述点源辐射空间角分布特性的物理量。只有当辐射源面积比较小时，才可将其看成是"点源"，它是联系理想点源和实际面源的一个重要概念。对于小面源而言，既有点源特性的辐射强度，又有面源特性的辐射亮度。对于所测量的小面源 $\Delta A$，有

$$L = \frac{d^2P}{dA\cos\theta d\Omega} = \frac{d}{dA\cos\theta}\left(\frac{dP}{d\Omega}\right) = \frac{dI}{dA\cos\theta} \tag{3-26}$$

由上式可得，$I = \int_{\Delta A} L dA\cos\theta$。

实际中，小面源 $\Delta A$ 面积较小，通常不考虑 $L$ 随 $\Delta A$ 上位置变化，

$$I = L\Delta A\cos\theta \tag{3-27}$$

即小面源在空间某一方向上的辐射强度等于该面源的辐射亮度乘以小面源在该方向上的投影面积。

工程近似转化关系如图 3-4 所示。

辐射强度 $I$ 与辐射亮度 $L$ 的转化关系为 $I = L\Delta A\cos\theta$。辐射强度与辐射照度的辐射转化关系为

$$H = \frac{dP}{dA} = \frac{dP}{d\Omega \cdot R^2} = \frac{I}{R^2} \tag{3-28}$$

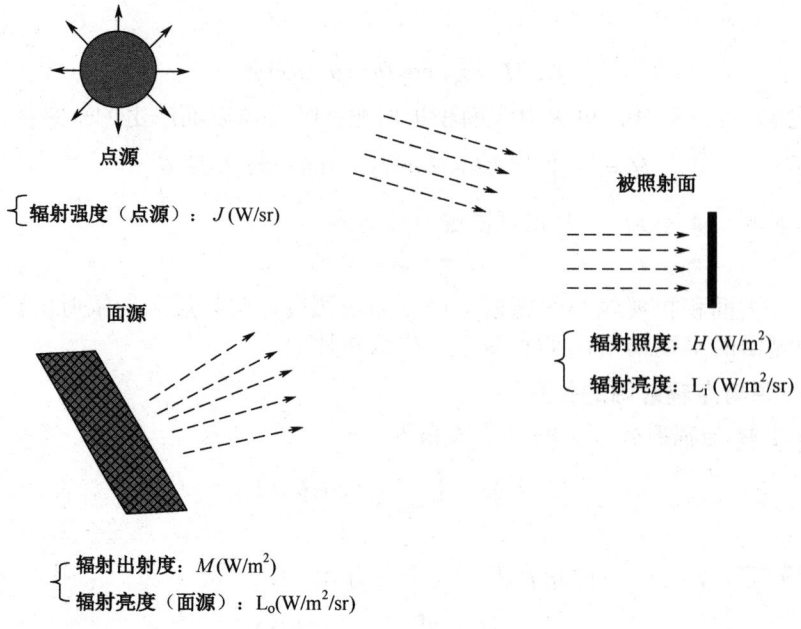

图 3-4　工程近似转化关系

### 3.3.2　黑体及其辐射

本节首先介绍一种理想的热辐射体——黑体。尽管黑体在自然界中并不存在，但它可以作为一个基准，得出若干热辐射的最基本规律。接下来讨论热辐射的几个基本定律，其中普朗克定律、玻尔兹曼定律以及维恩位移定律都是反映黑体的热辐射特性的，而基尔霍夫定律则揭示了任意物体在热平衡条件下的辐射规律。

黑体是指能够在任何温度下全部吸收任何波长和入射角度的辐射的物体。当黑体达到热平衡状态，即温度恒定的状态时，发出的辐射就称为黑体辐射。绝对黑体是一个抽象的科学概念，这种物体在自然界并不存在，但可人工制造近似的黑体辐射源。

根据光谱比辐射率，可将辐射体分为以下三类：

（1）黑体或普朗克辐射体，其光谱比辐射率 $\varepsilon_\lambda \equiv 1$；

（2）灰体，其 $\varepsilon_\lambda$ 为小于 1 的常数；

（3）选择性辐射体，$\varepsilon_\lambda$ 随波长而变。

黑体、灰体和选择性辐射体的比辐射率如图 3-5 所示。

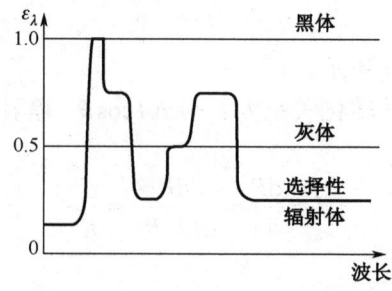

图 3-5　黑体、灰体和选择性辐射体的比辐射率

灰体的比辐射率是黑体比辐射率的一个固定比例，这是一个极为有用的概念。因为有些

辐射源，如喷气机尾喷管、气动加热表面、无动力空间飞行器、人体、大地以及空间背景，在有限的光谱区间内都可近似地视为灰体，这种近似在大多数工程计算中具有足够的准确度。

黑体作为理想的热辐射体，在同样的温度下，其总辐射通量或任意光谱区间的波段辐射通量均超过其他类型的辐射体。因此，黑体的光谱分布曲线可以视为各种辐射体光谱分布曲线的包络线。在光电探测器的特性参量定量分析中，黑体辐射常被用作一种标准辐射源。

### 3.3.3 基尔霍夫定律

19 世纪后半期，物理学家们致力于解释热辐射体的光谱能量分布。1860 年，德国物理学家基尔霍夫（Kirchhoff）在研究辐射传输的过程中发现：在任意给定的温度下，辐射通量密度和吸收系数之比，对任何材料都是常数，这一发现称为基尔霍夫定律。该定律描述为：在给定温度下，对某一特定波长，物体的吸收本领和发射本领的比值与物体本身的性质无关，对于一切物体都是恒量。简而言之，即"好的吸收体也是好的辐射体"。

基尔霍夫还提出了"黑体"这一概念，用来描述能够吸收全部入射辐射能量的理想物体。按照基尔霍夫定律，黑体不仅是最完美的吸收体，同时也是最有效的辐射体。因此，黑体成为了衡量其他辐射源辐射效率的比较标准。一个辐射源的比辐射率是指它的辐射能力与同温度下黑体辐射能力之比。

发射本领：即物体的辐射出射度 $M$，通常写成 $M_{\lambda T}$，因 $M$ 与波长和温度有关。

吸收本领：即物体的吸收比 $\alpha$，$\alpha$ 也与波长和温度有关，故写成 $\alpha_{\lambda T}$。

根据基尔霍夫定律，$M_{\lambda T}/\alpha_{\lambda T}$ 对所有物体在相同温度和波长下都是一个普适函数（即黑体的发射本领），而 $M_{\lambda T}$ 和 $\alpha_{\lambda T}$ 两者中的每一个都随着物体的不同而不同。二者之间的关系称为基尔霍夫定律。

$$\frac{M_{\lambda T}}{\alpha_{\lambda T}} = \text{const} = f(\lambda, T) \tag{3-29}$$

如果有三个物体，则

$$\frac{M_{1\lambda T}}{\alpha_{1\lambda T}} = \frac{M_{2\lambda T}}{\alpha_{2\lambda T}} = \frac{M_{3\lambda T}}{\alpha_{3\lambda T}} = C \tag{3-30}$$

对于黑体，

$$C = \frac{M_{b\lambda T}}{\alpha_{b\lambda T}} = \frac{M_{b\lambda T}}{1} = M_{b\lambda T} \tag{3-31}$$

式中，$M_{b\lambda T}$ 为黑体的辐射出射度；$\alpha_{b\lambda T}$ 为黑体的吸收比，$\alpha_{b\lambda T}=1$。

基尔霍夫定律的另一种表达：在热平衡状态下，物体 $A$ 发射的辐射功率必等于它所吸收的辐射功率。

$$M = \alpha E \tag{3-32}$$

式中，$M$ 为物体 $A$ 的辐射出射度；$\alpha$ 为物体 $A$ 的吸收率；$E$ 为物体 $A$ 的辐射照度。

即

$$\frac{M}{\alpha} = E, \quad \frac{M_\lambda}{\alpha_\lambda} = E_\lambda \tag{3-33}$$

物体的吸收率越大，它的辐射出射度也越大，即好的吸收体必是好的发射体。

关于基尔霍夫定律的说明：

（1）基尔霍夫定律是平衡辐射定律，与物质本身的性质无关，对黑体也适用；

（2）吸收和辐射的多少应在同一温度下比较（温度不同时没有意义）；

（3）任何强烈的吸收必发出强烈的辐射，无论吸收是由物体表面性质决定的，还是由系统的构造决定的；

（4）基尔霍夫定律所描述的辐射与波长有关，与人眼的视觉特性和光度量无关；

（5）基尔霍夫定律只适用热辐射。

### 3.3.4 普朗克定律

普朗克定律描述的是黑体在不同温度下向真空辐射的能量按波长分布的规律，即黑体单色辐射能力与波长及温度的定量关系。其表达式为

$$M_{b\lambda} = \frac{2\pi hc^2}{\lambda^5} \cdot \frac{1}{e^{hc/(\lambda kT)} - 1} = \frac{c_1}{\lambda^5} \cdot \frac{1}{e^{c_2/(\lambda T)} - 1} \tag{3-34}$$

式中，$M_{b\lambda}$ 为黑体的光谱辐射出射度；$c_1$ 为第一辐射常数，$c_1 = 2\pi hc^2 = 3.7418 \times 10^{-16} \text{W} \cdot \text{m}^2$；$c_2$ 为第二辐射常数，$c_2 = hc/k = 1.4388 \times 10^{-2} \text{m} \cdot \text{K}$；$h$ 为普朗克常数，$h = 6.626176 \times 10^{-34} \text{J} \cdot \text{s}$；$k$ 为玻尔兹曼常数，$k = 1.38 \times 10^{-23} \text{J/K}$；$T$ 为热力学温度。

黑体辐射在不同温度下的频谱如图 3-6 所示。

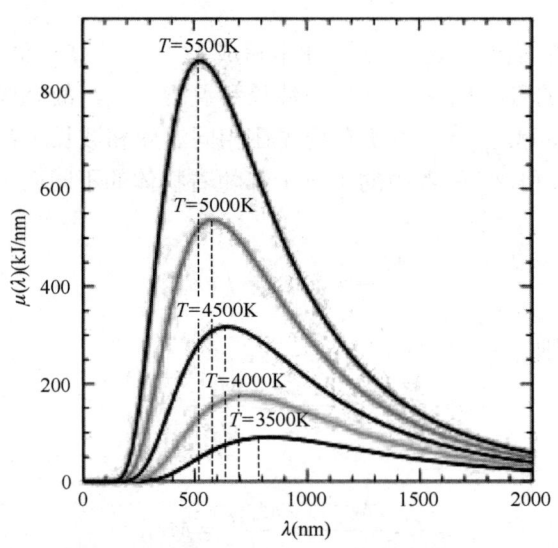

图 3-6 黑体辐射在不同温度下的频谱

普朗克定律的分析：

（1）在一定温度下，黑体在不同波长范围内辐射能量各不相同；

（2）维恩位移定律：随着 $T$ 的增高，最大单色辐射力 $E_{b\lambda\max}$ 所对应的峰值波长 $\lambda_{\max}$ 逐渐向短波方向移动。并且峰值波长的光谱辐射通量密度与热力学温度的五次方成正比，即

$$W_{\lambda\max} = bT^5 \tag{3-35}$$

式中，$b = 1.28637 \times 10^{-11} \text{W} \cdot \text{m}^{-2} \cdot \mu\text{m}^{-1} \cdot \text{K}^{-5}$。

### 3.3.5 玻尔兹曼定律

玻尔兹曼定律描述的是黑体全辐射出射度与温度的关系。即

$$M_{\rm b} = \int_0^\infty M_{{\rm b}\lambda}{\rm d}\lambda = \int \frac{c_1}{\lambda^5} \cdot \frac{1}{{\rm e}^{c_2/(\lambda T)}-1}{\rm d}\lambda = \sigma T^4 \qquad (3\text{-}36)$$

式中，$\sigma$ 为斯忒藩-玻尔兹曼常数，$\sigma = 5.67 \times 10^{-8}\ {\rm W}/({\rm m}^2{\rm K}^4)$。

这表明，黑体的辐射能力 $M_{\rm b}$ 为黑体表面向所有半球方向发射的波长从零到无穷的所有单色辐射能力的总和。黑体的半球总辐射能力与热力学对温度的四次方成正比，这表明黑体的辐射能力会随温度的增加而迅速上升。

## 习题

1. 辐射源包括哪几类？其度量是什么？度量单位是什么？
2. 已知黑体的温度为 300K，求其峰值波长，并求在波长为 2～4μm 时的辐射出射度。
3. 简述辐射强度定义、辐射亮度定义。点源产生的辐照度如何计算？面源产生的辐照度如何计算？
4. 假定弹道导弹弹体辐射温度为 300K。在观测方向，其投影面积约为 1m$^2$。那么其辐射强度为多少？求距离 3000km 处导弹尾焰在波长为 5μm 时的辐照度。

# 第4章 目标与环境特性

## 4.1 概述

所谓目标，是指根据光电成像探测任务预定的探测对象或客体。在国防领域中，高威胁运动目标是光电成像系统的主要探测对象之一，主要包括飞行中的弹道导弹、临近空间高超声速飞行器、战略轰炸机以及巡航导弹等。然而，在探测这些目标的过程中，探测器还会不可避免地观测到目标之外的其他客观物质，从而对目标的发现和识别产生干扰，它们主要包括太阳、天体、大气、地表等自然元素和人造物体，这些可能进入探测系统视野的客观物质统称为观测背景。

目标与背景特性主要指客体影响光学探测的自然属性，这些属性主要包括光学特性和运动特性等自身特征。目标和背景的光学特性主要通过目标飞行或背景环境形成的光谱分布、光强空间分布等表现形式及其相关参数来具体描述。而目标的运动特性则主要运用动力学方程来描述。至于背景的运动特性，则涵盖了星体的动力学运动、云层的漂移和海面的波动等多种运动特征的综合描述。

目标和背景的这些固有特性，从根本上决定了光电探测所需遵循的物理原理和技术方法，是研制光电探测系统时必须深入理解和掌握的关键知识。同时，目标与背景特性的任何微小变化都将影响光电探测系统的性能。因此，全面掌握目标与背景特性也是合理使用光电探测系统，充分发挥系统效能的基础条件。所以，开展目标与背景特性的研究，对于提升探测能力建设具有重要的意义。

开展目标与背景特性研究是一项基础性、长期性的工程，其影响因素错综复杂，往往难以仅凭理论分析就得出准确的特性模型，还需要通过大量试验和观测来验证及修改完善特性参数。在此过程中，有关目标与背景特性的分析计算和试验测试技术，已经成为支撑光电探测研究的重要技术领域。

本章重点聚焦于弹道导弹、临近空间飞行器以及空中飞机三类典型目标，详细介绍它们的运动特性、光学辐射特性以及相应的红外背景特性，并结合天基红外导弹预警探测场景，探讨红外探测波段的合理选择问题。

## 4.2 弹道导弹的目标特性

弹道导弹是指在火箭发动机推力作用下，按预定程序飞行，并在火箭发动机关机后，按照自由抛物体轨迹继续飞行的导弹。其飞行弹道通常被划分为主动段和被动段。主动段（又称为动力飞行段或助推段）是导弹在火箭发动机推力和制导系统作用下，从发射点起飞到火箭发动机关机时的飞行路径；被动段包括中段（自由飞行段）和末段（再入段），是导弹按照在主动段终点获得的给定速度进行惯性飞行，到弹头起爆的路径。中段是指弹头从火箭发动机关机后，在惯性作用下继续飞行，直至弹头再次进入大气层的路径。末段是指弹头重新进入大气层，到弹头起爆的路径。弹道导弹飞行阶段划分如图4-1所示。

图 4-1 弹道导弹飞行阶段划分

弹道导弹具有远程快速打击和核打击能力，是当今军事领域中重要的威慑武器之一。弹道导弹通常没有翼，在燃料耗尽后，其飞行轨迹将遵循弹道学法则，无法再改变航向。为了覆盖更远的距离，弹道导弹需要发射得很高，进入空中或深空，进行亚轨道宇宙飞行。对于洲际导弹，中途高度大约为 1200km。洲际导弹往往只有拥有核武器的国家才会配备，被视为核三位一体（陆基洲际导弹、战略轰炸机、潜射弹道导弹）中最基础的一极。战略弹道导弹常用来打击政治和经济中心、军事和工业基地、核武器库以及交通枢纽等关键战略目标。

弹道导弹按射程可分为短程、中程、远程和洲际弹道导弹，各国分类标准有所差异。我国的划分标准一般为，短程弹道导弹射程在 1000km 以下，中程弹道导弹射程为 1000～3000km，远程弹道导弹射程为 3000～8000km，而洲际弹道导弹射程则在 8000km 以上。中短程的弹道导弹也常被称为战区弹道导弹（Theatre Ballistic Missile，TBM）。选择射程大于被攻击目标距离的导弹是具有战略意义的：这样的导弹能够到达一个非常高的高度，然后再以极快的速度俯冲攻击目标，从而大大增加了防卫的难度。例如，一枚 3000km 射程的导弹如果用来攻击 500km 外的目标，它可以到达 1200km 的高度，与洲际弹道导弹能够到达的高度差不多，它就可以像洲际弹道导弹一样以 6km/s 的速度冲向目标。这种速度是音速的 17 倍至 18 倍，几乎不能防御。

弹道导弹按结构可分为单级导弹和多级导弹。多级导弹在一级火箭发动机关机后会进行级间分离。为增强突防能力，弹道导弹一般在中段会释放多弹头和诱饵。弹道导弹的发射方式有陆基和海基，包括固定发射和移动发射。推进剂有液体和固体之分，不同推进剂类型对红外辐射特性和动力学特性有较大影响，同时，不同推进剂组分也影响目标光谱的波形和能量。下面将按照各飞行阶段来研究目标的红外辐射特性和运动特性。

## 4.2.1 弹道导弹主动段运动特性

### 1. 弹道导弹主动段运动学模型

弹道导弹的控制系统通常为惯性控制系统，在飞行中它所测出的运动参数自然是相对于惯性参考系的。虽然在惯性坐标系内建立导弹的运动微分方程组是较为适宜的，但考虑到弹道导弹毕竟是在地面上发射并摧毁地面目标的，它在飞行中的运动姿态、射击距离以及落点精度等，人们在实际应用中总是相对地球来衡量的。因此习惯上，导弹的运动微分方程组一般是建立在发射坐标系内的。

定义发射坐标系：以弹道导弹发射点为原点，$Ox$ 轴在发射平面内，指向瞄准方向；$Oy$ 轴沿发射点铅垂线向上；$Oz$ 轴由右手定则确定。后续讨论均在此坐标系下进行。

为简单起见，假设地球为一个质量均匀的球体。不考虑地球自转和其他星球对导弹飞行的影响。由于导弹的横向运动较小，常被忽略，因此可假设导弹仅在弹道平面 $Oxy$ 内运动。导弹在主动段的受力示意图如图 4-2 所示，$M$ 为导弹质心。在主动段内，导弹主要受重力、推力、气动阻力、气动升力以及控制力的作用。

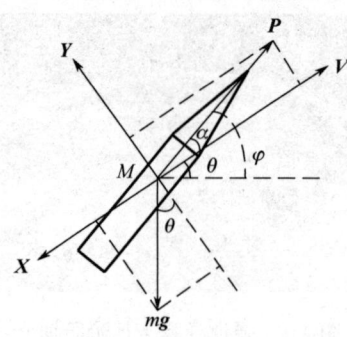

图 4-2 导弹在主动段的受力示意图

重力 $mg$ 的方向沿铅垂线向下，推力 $P$ 的方向和弹体纵轴的方向一致，气动阻力 $X$ 的方向与速度方向相反，气动升力 $Y$ 的方向垂直于速度 $V$ 的方向向上。控制力的方向和大小都是变化的，它只引起导弹的俯仰角 $\varphi$ 变化，图中不再标注。弹体纵轴方向与 $x$ 轴方向的夹角为导弹的俯仰角 $\varphi$，速度 $V$ 方向与 $x$ 轴方向的夹角为弹道倾角 $\theta$，弹体纵轴方向与速度 $V$ 方向的夹角为攻角 $\alpha$，有 $\varphi = \theta + \alpha$。

导弹的运动示意图如图 4-3 所示。$Oxy$ 为发射坐标系 $Oxyz$ 的弹道平面，$D$ 为地球质心，$M$ 为导弹质心，$B$ 为线段 $MD$ 与地球表面的交点，$MB$ 为导弹的高度 $h$，速度 $V$ 方向与地面的夹角为当地弹道倾角 $\vartheta$。设导弹 $M$ 的坐标为 $(x, y)$。

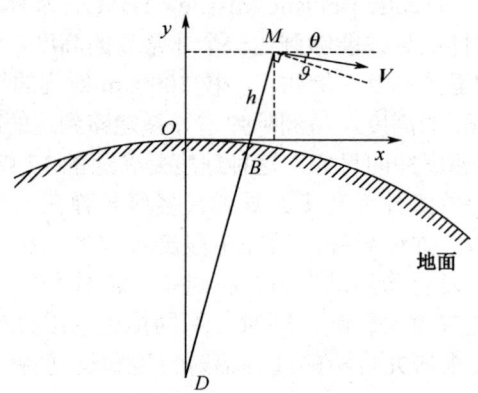

图 4-3 导弹的运动示意图

下面在分析导弹飞行受力的基础上，建立导弹的弹道方程。将重力 $mg$ 和推力 $P$ 在速度 $V$ 方向和气动升力 $Y$ 方向进行分解，$V$ 方向的合力引起导弹的速度大小发生变化，$Y$ 方向的合力引起导弹的弹道倾角发生变化。可建立主动段导弹飞行的弹道方程组如下：

$$\begin{cases} \dot{V} = \dfrac{P\cos\alpha - X}{m} - \dfrac{gx\cos\theta}{R+h} - \dfrac{g\sin\theta(R+y)}{R+h} \\ \dot{\theta} = \dfrac{P\sin\alpha + Y}{mV} + \dfrac{gx\sin\theta}{V(R+h)} - \dfrac{g\cos\theta(R+y)}{V(R+h)} \\ \dot{x} = V\cos\theta \\ \dot{y} = V\sin\theta \\ \dot{m} = -m_c \\ \alpha = \varphi - \theta \end{cases} \quad (4\text{-}1)$$

式中，$R$ 为地球半径；$h$ 为导弹到地面的距离；$g$ 为重力加速度；$m_c$ 为发动机秒流量。

上式中部分参数的表达式如下：

$$\begin{cases} X = C_x^\alpha q S_m \\ Y = C_y^\alpha q S_m \alpha \\ q = \rho V^2 / 2 \\ g = g_0 [R/(R+h)]^2 \end{cases} \quad (4\text{-}2)$$

式中，$C_x^\alpha$ 为气动阻力系数；$C_y^\alpha$ 为气动升力系数；$S_m$ 为导弹的最大横截面积；$q$ 为动压；$\rho$ 为大气密度；$g_0$ 为地面引力加速度。为方便计算，气动阻力系数和气动升力系数取常数。

现代导弹的弹头与弹体是可分离的，以减小阻力，增加射程。导弹在关机点头体分离进入被动段，此后推力 $P$ 消失，攻角 $\alpha$ 变为零。因此，导弹被动段的弹道方程组，只需要将主动段弹道方程组中的推力 $P$ 和攻角 $\alpha$ 置零，导弹质量 $m$ 和最大横截面积 $S_m$ 变为相应弹头的质量和弹头的最大横截面积。

对于两级弹道导弹，假设 $t_{1r}$ 为第一级燃料的燃烧时间，$t_{2r}$ 为第二级燃料的燃烧时间，则 $t_{1r}+t_{2r}$ 为导弹由主动段进入被动段的时间，则有

$$\begin{cases} S_m = \begin{cases} \pi d_m^2 / 4 & t \leqslant t_{1r}+t_{2r} \\ \pi d_{m1}^2 / 4 & t > t_{1r}+t_{2r} \end{cases} \\ m_c = \begin{cases} m_{1r}/t_{1r} & t \leqslant t_{1r} \\ m_{2r}/t_{2r} & t_{1r} < t \leqslant t_{1r}+t_{2r} \\ 0 & t > t_{1r}+t_{2r} \end{cases} \\ P = \begin{cases} P_{z0} - S_\alpha p & t \leqslant t_{1r}+t_{2r} \\ 0 & t > t_{1r}+t_{2r} \end{cases} \end{cases} \quad (4\text{-}3)$$

式中，$d_m$ 为导弹最大直径；$d_{m1}$ 为弹头最大直径；$m_{1r}$ 为第一级燃料的质量；$m_{2r}$ 为第二级燃料的质量；$P_{z0}$ 为发动机真空额定推力；$S_\alpha$ 为发动机喷管截面积；$p$ 为导弹所在高度的大气压强。大气压强 $p$ 和大气密度 $\rho$ 的计算均采用美国 USSA76 大气模型，它们只和高度有关。

导弹主动段运动学模型中有 6 个方程，却有 7 个未知数 $V$、$\theta$、$x$、$y$、$m$、$\varphi$、$\alpha$。显然，不能直接求解。为解决这一问题，需要事先给定 $\varphi(t)$ 函数，然后再求解方程组，$\varphi(t)$ 函数的确定就是导弹飞行程序设计。

**2. 导弹飞行程序设计**

导弹飞行程序设计是指拟定导弹主动段俯仰角随时间的变化规律，即建立函数 $\varphi(t)$。其主要任务是使导弹具有最大射程或最小散布，以及满足导弹结构等方面的技术性能要求。

根据对飞行程序的要求，通常两级导弹的飞行程序设计如下：

（1）一级垂直上升段（$0 \sim t_1$）

垂直起飞具有发射装置和控制系统简单、便于在 360°范围内发射瞄准以及由阻力所造成的速度损失小的优点。此段内，有

$$\varphi = \theta = \pi/2 \quad (4\text{-}4)$$

$t_1$ 为垂直段结束时间。$t_1$ 不能太大，也不能太小，一般应至少延续到发动机进入额定工作状态的时刻，这样才能确保控制系统正常地控制导弹转弯。根据经验，$t_1$ 一般由下式确定。

$$t_1 = \sqrt{\frac{40}{P/mg - 1}} \quad (4\text{-}5)$$

(2) 一级转弯段（$t_1 \sim t_2$）

$t_2$ 为转弯段结束时间。$t_2$ 一般取最小射程对应的关机时间。在确定该段飞行程序时，往往根据对攻角的要求而定。攻角 $\alpha$ 随时间 $t$ 变化的经验关系式为

$$\alpha(t) = 4\tilde{\alpha}\mathrm{e}^{a(t_1-t)}(\mathrm{e}^{a(t_1-t)} - 1) \tag{4-6}$$

式中，$\tilde{\alpha}$ 为最大攻角的绝对值；$a$ 为可调整的常数。增大 $\tilde{\alpha}$ 和 $a$ 都可以使导弹转弯速度加快。根据攻角 $\alpha$ 可以确定俯仰角 $\varphi$ 随时间 $t$ 变化的关系式为

$$\varphi(t) = \alpha(t) + \theta(t) \tag{4-7}$$

(3) 一二级常值程序段（$t_2 \sim t_{1r} \sim t_3$）

$t_3$ 为一二级常值程序段结束时间。为减少落点散布，就必须使分离时产生的扰动尽可能小。这就要求分离前后有一个等程序飞行段，以减小因弹体转动而产生的扰动，使分离时气动力扰动不会过大。此段内，有

$$\varphi = \varphi(t_2) \tag{4-8}$$

(4) 二级等斜率转弯段（$t_3 \sim t_4$）

$t_4$ 为二级等斜率转弯段结束时间。为了在主动段关机点能够达到给定的俯仰角，还设有一个等斜率飞行程序段。此段内，有

$$\varphi(t) = \varphi(t_2) + c(t - t_3) \tag{4-9}$$

式中，$c$ 为常数。

(5) 二级常值程序段（$t_4 \sim t_{1r} + t_{2r}$）

与一二级常值程序段情况相似，为便于头体分离和减少分离时干扰对导弹运动的影响，设有一段时间的常值程序段。此段内，有

$$\varphi = \varphi(t_4) \tag{4-10}$$

导弹飞行程序设计的关键就是通过调整 $\alpha$、$a$ 和 $c$ 的大小，控制导弹弹道，完成不同任务。为使导弹的射程最大，主动段结束时当地弹道倾角 $\vartheta$ 应尽可能小。然而，这会导致导弹再入时的再入角绝对值也很小，从而引起强烈的气动加热，并降低导弹的突防性能。因此，为改善导弹的再入条件，就要求主动段终点当地弹道倾角稍大一些。

以上讨论了导弹飞行程序选择的基本要求和一般工程方法。在实际作战环境下，导弹飞行程序是根据不同的任务需求来设计的，从而使导弹具有期望的控制弹道。大力神 III-B 导弹的高度和速度随时间的变化规律如图 4-4 所示。大力神 III-B 导弹是一种三级洲际弹道导弹，其主动段飞行时间约 650s，导弹主动段终点速度达到 7.9km/s，接近第一宇宙速度。导弹速度的变化曲线有两个拐点，分别对应导弹一二级火箭分离和二三级火箭分离。在垂直上升段，导弹飞行高度缓慢增加，随着导弹速度越来越快，高度增加也越来越快。进入转弯段以后，导弹高度继续增加，当当地弹道倾角小于 0°时，导弹高度开始下降。在主动段导弹高度最高达到 170km 左右。

目标在主动段的受力十分复杂，经历的过程也较多，且各种不同类型的导弹在主动段的飞行程序都略有不同，详细描述目标主动段的运动十分困难。前面介绍了导弹主动段的受力分析以及弹道方程组，但在实际情况中，对于导弹的一些参数可能一无所知。例如，不知道发动机的秒流量以及飞行控制程序等。因此可以用较为通用的运动模型来简单描述主动段的运动。

下面介绍几种常用的主动段运动模型。

(1) 常加速度模型

设地心固连（ECF）坐标系下状态变量为 $\boldsymbol{x} = (\boldsymbol{r}, \boldsymbol{v}, \boldsymbol{a})$，其中 $\boldsymbol{r}$，$\boldsymbol{v}$，$\boldsymbol{a}$ 分别是目标位置矢量、速度矢量和加速度矢量。则常加速度（CA）模型为

$$\dot{r} = v$$
$$\dot{v} = a$$
$$\dot{a} = 0$$
(4-11)

在常加速度模型中,加速度不发生变化,位置、速度和加速度之间满足微分关系。此外,该模型可以进一步扩展为加加速度也不发生变化等。需要注意的是,该模型又称为多项式模型,是一个通用模型,并没有考虑与导弹运动规律相关的特性。

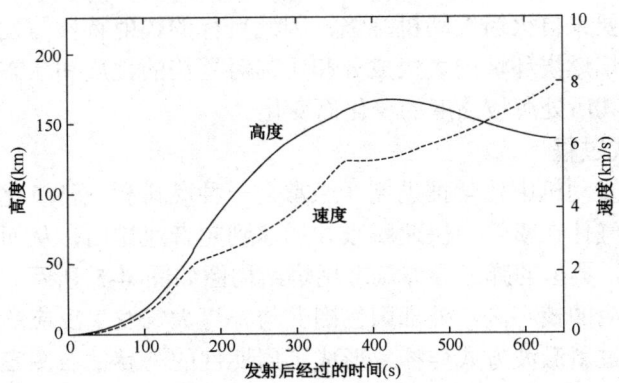

图 4-4 大力神 III-B 导弹的高度和速度随时间的变化规律

(2) 重力转弯模型

在主动段,典型的弹道导弹保持零攻角,因此遵循重力转弯弹道。假设推力与相对速度矢量平行,也就是说,在 ECF 坐标系内观测是接近平行的。在 ECF 坐标系中,状态矢量包括位置分量和速度分量,考虑净加速度与目标速度的比值 $k = \dfrac{a}{v}$ 近似为常值,在只有非重力净加速度的情况下,重力转弯约束记为 $a = kv$,或记为

$$\dot{x} = kx, \quad \dot{y} = ky, \quad \dot{z} = kz \tag{4-12}$$

式中,$x$,$y$,$z$ 通过 $k$ 相互耦合。

当 $k$ 未知时,上面的重力转弯模型是非线性的,需要估计 $k$。这样可以将 $k$ 作为第 7 个状态变量,其值是固定的,即 $\dot{k} = 0$,则得到目标运动模型

$$\begin{cases} \dot{r} = v \\ \dot{v} = kv + a_G \\ \dot{k} = 0 \end{cases} \tag{4-13}$$

将上式写为分量形式

$$\begin{cases} dx_1/dt = x_4 \\ dx_2/dt = x_5 \\ dx_3/dt = x_6 \\ dx_4/dt = x_7 \cdot x_4 - u\dfrac{x_1}{r^3} \\ dx_5/dt = x_7 \cdot x_5 - u\dfrac{x_2}{r^3} \\ dx_6/dt = x_7 \cdot x_6 - u\dfrac{x_3}{r^3} \\ dx_7/dt = 0 \end{cases} \tag{4-14}$$

式中，$x_1$，$x_2$，$x_3$ 为目标位置分量；$x_4$，$x_5$，$x_6$ 为目标速度分量；$x_7$ 为推力和气动阻力产生的加速度幅值与目标速度的比值；$u$ 为重力。

### 4.2.2 弹道导弹主动段尾焰辐射特性

在弹道导弹的主动段，导弹发动机排出的高温高压燃烧物会产生大量的红外辐射，这为利用红外探测进行导弹预警提供了契机，萌生和发展了天基红外预警卫星技术。在导弹的主动段，其红外辐射主要来自火箭发动机尾焰，因此目标的辐射特性与发动机推进剂成分密切相关。同时，由于尾焰燃烧环境的大气成分和压强对尾焰的性质和状态有很大影响，因此，目标的辐射特性也随其所处海拔高度的变化而变化。

**1. 尾焰辐射形成过程**

弹道导弹是利用发动机中化学推进剂（通常是一种燃料和一种氧化剂）通过燃烧产生高温高压气体的。这些气体在喷管中快速膨胀并加速到超音速排出，从而产生反推力。在大气层内的低海拔高度上，典型的弹道导弹气态尾焰结构图如图 4-5 所示。尾焰由内向外分为两个部分，内部是无反应的核心区，外部则包围着与外界大气发生反应的混合层。在内部的核心区，超音速气流通过斜激波方式传播，形成了周期性的马赫钻石图案。尾焰形成的马赫环如图 4-6 所示。

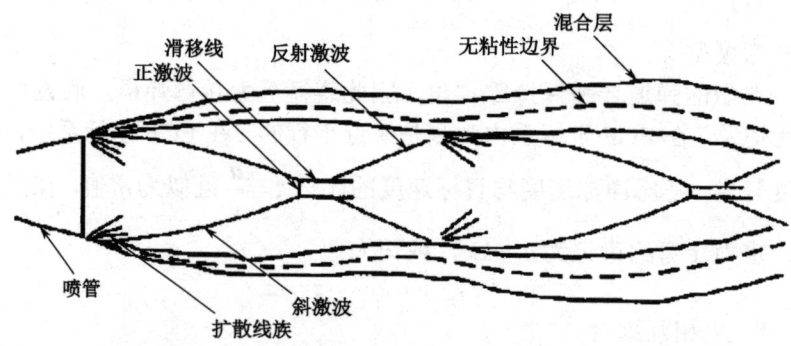

图 4-5 典型的弹道导弹气态尾焰结构图

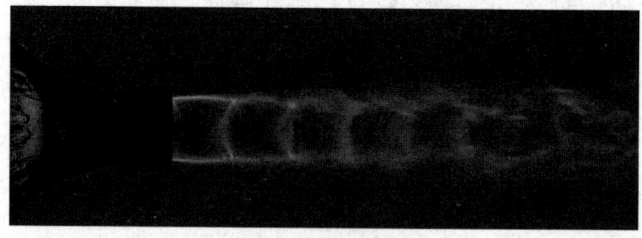

图 4-6 尾焰形成的马赫环

从尾喷口向下游，导弹尾焰依次分为三个区段：初始段（马赫锥）、过渡段（复燃区）和基本段。初始段的内部为内核区，该区域是由斜激波界定的一个锥形区域，称为马赫锥。该区域呈现为自由流体的状态，基本不受海拔高度的影响，是一个温度比较恒定的高温区。内核的辐射强度主要取决于发动机的规模、燃料氧化剂混合比、喷口扩张比等参数，这些参数基本决定了该导弹尾焰的最小红外辐射强度。在过渡段的混合层，一方面排出气体与外部气体速度不同而相互作用，可能使尾焰气体温度升高；另一方面排出气体中燃烧的产物，主要是氢和一氧化碳，与进入混合层的空气混合发生燃烧，产生非常高的温度，这种现象称为复燃，也称为二次燃烧。复燃是否发生以及其强度大小取决于火箭与排气的相对速度，以及尾焰所处的大气层高度等多种因素。在大气层内的很长一段飞行过程中，该区域温度非常高，成为尾焰红外辐射的主要来源。基本段位于复燃区的末端，在基本区温度迅速降低，红外辐射强度随之下降。

对于以气体为主的喷焰来说，其红外辐射主要是由燃烧产物分子振动转动能级跃迁产生的。尾焰气体的主要成分有水蒸气（$H_2O$）、二氧化碳（$CO_2$）和一氧化碳（CO）等，这些分子成分的能级跃迁对应的所有光谱谱线的总和形成了尾焰的光谱。其中 $H_2O$ 的辐射光谱分别集中在 2.7μm 和 6.3μm 区段，$CO_2$ 的辐射光谱则集中在 4.3μm，15μm 和 2.7μm 区段，这样形成强弱起伏的辐射光谱。大力神第 2 级发动机出口处的辐射光谱如图 4-7 所示，可以看出这种液体火箭发动机的红外辐射光谱能量主要集中在 2.7μm 和 4.3μm 附近。

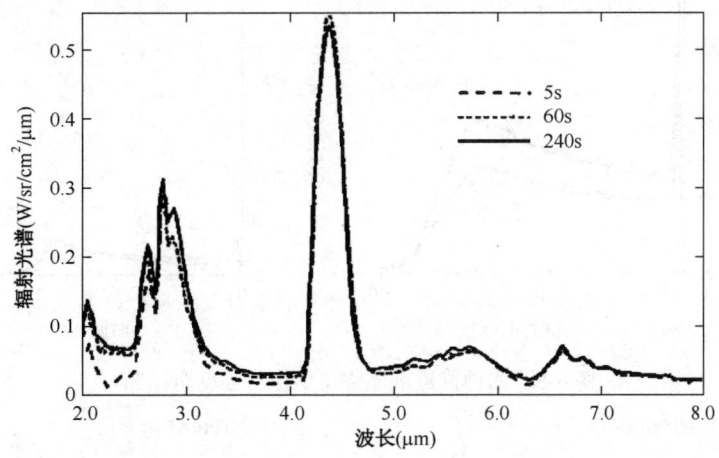

图 4-7　大力神第 2 级发动机出口处的辐射光谱

尾焰中的高温颗粒也是发光的来源之一。这些颗粒主要来自火箭燃烧室内燃烧产物的凝结物，包括碳氢燃料生成的碳烟颗粒和固体推进剂火箭排出的氧化铝颗粒。高温颗粒一方面辐射连续光谱，另一方面也对尾焰内部和外部的光源形成散射。还有一类颗粒来自高海拔条件下排气产物（尤其是水蒸气）的凝结产物，它们主要对阳光产生散射。

**2．不同推进剂的尾焰辐射特征**

导弹尾焰的主要气体成分有 $CO_2$、CO、$H_2O$、NO 等，其辐射特性由高温气体的辐射光谱决定，部分固体推进剂中含有铝，尾焰中会含有 $Al_2O_3$ 的固体颗粒，其辐射特性需按照灰体辐射模型考虑。

四种推进剂燃烧尾焰辐射强度对比图如图 4-8 所示。由图可见，含铝的 HTPB/AP 推进剂尾焰辐射强度最高，而 GAP/AN 推进剂的尾焰辐射强度最低，远低于其他三种推进剂。

四种推进剂燃烧尾焰辐射谱特性对比图如图 4-9 所示。由图可见，前三种推进剂谱特性相近，4～5μm 之间的主峰差别不大，而 GAP/AN 推进剂在 4～5μm 之间的辐射不强，这也是液态推进剂辐射较小的原因之一。

由此可以推断，对于射程相近的导弹或用途相近的运载火箭，含铝等金属成分的固体推进剂的辐射强度远高于液体推进剂。美国实测尾焰辐射强度对比图如图 4-10 所示，其中固体火箭用于航天飞机，液体火箭用于商业航天发射。

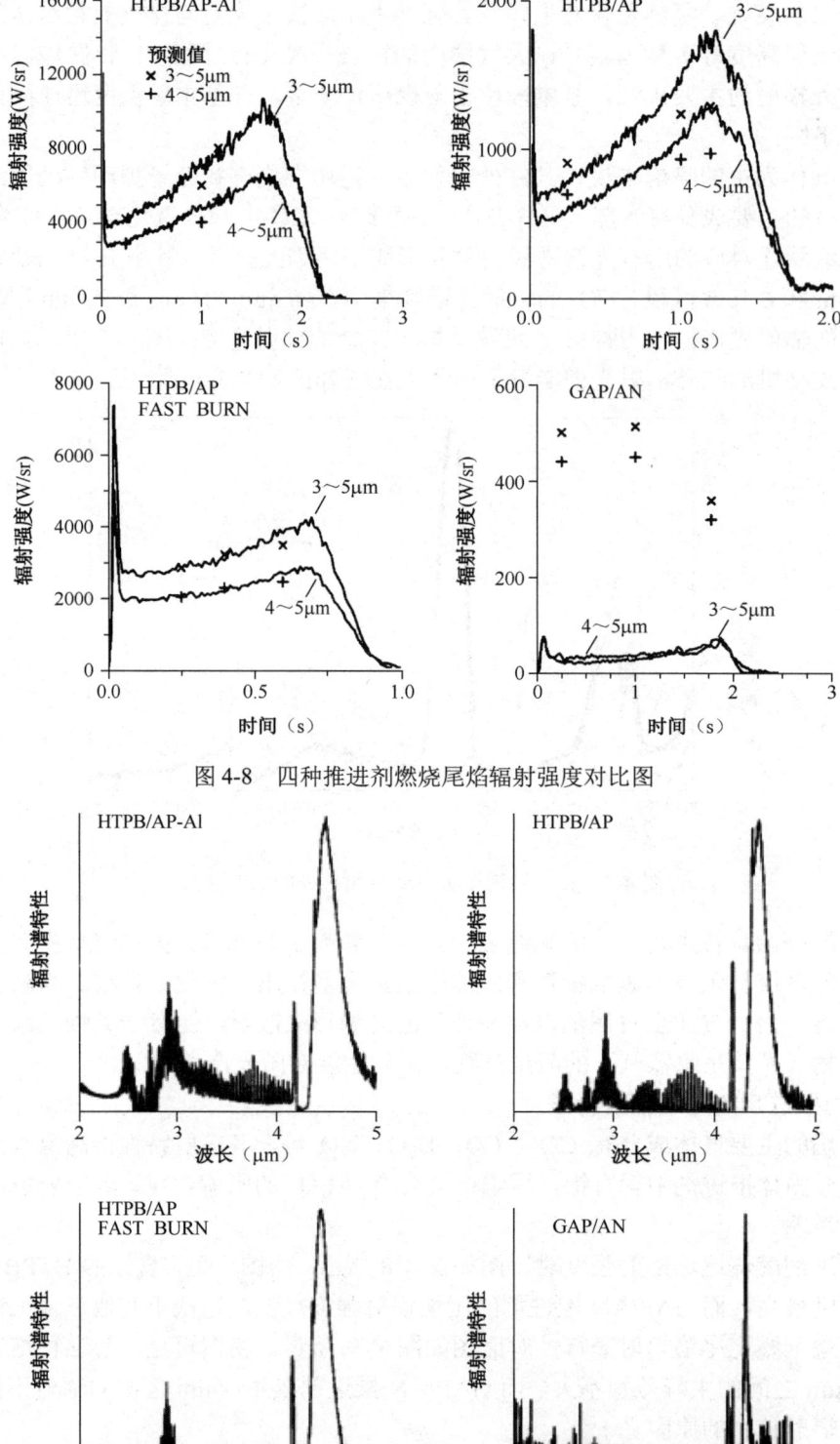

图 4-8 四种推进剂燃烧尾焰辐射强度对比图

图 4-9 四种推进剂燃烧尾焰辐射谱特性对比图

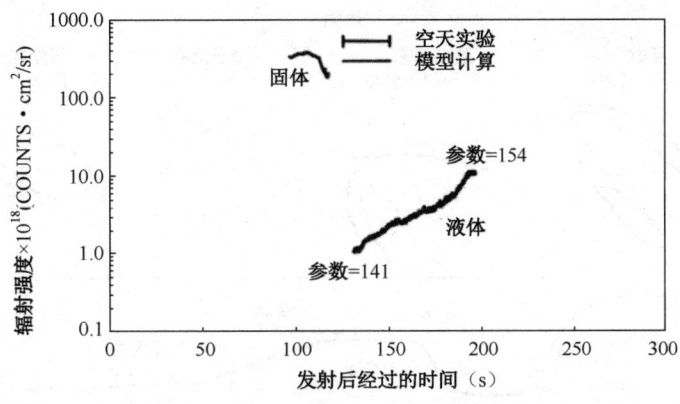

图 4-10　美国实测尾焰辐射强度对比图

**3. 尾焰辐射随高度的动态变化**

主动段导弹目标的红外辐射主要来源于导弹的高温发动机尾喷管、燃烧尾焰和弹体的蒙皮辐射，其中以喷口附近的尾喷管和燃烧尾焰的红外辐射为主。尾喷管具有固定的几何形状，其温度分布比较均匀，高达 2000～3000K，而尾焰的形状、尺寸以及温度和辐射强度随着导弹的燃烧速度和所处的飞行环境等因素的变化而有所不同。

在导弹主动段飞行过程中，随着导弹海拔高度的增加，周围大气的压力以及气流中心发生变化，直接影响导弹尾焰的形状、尺寸和温度，进而使尾焰辐射场发生变化。总体上看，导弹发射后，火箭尾焰被周围大气包围，火箭的实际速度低于排气的速度，排气受阻而减慢速度，其温度相应升高；同时，排气产物与进入混合层的空气混合，发生复燃。这两个过程互相耦合强化，导致混合层温度升高，产生强烈的红外辐射。随着飞行高度的增加，周围空气密度下降，导致尾焰整体膨胀，体积增大，温度下降；同时，火箭速度增大，排气与自由流动的大气之间的相对速度减小，导致复燃的混合速率下降。以上两种效应的共同作用导致复燃作用及其辐射量逐步减小。当导弹达到一定高度，火箭的速度与排气速度相匹配时，复燃即停止了。此时尾焰喷流的结构主要由尾焰内核呈现，导弹尾焰的辐射强度达到最小，称为尾焰辐射过程的低谷。在外部气压下降的条件下内核自由流将在横向上扩展，尺寸变大，形状逐渐趋于伞状。此后导弹继续加速，与大气相对速度的增加导致辐射强度再次增强，这个过程称为尾焰的增强，直至接近真空的平衡状态。

导弹尾焰的形状尺寸和辐射强度变化如图 4-11 所示，可分为复燃、连续流态、分子流态以及真空极限等四个阶段。

大力神 III-B 导弹尾焰示意图如图 4-12 所示，展示了大力神 III-B 导弹尾焰在海拔 18km 和 118km 处的中波辐射亮度图。

在点火发射初期，尾焰形状像长雪茄，直径维持在 10～100m；当飞行高度到达 60km 时，导弹喷射速度比较稳定，导弹尾焰开始膨胀，在 160km 处其膨胀到最大，最大直径为 1～10km；当飞行高度到达 300km 处，由于此时大气接近真空，导弹尾焰缩减到 1～10m。

导弹目标辐射强度动态变化如图 4-13 所示。该数据反映了导弹发射至 120s 的一级火箭发生复燃，辐射从增强到减弱至谷底的过程，之后第二级火箭点火后，随着导弹高度的提升，导弹速度超过尾焰喷射速度，表现出尾焰再度增强的现象。因此总辐射强度呈现"峰→谷→峰"的变化规律。

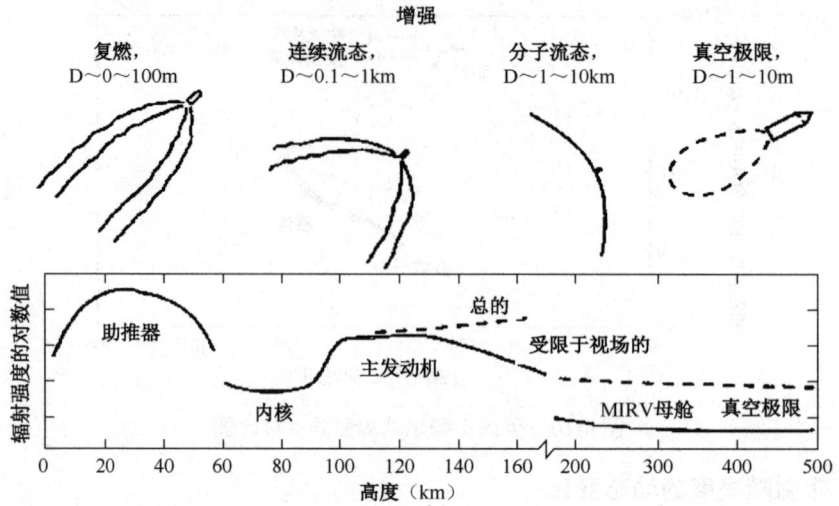

图 4-11　导弹尾焰的形状尺寸和辐射强度变化

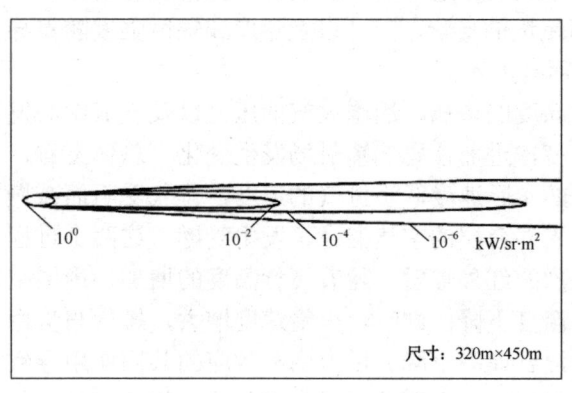
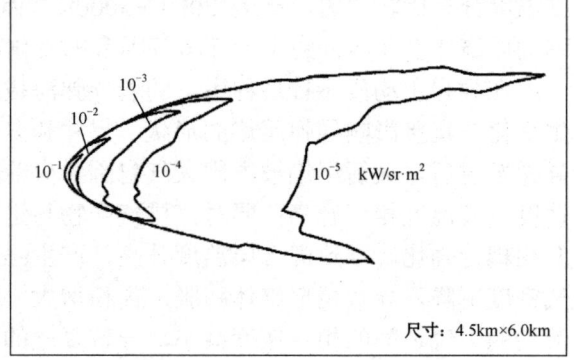

（a）海拔 18km 处的中波辐射亮度图　　　　　　（b）海波 118km 处的中波辐射亮度图

图 4-12　大力神 III-B 导弹尾焰示意图

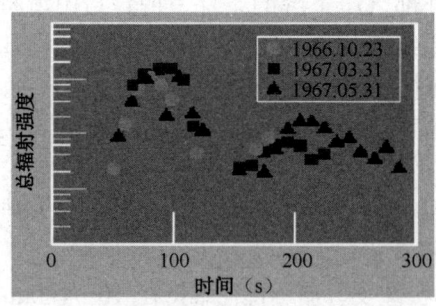

图 4-13　导弹目标辐射强度动态变化

一般来说，导弹尾焰的形状和尺寸取决于发动机推力、速度和海拔高度等因素。因而，在一定条件下，对于尾焰膨胀产生的斑状目标，可以根据斑状图案的大小以及目标所在高度和速度，推断导弹类型。

导弹的上述辐射变化特性为虚假目标和导弹目标类型的判别提供了依据，并且由总辐射强度谷底处的飞行速度可以大致推算出喷口气体的相对速度。

### 4.2.3 弹道导弹中段运动特性

**1. 中段目标的一般运动模型**

和主动段运动模型一样，中段目标的运动模型也在发射坐标系下建立。在中段，由于弹头在大气稀薄的深空飞行，甚少受到气动力的影响，主要受到重力的作用。在这一飞行段，导弹的攻角等于零，飞行程序角 $\varphi$ 和弹道倾角 $\theta$ 保持一致。在分析导弹飞行受力的基础上，可建立中段导弹飞行的弹道方程组如下：

$$\begin{cases} \dot{V} = -\dfrac{gx\cos\theta}{R+h} - \dfrac{g\sin\theta(R+y)}{R+h} \\ \dot{\theta} = \dfrac{gx\sin\theta}{V(R+h)} - \dfrac{g\cos\theta(R+y)}{V(R+h)} \\ \dot{x} = V\cos\theta \\ \dot{y} = V\sin\theta \end{cases} \quad (4\text{-}15)$$

式中，$R$ 为地球半径；$h$ 为导弹到地面的距离；$g = g_0\left[R/(R+h)\right]^2$ 为重力加速度；$g_0$ 为地面重力加速度。

一般而言，对于多级远程弹道导弹，由于重力加速度的作用不太明显，其弹道可近似看成椭圆形。为使导弹的射程最大，主动段结束时当地弹道倾角 $\theta$ 应尽可能小，但这会导致导弹再入时的再入角绝对值也很小，引起强烈的气动加热，同时也降低了导弹的突防性能。因此，为改善导弹的再入条件，要求主动段终点当地弹道倾角稍大一些。

弹道导弹主动段结束后，弹头能够达到一定的高度和速度，这个关机点运动状态就是导弹中段飞行动力学方程的初始条件。导弹发动机关机后，控制力和推力消失，导弹依靠惯性飞行。因此，关机点状态决定了导弹中段的弹道和导弹落点，因而获取弹道导弹关机点的位置和速度状态，对于导弹预警具有重要意义。

不同关机点状态下的导弹飞行轨迹如图 4-14 所示，以 5000km 射程和 6000km 射程导弹说明关机点状态的影响。

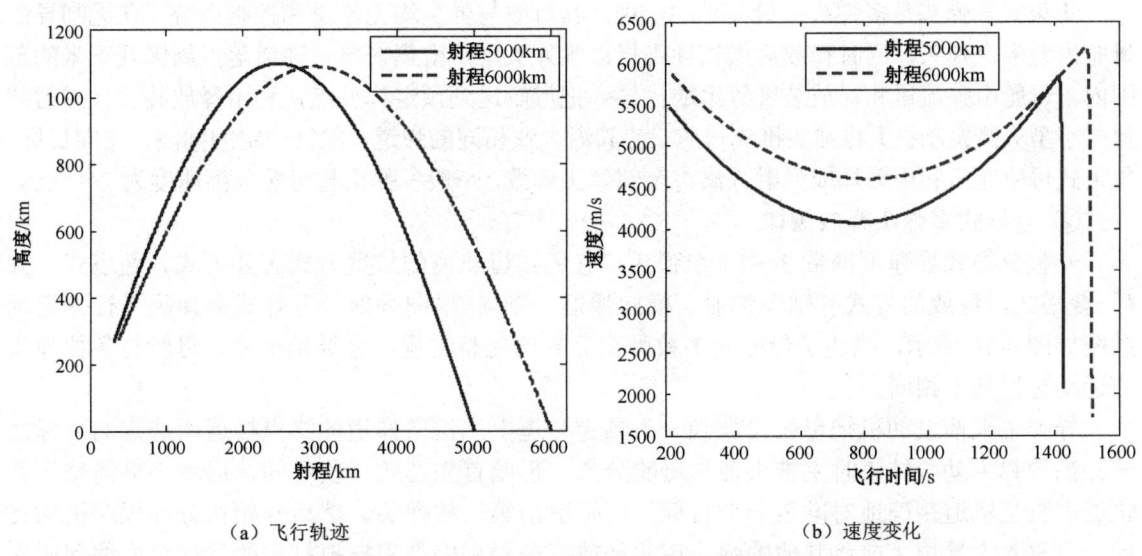

(a) 飞行轨迹　　　　　　　　　　(b) 速度变化

图 4-14　不同关机点状态下的导弹飞行轨迹

如图 4-14 所示，实线曲线的关机点状态为：关机点速度 5323m/s，关机点高度 259km，关机点当地弹道倾角33.3°；虚线曲线的关机点状态为：关机点速度5837m/s，关机点高度285km，关机点当地弹道倾角28°。虚线曲线的关机点速度比实线曲线稍快，高度稍高，当地弹道倾角更小，导致虚线曲线弹道更平，射程更远；速度更快，落点相差1000km左右。

### 2. 中段突防技术

（1）中段多弹头技术

中段多弹头技术，又称多弹头再入飞行器技术，即在一枚导弹上装载多枚弹头，来增强一枚导弹的毁伤能力。多弹头的装载体称为多弹头重返大气层运载工具，它也可以装载一些突防装置用来欺骗反导防御系统，掩护真弹头打击目标。某型导弹释放舱和多枚弹头配置图如图4-15所示。

图4-15 某型导弹释放舱和多枚弹头配置图

弹道导弹的多弹头根据释放方式可以分为集束式、分导式和全导式三类。集束式多弹头在到达预定目标点时一次性释放出所有弹头，用于攻击同一个面目标；分导式多弹头是在母舱增加了分离释放结构，根据需要分别释放母舱中的弹头，攻击一个或多个点目标，各弹头落点距离最大可达数百千米；全导式多弹头不仅母舱具有分导能力，而且每个弹头可机动飞行。下面介绍集束式多弹头和分导式多弹头的释放规律。

① 集束式多弹头释放规律

集束式多弹头是多弹头中最简单的一种。其母舱与弹头均无推进和控制系统。在无制导的母舱内装多个弹头，同时释放后做惯性飞行，各弹头落点密集在单一弹道落点周围几千米的范围内。母舱由整流罩和释放装置等组成。导弹把母舱送到预定释放点，利用释放装置（弹射装置或小型火箭发动机）将弹头推离母舱，使其沿大致相同的弹道，保持一定的间隔，飞向目标。集束式母舱通常利用爆炸或弹射分离将全部弹头释放，一般各弹头与母舱分离速度为2～5m/s。

② 分导式多弹头释放规律

一枚分导式导弹可携带3～10个弹头，它们在母舱内的放置方式有并列式、叠塔式、并列-叠塔式，释放的方式有轴向弹射、横向弹射、轴向-横向弹射。分导式多弹头飞行弹道示意图如图4-16所示，描述了母舱对多枚弹头分导的完整过程，分导结束后，母舱与各枚弹头的运动过程基本相同。

导弹主火箭发动机把母舱投放到一条预定弹道上，这条弹道的终点接近所选定的目标之一。当导弹主动段结束时主推火箭与母舱分离，母舱首先巡航一段时间，启动小火箭修正其轨道，直至轨道精确地对准第一个目标，再弹射出第一枚弹头。然后开始按分导程序机动飞行，在再入大气层之前将其他的弹头逐枚释放。分导程序是根据拟打击的目标事先编程固化好的，每次释放弹头之前，控制母舱的姿态和推力矢量，将母舱导向弹头释放所要求的空间位置和运动状态，一旦满足分离条件，便立即释放弹头和诱饵并减速，弹头迅速平滑地脱离分导舱，然后母舱转入对下一枚弹头的分导程序。每释放一枚弹头，母舱一般都需要改变一次飞行轨道，当最后一枚弹头释放后，分导过程结束。随后的子弹头便靠惯性飞行，有的弹头还装有自旋稳定装置。由于母舱发动机推进能力有限，分导的时间和投放方位对落点的影响很大。通常射面内机动所能达到的落点散开距离要大于侧向机动。

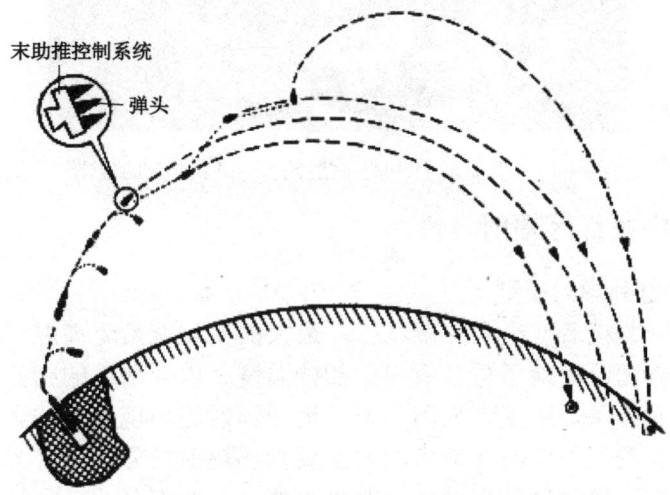

图 4-16　分导式多弹头飞行弹道示意图

除可能采用多弹头外，中段飞行可能还伴随干扰机、轻诱饵以及箔片等，由于这些目标在外太空几乎无阻力飞行，往往会形成紧密的目标群。弹道导弹中段目标群如图 4-17 所示。当这些目标之间的间距非常近，甚至小于相机成像分辨率时，它们在图像捕获过程中可能会因为像素重叠而形成难以区分的融合目标簇。这种现象不仅增加了目标数量的精确分辨难度，也给后续目标跟踪识别带来挑战。

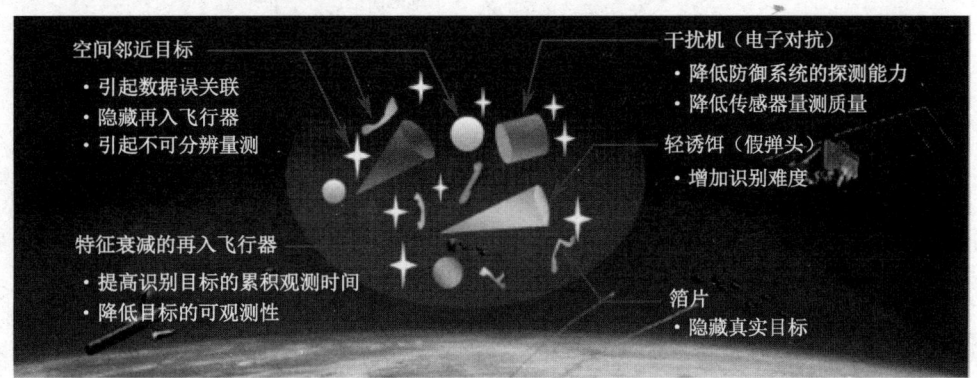

图 4-17　弹道导弹中段目标群

（2）中段机动技术

中段机动技术通过推力改变飞行弹道，使拦截器难以对其进行准确预测，从而实现中段突防。目前，现役或在研的具有中段机动突防能力的弹道导弹中，只有俄罗斯的"白杨-M"（SS-27）导弹。由于机动需要消耗较多推进剂，且需配置相关导引和程序控制系统，实现技术较为复杂，同时对战斗部质量损耗也较大。俄罗斯 1999 年试射的 SS-27 的机动示意图如图 4-18 所示。

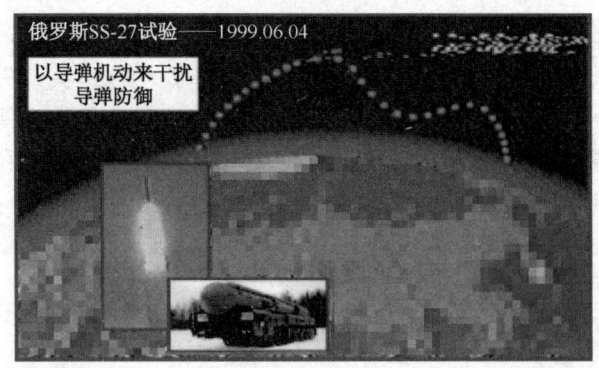

图 4-18 俄罗斯 1999 年试射的 SS-27 的机动示意图

### 4.2.4 弹道导弹中段红外辐射特性

#### 1. 中段目标的红外辐射模型

弹道导弹主动段关机后,进入中段飞行,最大的变化就是无高温尾焰,辐射来自中段冷弹头。空间目标表面温度除了与其表面的初始温度、内部热源的初始温度和结构、材料的热力学性能等因素有关,还受到太阳辐射、地球辐射等环境因素的影响。弹道导弹中段目标通常都是处在大气层外空间环境中的,主要以热辐射的方式与外界进行能量交换。在深空中的目标与所在环境的红外辐射能量交换主要分为两部分:一是接收来自所在环境的红外辐射;二是目标自身也在不停地向外发射辐射能量。弹道导弹中段目标的热平衡关系示意图如图 4-19 所示。

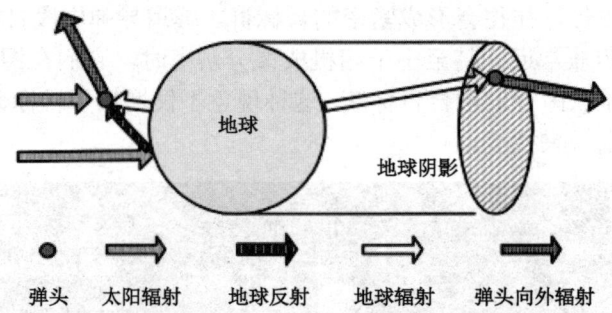

图 4-19 弹道导弹中段目标的热平衡关系示意图

当弹道导弹中段目标在阳光弹道(阳光照射区域)飞行时,其接收的红外辐射主要是太阳辐射、地球反射的太阳辐射以及地球辐射等;当弹道导弹中段目标在阴影弹道(地球阴影区域)飞行时,其接收的红外辐射主要是地球辐射。

弹道导弹中段目标在大气层外飞行时,在上述环境因素的综合作用下会不断地吸收和释放热能,使得目标的表面温度不断变化。因此,弹道导弹中段目标的表面温度是一个时变的瞬态温度。不过,弹道导弹中段目标最终的表面温度随着时间的变化会逐渐接近某一平稳的数值,这就是目标的热平衡温度。当目标由于材质、形状等方面存在差异时,其平衡温度也会不同。因此,平衡温度特征也常被用于目标识别。

下面首先对弹道导弹中段目标进行热平衡分析,建立其表面红外辐射能量方程,以此计算弹道导弹中段目标的瞬态温度,进而推导出弹道导弹中段目标的平衡温度。

（1）弹道导弹中段目标红外辐射（瞬态温度）方程

根据中段目标的特点及其所处环境，可对计算弹道导弹中段目标的红外辐射特性的条件进行合理的简化，通常可做如下假设：① 目标表面各点温度分布较为均匀；② 目标表面发射与吸收都是灰体漫射；③ 由于目标处在大气层外飞行，因此热对流可忽略不计；④ 除太阳和地球外，其他星体和宇宙空间与目标的辐射换热也可以忽略不计。

对弹道导弹中段目标所处的外热源环境进行能量分析，根据能量守恒定律，目标表面的热平衡方程为

$$Q_{in} = Q_{out} \tag{4-16}$$

式中，$Q_{in}$ 为目标吸收的外部辐射能量；$Q_{out}$ 为目标向外辐射能量。

目标表面温度的变化率表达式为

$$mc\frac{dT}{dt} = Q_{in} - Q_{out} \tag{4-17}$$

式中，$m$ 为目标质量；$c$ 为目标的比热；$\frac{dT}{dt}$ 表示目标温度变化率。给出初始温度 $T(t_0)$，可利用目标表面温度的变化率表达式，递推计算出以后各时刻的目标的表面温度，即目标的瞬态温度。

（2）弹道导弹中段目标平衡温度方程

目标进入弹道导弹中段后，因所处环境的外热辐射不同，其表面瞬态温度会随时间变化。但是，存在这样一种特殊状态：如果目标在弹道导弹中段有足够长的飞行时间，并且外界飞行环境维持在较为稳定的状态，那么这种温度随时间变化的特点就不会一直持续下去，而是当目标表面温度达到某个值时不再发生改变。这时目标与外界环境就会达到热平衡的状态，此时目标的温度称为"平衡温度"。当目标由于材质、形状等方面存在差异时，其平衡温度也会不同。因此，平衡温度特征也常被用于目标识别。下面建立弹道导弹中段目标的平衡温度方程。

对于太空中处于热平衡状态的目标而言，

$$P_E = P_A + P_I \tag{4-18}$$

式中，$P_E$ 为目标的辐射功率；$P_A$ 为目标的吸收功率；$P_I$ 为目标内部产生的任何（辐射或吸收）功率（若气球内含弹头，则可产生内部热效应）。为简便起见，这里暂且假设目标内部不存在任何热效应，则 $P_I$ 可忽略不计。这样，弹道导弹中段目标的热平衡状态为

$$P_E = P_A \tag{4-19}$$

**2. 红外隐身与伪装技术**

（1）红外隐身技术

红外隐身技术是指导弹中段目标通过改变涂覆材料，或用热控技术降低表面温度，使得红外辐射减小，从而实现红外隐身目的。

最常用的红外隐身技术是红外隐身涂层。红外隐身涂层在可见光和近红外具有较低的辐射能吸收率和发射率，可有效降低目标表面的温度和自身辐射强度，从而减小目标和背景的对比度，降低目标的被探测概率。不同涂层物体表面的平衡温度不同。抛光金属涂层的表面平衡温度可达到540K，红外辐射较强。而白色二氧化钛涂层、白色环氧涂层、白色珐琅涂层等的表面平衡温度非常低，在250K以下，红外辐射弱，红外隐身能力强。

弹头冷却隐身也是红外隐身的重要手段之一。在弹头的表面积和材料确定的条件下，探测器接收到的物体辐射强度主要受弹头表面温度的影响。因此，如果把弹头冷却到足够低的温度，就可以大大减少其红外辐射量。一个较为简单的方法是把弹头封装于一个冷却隐身罩内，罩体采用双层空腔外壳，内外层之间充满液氮，同时罩体与弹头之间采用低热传导物质（如聚四氟乙烯等绝热材料）隔开，以防止弹头向冷却罩辐射热量，从而延长低温时间。带有冷却罩的弹头示意图如图4-20所示。在液氮完全挥发前，可使弹头冷却至液氮温度（77K）。根据普朗克公式，当温度降至77K后，其红外辐射通量降低到室温下的万分之一，红外隐身能力极强。

（2）红外伪装技术

红外伪装技术是指将弹头进行伪装，使之具有与诱饵相近的红外辐射特性。一种简单的方法是将弹头封装于很薄且与弹头绝热的镀金球罩中，镀金球罩如图4-21所示。外观上伪装弹头与球状诱饵无明显差别，伪装弹头在日光阴影区会迅速冷却到接近180K的夜间平衡温度，红外辐射量在8～14μm波段降低到大约十分之一，在3～5μm波段则降低到二百分之一，同时具有伪装和隐身双重效果。

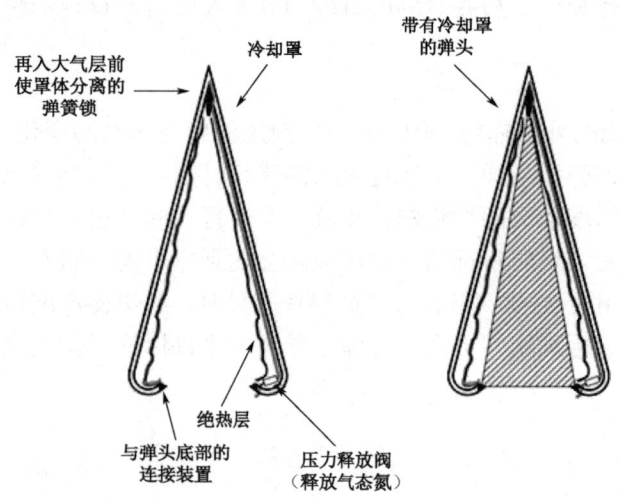

图4-20 带有冷却罩的弹头示意图　　　　　图4-21 镀金球罩

为了防止弹头在球体内部的相对运动造成球体的形变从而导致雷达回波的变化，将弹头用弹簧等固定在球体内部，这样不论弹头如何运动球体都会随着弹头一起运动。对于空球也可采用类似的方法让其转动起来。一般伴飞诱饵为球体或具有弹头形状的锥形目标，其大小和涂层依据弹头的光学特性而定。诱饵的运动和光学特性会尽可能地模拟弹头，从而达到突防目的。

## 4.3　临近空间飞行器的目标特性

临近空间通常是指距地面20～100km的空域，是介于传统航空与航天之间的空白区域，由于其重要的开发应用价值而在国际上引起广泛关注。临近空间飞行器具有航空、航天飞行器所不具备的独特作用，特别是在远程快速精确打击、通信保障、情报侦察和预警监视等方面极具发展潜力，成为近年各发达国家研究的热点。

临近空间高超声速飞行器是指能在临近空间做长期、持续飞行，并且完成特定任务的飞行速度大于 5 马赫的飞行器，主要包括高超声速巡航导弹、高超声速无人飞机、轨道式再入飞行器等。由于高超声速飞行器飞行速度快、运行轨迹复杂多变，且飞行高度处于传统防御系统的覆盖空域空隙，因此给预警探测带来了新的挑战。通过对高超声速飞行器目标的运动和光学特性的研究，有助于找出有效的预警探测途径和技术。

## 4.3.1 目标几何与运动特性

**1. 高超声速巡航弹**

高超声速巡航弹，以 X-51A 为代表，长 7.62m，最大宽度 0.58m，由巡航体、级间段、助推器组成。X-51A 示意图如图 4-22 所示。主要采用超燃冲压发动机提供在临近空间 5~7 马赫的飞行速度。飞行可分为三个阶段：助推段、动力巡航段和下压攻击段，其巡航速度在 5~7 马赫之间，巡航高度在 25~30km 之间，总飞行时间在 10 分钟左右，射程在 1000km 左右。以它的第四次试飞为例，由 B-52H 战略轰炸机携飞至 15km 高空释放，X-51A 飞行器连接一个固体火箭推进器，并在其推动下飞行；当二者速度达到 4.8 马赫时，飞行器本体与推进器分离，并点燃超燃冲压发动机；240s 内发动机燃料耗尽，X-51A 为流线型设计，之后滑行数分钟，按预定计划坠入太平洋。

（a）X-51A 外形

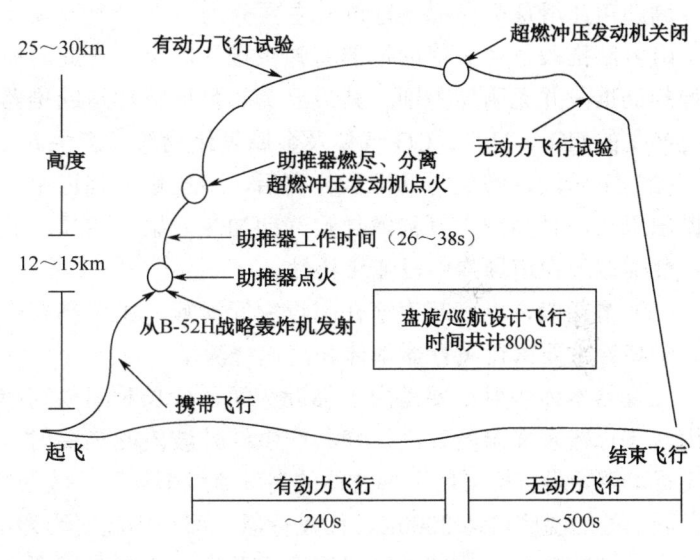
（b）X-51A 飞行弹道

图 4-22　X-51A 示意图

**2. 高超声速助推滑翔弹**

高超声速助推滑翔弹，以 HTV-2 为例，宽 2.3m、长 4.35m、高约 0.45m，由巡航体、级间段、助推器组成。HTV-2 示意图如图 4-23 所示。它采用了 Typ Minotaur IV 火箭发动机作为助推器，在与火箭分离后，HTV-2 将以高超声速在大气层中飞行。以 HTV-2 为例，其飞行高度主要在 100km 以下至 30km 以上的范围内。HTV-2 开始滑翔的速度可达 20 马赫以上，随着飞行时间的增加，飞行速度逐渐降低，在滑翔段末段的典型飞行速度为 12~15 马赫。HTV-2 的一条理论飞行轨迹显示，其最高飞行高度可达 151km，最远距离可达 8644km。

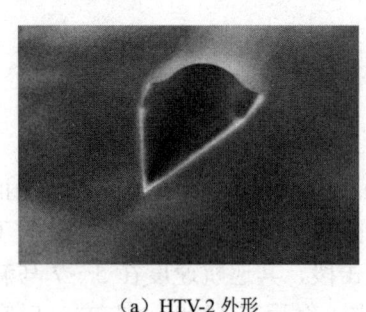
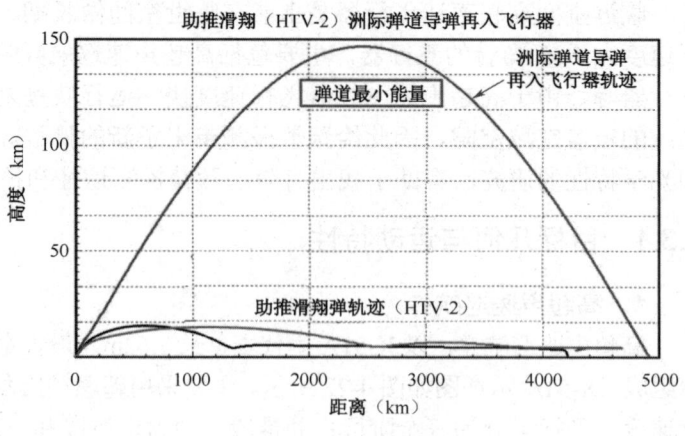

(a) HTV-2 外形　　　　　　　　　　(b) HTV-2 飞行弹道

图 4-23　HTV-2 示意图

## 4.3.2　目标红外辐射特性

### 1. 高超声速滑翔类目标热辐射分析

高超声速滑翔类目标飞行过程主要分为以下三个阶段。

（1）助推段，由火箭助推器将弹头推入高空。在此阶段，目标的光、电特性与传统弹道导弹的助推段并无明显差别。其最显著的目标特性是助推器尾焰的红外特性，主要由发动机燃烧产生的 $CO_2$、$H_2O$、$CO$ 气体及金属氧化物粒子产生。

（2）下压段，弹头与助推器分离后，下压进入临近空间区域准备开始滑翔。由于弹头刚被抛出不久，且高空大气稀薄导致气动加热效果不明显，此时目标的光学特性较为微弱，目标特性类似于弹道导弹中段弹头特性。

（3）滑翔段，以高超声速在临近空间滑翔。由于高超声速的飞行，目标特性较为显著。其光学特性主要来自飞行器本体和高速绕流场。

飞行器本体辐射主要是由于临近空间目标长时间以高超声速飞行，受到强烈的气动加热作用，飞行器表面温度升高，使其产生红外波段的热辐射。为实现临近空间的长时间高超声速飞行，滑翔类目标采用了乘波体的高度流线型外形，致使其表面温度梯度巨大。热平衡条件下，驻点处的温度可达 3000K，而飞行器身部平均温度约为 1000K。同时，在滑翔时飞行器一般具有一定的攻角，致使飞行器迎风面温度远大于背风面，典型情况下迎风面和背风面之间的温差可达 600K 以上。

高超声速飞行器在与大气的相互作用时，会在飞行器周围形成高温的激波层及尾迹。在高温绕流场中，会发生复杂的离解、电离和化学反应等过程，并伴随热化学非平衡过程。典型情况下，气体绕流场的温度可达 10000K，绕流场中的气体原子/分子可在从紫外到红外的多个特征谱带产生辐射。同时，由于飞行状态不同、飞行器表面材料不同，绕流场中进行的化学反应程度也不相同，致使其流场中气体组成和分布产生差异，最终辐射强度和辐射波段都会产生显著变化。例如，飞行器表面材料如果没有烧蚀，那么高超声速绕流场中将主要以空气中的 N、O 分子为主，辐射主要集中在紫外可见波段，红外辐射较小；而如果采用炭基烧蚀材料，绕流场中将出现大量 $CO_2$ 和 $CO$，致使其产生显著的红外辐射。

根据上述的临近空间高超声速滑翔类目标辐射机理，当飞行器滑翔达到热平衡条件时，其峰值辐射波长会出现在 2μm 左右。这意味着其红外辐射能量主要集中在短、中波红外波段，而长波红外则相对较弱。在中波红外整体的辐射强度约为千瓦至万瓦量级。

### 2．高超声速巡航类目标热辐射分析

高超声速巡航类目标飞行过程主要分为以下两个阶段。

（1）助推段，本质上是固体火箭发射，与高超声速滑翔类目标相似。

（2）巡航段，速度一般为 6 马赫，飞行速度远低于滑翔类目标，在巡航类目标周围并不会出现具有显著光、电特性的绕流场。其电磁特性与传统巡航弹的差异主要体现在外形上。而光学特性主要来自飞行器本体和超燃冲压发动机尾焰。

飞行器本体辐射机制与滑翔类目标类似，目标表面由于气动热作用，升温至数百开尔文，使其产生红外热辐射。飞行器的高温部分主要集中在前缘和进气道，而飞行器身部温度在热平衡条件下约为 800K。超燃冲压发动机采用航空煤油作为燃料，其燃烧产物主要是 $CO_2$、$H_2O$ 等气体组分。因此，其尾焰的辐射光谱与传统液体发动机或航空发动机并没有本质区别。但由于超燃冲压发动机的点火燃烧过程比较复杂，目前较难对尾焰辐射强度进行定量描述。

根据上述的临近空间高超声速巡航类目标辐射机理，当飞行器达到热平衡条件时，在中波红外整体的辐射强度约为百瓦至千瓦量级。

## 4.4　空中飞机的目标特性

除导弹和临近空间飞行器以外，空中飞机是另一类主要的探测对象。特别是战略轰炸机、隐身战斗机、预警机等作战飞机，具有火力强、机动性能好、攻击手段多、攻击范围广、精度高以及侦察能力强等特点，在未来局部战争中夺取制空权、对地/海支援、空中侦察和运输等方面发挥重要作用，是取得局部战争胜利的关键。随着技术的发展，各类无人机得到广泛应用，因此无人机也成为空中目标中的常见探测对象。

空中飞机的传统探测手段是雷达，但是受地球曲率和雷达作用距离的影响，雷达的探测范围非常有限，通常在 400km 范围以内，对远洋敌机的探测能力非常有限。同时，雷达面临恶劣的电磁环境，容易受到干扰，导致效能降低。因此，发展空中飞机光电（主要是红外）探测手段尤为重要，可从机载、舰载甚至太空中采用光电成像探测手段对飞机进行探测。

### 4.4.1　目标几何特性

空中飞机是指由一具或多具发动机的动力装置产生前进的推力或拉力，由机翼产生升力，在大气层内飞行的重于空气的航空器。固定翼是飞机最常见的一种飞行模式。按飞行速度可分为亚音速飞机、超音速飞机和高超音速飞机；按用途可分为战斗机、轰炸机、攻击机、拦截机、预警机、运输机等。

空中飞机的尺寸大小差异较大，小型的无人机只有几十平方米，而大型的运输机能够达到 1000 平方米以上。安-124 运输机机长约 69.1m，翼展 73.3m，高度约 21.08m，机翼面积约 628 平方米。B-2 战略轰炸机外形结构如图 4-24 所示。其机长约 21m，翼展 52.4m，高约 5.18m，翼面积约 478 平方米。B-2 战略轰炸机的平面图轮廓由 12 根互相平行的直线段组成，机翼前缘与机翼后缘和另一侧的翼尖平行。飞机的中间部位隆起以容纳座舱、弹舱和电子设备。中

央机身两侧的隆起是发动机舱，锯齿状进气口布置在飞翼背部，每个发动机舱内安装两台无加力涡扇发动机。翼尖并不是平行于气流方向，而是进行了切尖以平行于两侧机翼前缘，除翼尖外，整个外翼段没有锥度，都为等弦长机翼。机身尾部后缘为 W 形锯齿状，边缘也与两侧机翼前缘平行。

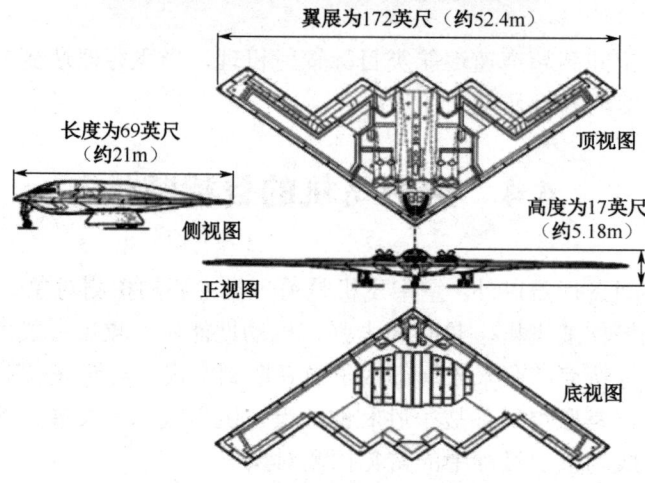

图 4-24  B-2 战略轰炸机外形结构

## 4.4.2  红外辐射特性

飞机等目标仍然具有明显的红外辐射特性。空中目标的红外辐射源有发动机辐射和蒙皮辐射。发动机辐射是由近似黑体的喷口辐射以及发动机排出的热气体和粒子形成的尾喷焰辐射组成的。发动机辐射能量主要分布在近红外 1～3μm 和中红外 3～5μm 范围内。飞机蒙皮辐射包括白天散射的太阳辐射和蒙皮表面温度的红外热辐射。散射的太阳辐射特性与下列因素有关：目标、太阳、传感器三者之间的几何关系；目标形状和尺寸；目标距离；大气状态和目标表面材料性质参数（折射率和表面粗糙度等）。散射的太阳辐射主要在可见光和近红外区。而蒙皮红外热辐射不仅与目标形状尺寸、表面材料性质有关，而且还与目标速度、目标高度和环境气象参数（如地理位置、太阳辐射、天空辐射和大气成分分布等）密切相关。

**1．涡轮喷气发动机飞机**

涡轮喷气发动机飞机在亚声速飞行时，主要辐射源来自温度很高的发动机零件以及喷气形成的尾焰。现代涡轮喷气发动机的排气温度在短时间内可达 1000K，长时间飞行时为 800～

900K，低速飞行时则为 500～700K。

**2．飞机外壳辐射**

飞机在空中飞行时，当速度接近或大于声速时，气动加热产生的飞机蒙皮热辐射不能忽视，尤其在飞机的前向和侧向，飞机蒙皮温度为

$$T_s = T_0[1 + k\left(\frac{\gamma - 1}{2}\right)(Ma)^2] \tag{4-20}$$

式中，$T_s$ 为飞机蒙皮温度；$T_0$ 为周围大气温度；$k$ 为恢复系数（其值取决于附面层中气流的流场：层流 $k = 0.82$，紊流 $k = 0.87$）；$\gamma$ 为空气的定压热容量和定容热容量之比，$\gamma = 1.4$；$Ma$ 为飞机马赫数。

当飞机以超音速飞行时，飞机外壳由其空气动力加热引起的辐射开始显现。当速度达到或超过 $2Ma$ 时，空气动力加热强度变得特别明显，此时飞机蒙皮温度为

$$T_s = T_0[1 + 0.2(Ma)^2] \tag{4-21}$$

对于层流和同温层飞行（高度 11km 以上），气动加热产生的飞机蒙皮温度为

$$T_s = 216.7[1 + 0.164(Ma)^2] \tag{4-22}$$

理论计算表明，飞机巡航飞行高度一般为 10～15km，基本上是在同温层内。按国际标准大气，同温层空气温度为-56.5℃。但实际上飞机并非总是在标准大气中飞行，有时可能要在温度更低的非标准大气中飞行。对于亚声速飞行的飞机，则可根据下式计算飞机蒙皮温度

$$T_s = T_0[1 + 0.178(Ma)^2] \tag{4-23}$$

蒙皮辐射强度 $I_s$ 可以写为

$$I_s = \frac{\varepsilon}{\pi} M_{\lambda_1 \sim \lambda_2} A \cos\theta \tag{4-24}$$

式中，$\varepsilon$ 为蒙皮的发射率，涂银漆层的蒙皮 $\varepsilon = 0.65$；$\theta$ 为蒙皮法线与探测器光轴线延长线之间的夹角；$A$ 为驻点区（蒙皮）的面积。

因太阳光的辐射特性近似于 6000K 的黑体辐射，所以飞机反射的太阳光光谱会呈现出类似大气衰减后的 6000K 黑体辐射光谱的特征。飞机反射太阳光的量值与下列因素有关：① 太阳、飞机和探测器之间的夹角；② 飞机反射表面形状；③ 反射表面性质，即与表面粗糙度有关的漫反射与镜反射；④ 表面反射率。飞机反射太阳辐射的主要波段集中在近红外 1～3μm 和中波红外 3～5μm。而飞机对地面和天空热辐射的反射则主要集中在中波红外 3～5μm 和远红外 8～14μm。

总之，空中目标通常相对于天空背景在红外区有较强的红外辐射强度。因此，可以利用简单的点源式的红外系统对空中目标进行跟踪制导。具体来说，若选用近红外（约 2～3μm）波段，就能对飞机进行尾追式的跟踪（白天，飞机在太阳光照射下可进行前向探测）；若利用中红外（3～5μm）波段，可对飞机进行前向跟踪；若应用远红外（8～14μm）波段，可以实现全方位（前向、侧向、尾向）和准全天候的跟踪。

战斗机巡航飞行时的表面温度分布和尾焰温度分布如图 4-25 所示。从表面温度分布图可以看出，飞机机头和机身不同部位的温度相差不大，靠近尾喷管的地方温度非常高，最高能够达到 265K 左右。总的来说，飞机在巡航时的表面平均温度在 250K 左右。从尾焰温度分布图可以看出，飞机的尾焰温度分布在飞机的航迹上，离尾喷管越近，尾焰温度越高，最高能够达到 1065K 左右。

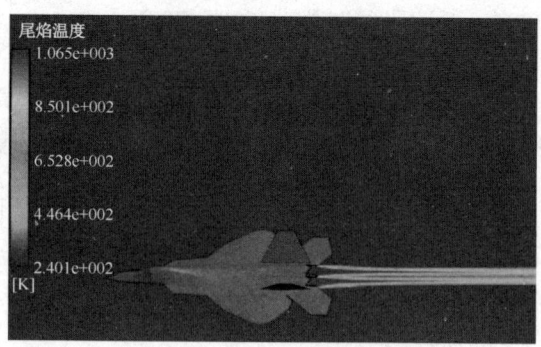

(a) 表面温度分布　　　　　　　　　　(b) 尾焰温度分布

图 4-25　战斗机巡航飞行时的表面温度分布和尾焰温度分布

## 4.5　背景环境的辐射特性

在光电成像探测过程中，观测到的非目标物体，大多是自然物体，它们的光学辐射有时会对目标探测产生显著影响。在不同的观测条件下，这些辐射的影响各不相同，主要的辐射来源有地物热红外辐射、天空背景和云层热红外辐射、深空背景和天体辐射等。自然物体的辐射主要来自太阳，地表背景的辐射则主要由太阳辐射引起，包括地物热红外辐射和大气热红外辐射。相比之下，深空背景大部分辐射非常低，只有少量恒星的辐射较强。

### 4.5.1　太阳辐射特性

太阳是天然的强辐射源，自然物体的光谱电磁辐射和反射主要来自太阳。太阳表面的温度高达 6000K 左右，具有巨大的能量。根据普朗克黑体公式，再利用太阳的温度计算可知，太阳辐射能量主要集中在 0.17～4μm 波段，即可见光至短波红外波段。测量表明，太阳辐射光谱接近连续光谱，在 4μm 处的亮度温度约为 5626K。在地球表面上的太阳光谱辐射亮度与 6000K 理想黑体的光谱对比如图 4-26 所示。

由地球公转和自转的规律可知，在一年中，随着时间的变化，地球各地受太阳辐射的情况有所不同。日地间的距离一年中随时都在变化，日地平均距离称为一个天文单位。以日地平均距离对应的辐照度值作为标准值，地球大气上界垂直于太阳光线方向上的单位面积在单位时间内所接收到的太阳辐射的全谱段总能量就称为太阳常数，观测得到其值为（1367±7）W/m$^2$。

由于地球大气的吸收作用，到达地球表面的太阳辐照度大约是到达大气上界的 2/3，但仍然很强。然而，由于大气吸收作用在太阳光谱，特别是在红外光谱上是极不均匀的，如图 4-26 所示，在多个大气组分的分子谱带上，太阳辐射经过大气产生了极大的衰减，这些谱带称为大气吸收谱带，将极大影响光学成像探测。

从空间观测地球大气系统，需要考虑地球（含大气）反射的太阳辐射百分比（发射率）和地球发射的热辐射。地球反射率指总的入射太阳辐射中，被地球反射到空间的百分比，它是大气散射、地球表面和云反射的结果，这种反射辐射主要分布在波长为 0.29～5μm 范围内。被地球和大气吸收的入射太阳辐射以热辐射形式发出，其辐射主要分布在波长大于 4μm 的红外区域。利用气象卫星获得的数据，可分析得到地球反射率的年平均值为 0.3，热辐射的年平均值为 237W/m$^2$。

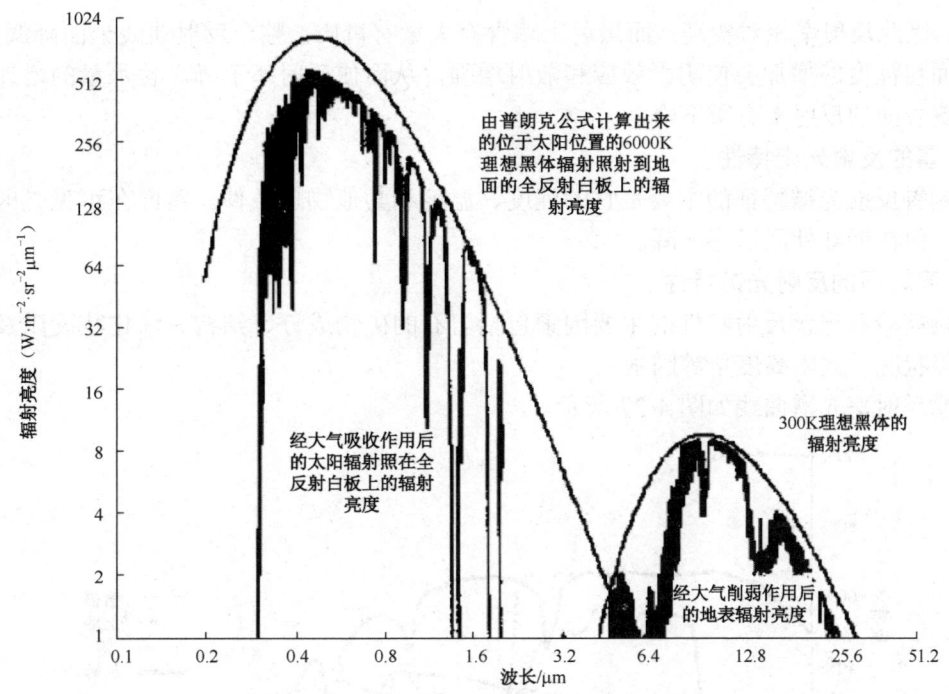

图 4-26　在地球表面上的太阳光谱辐射亮度与 6000K 理想黑体的光谱对比

## 4.5.2 地物辐射特性

　　地物辐射包括它对太阳光辐射的反射和地物自身的热辐射两种。其产生机理不同，辐射特性也不相同。如果用地球表面的物体对太阳辐射的反射光谱或吸收光谱，以及自身热辐射的红外发射光谱作为地物光谱，那么可以发现：第一种辐射产生于直接对阳光的反射，以及环境对阳光散射的反射。其光谱主要由太阳的辐射光谱决定，近似于 6000K 黑体的光谱分布，主要集中在 $3\mu m$ 以下，峰值波长约为 $0.5\mu m$；第二种辐射是地物自身的热辐射，其光谱分布近似于 300K 黑体的光谱分布。因此，这种辐射主要在 $4\mu m$ 以上，在 $10\mu m$ 左右出现峰值。这样，在 $3.5\mu m$ 左右出现了地物辐射的最小值。

　　由于第一种辐射产生于阳光的辐射，因而白天和黑夜的地物光谱会有很大区别。白天地物光谱辐射亮度分布曲线有两个峰值，$3\mu m$ 以下的辐射非常强烈。而在夜间，反射太阳辐射部分消失了，其光谱特征主要表现在长波红外谱段，而且强度要低得多。在光学成像应用中需要注意到地物辐射的这种白昼区别。

　　各种地物不同的光谱特性主要反映在反射光谱上。几种主要地物的光谱特性描述如下。

**1. 植被的反射光谱特性**

　　植被的反射光谱特性受几个因素的综合影响，如植物的形态、植物本身的反射光谱特性、季节和成熟程度以及太阳高度角等。植被的形态特征包括叶片的大小、形状和方向，植物的高度以及簇叶的稠密度等。植物自身的反射特性是指叶片、树干、果实以及开花部分的光谱特性的综合反映。叶片的主要光谱反射特性是植被光谱的主要决定因素。叶片光谱中主要有两个叶绿素吸收带和两个水吸收带，而在近红外波段有一个明显的反射峰。

**2. 土壤的反射光谱特性**

　　一般在可见光区，土壤具有较高的反射值，土壤类型、表面粗糙度、太阳高度角和水分含量等都影响土壤的反射波谱特性。以土壤类型而言，在半沙漠和沙漠地区，由于沙土石英含量高,因此反射率相对较高;而黑色土壤含有大量有机质,整个反射曲线全面降低。此外,土壤表面粗糙度的增加会使阴影效应和散射增强,从而使反射率下降。含水量的增加一般也会使土壤表面的反射率有所下降。

**3. 雪的反射光谱特性**

影响雪反射光谱特征的主要是它的纯度、温度和其他物理条件。雪面在可见光区反射率均很高,但在近红外区迅速下降。

**4. 高岭石的反射光谱特性**

影响高岭石光谱反射特性的主要因素包括岩石的矿物成分、结构、风化状况以及岩石表层的覆盖状况、太阳高度角等因素。

地物反射率光谱曲线如图 4-27 所示。

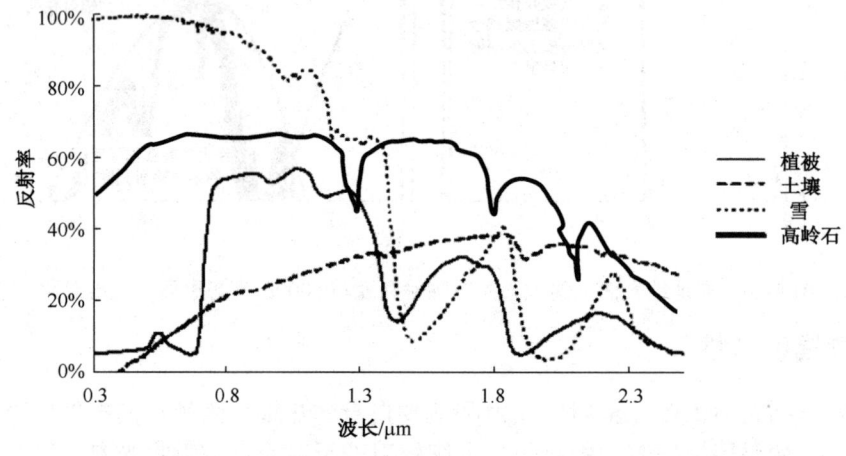

图 4-27 地物反射率光谱曲线

在光学成像中,主要的地表干扰源是火山、山火等自身产生大量辐射的地物。它们的温度较高,辐射较强,在图像中表现为较大亮斑,其图像特性和目标较为相似,容易被判别为虚警。经过较长时间的观测,目标往往能够形成一定的运动轨迹,而地表干扰源的位置则基本固定不变,因此可以通过运动特性来判别目标和地表干扰。

### 4.5.3 天空背景与云层辐射特性

**1. 天空背景辐射特性**

太阳辐射通过地球大气时,由于大气分子和气溶胶散射和吸收的影响,引起衰减。太阳辐射在大气辐射传播过程中遇到大气分子、气溶胶、冰晶等粒子,使部分光线改变方向,并向各个方向散开,即称为散射。这些散射、吸收等过程会引起直接辐射的衰减,且由于散射辐射的重新再分配而引起分散。散射使原来传播方向上的太阳辐射减弱,而增加其他方向的辐射,由大气上界直接散射向外空间的辐射形成了天空背景辐射。天空的辐射来自对太阳光的散射和大气的热辐射。散射光形成的天空亮度的沿波长分布的理想化曲线,大体上与 6000K 理想黑体的曲线相似。在地平方向,晴空大分子辐射可近似地用一个温度为 300K 的理想黑体辐射来代表。因此,理想化的天空辐射可用阳光散射的天空亮度与大气辐射的亮度叠加而成。

在波长大于 4μm 的范围内,天空背景辐射主要由大气辐射形成。大气散射在夜间自然消失,不过大气辐射不管在白天或夜间均存在。大气的辐射受气象条件的影响很大,有云团的遮盖对大气的辐射有着重要的影响。在晴朗天空的条件下，大气温度对大气辐射亮度有明显影响，温度越低，辐射亮度越小。

白天，天空的辐射是大气自身辐射和对阳光散射的组合。在 3μm 以下，以散射太阳光为主，在 5μm 以上，以大气热辐射为主，在 3～5μm 之间，天空的红外辐射最小。白天天空的红外光谱辐射亮度如图 4-28 所示，展示了白天天空阳光、大气辐射、晴空散射及日耀云的理想化红外光谱分布曲线。

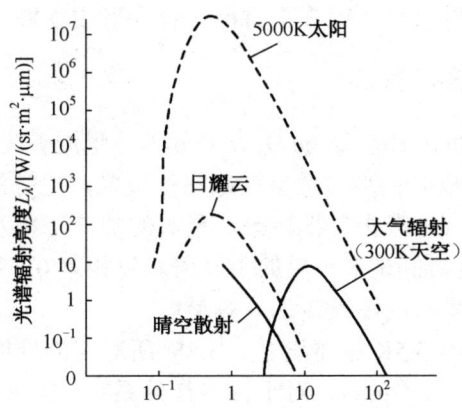

图 4-28　白天天空的红外光谱辐射亮度

夜间，因不存在散射的太阳光，天空的红外辐射为大气的热辐射。大气的热辐射主要与水蒸气、二氧化碳和臭氧等的温度与含量有关。晴朗夜空光谱辐射亮度随仰角的变化情况如图 4-29 所示。在低仰角时，大气路径很长，光谱辐射亮度接近于低层大气温度的黑体辐射；在高仰角时，大气路径变短，在吸收率（即发射率）很小的波段上，红外辐射减小。

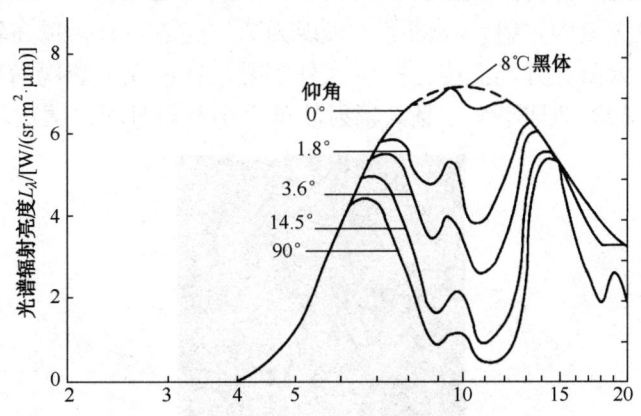

图 4-29　晴朗夜空光谱辐射亮度随仰角的变化情况

向上传播的天空背景辐射被光学探测器接收，成为光学图像中的背景杂波部分。光学图像中的天空背景辐射不包含任何地物的光谱和空间信息，而且天空背景辐射值降低了光学图像中亮地物的对比度，并模糊了明显地物的细节信息。相比之下，天空背景辐射比地表背景辐射低得多，这在光学图像中表现为背景杂波。

**2. 云层辐射特性**

云层的反射光谱特性与云的类型、厚度等因素有关。在可见光部分，云层的反射率通常具有很高的反射率，但在波长超过 0.8μm 时，反射率随波长增加而减少。充满浓密低云的天空的辐射特性类似于绝对黑体。此外，云层的有效温度也因其所在的高度不同而有所差异。当波长小于 3μm 时，云层的辐射亮度主要取决于太阳光的反射，因此其变化范围很大，尤其是有变化的稀薄云层。

在光电成像探测中，云层对目标的发现有着非常重要的影响。一方面，当目标被云层遮挡时，尤其当云层厚度较大时，目标的辐射很难穿透云层，光电探测器很难观测到目标，从而影响目标发现性能；另一方面，天基探测器对地观测时，云层（特别是冰晶云）对太阳光的反射非常强，其反射的能量甚至远远强于目标，容易形成虚警。

### 4.5.4 深空背景和天体辐射特性

古希腊天文学家喜帕恰斯（Hipparchus）在公元前二世纪首先提出了"星等"这个概念，用来衡量天体光度。星等的数值越小，星星就越亮；反之，星等的数值越大，星星就越暗。在不明确说明的情况下，星等一般指目视星等。星等的数值每相差 1 星等，星星的亮度大约相差 2.512 倍。1 等星的亮度恰好是 6 等星的 100 倍。每相差 0.1 星等，星星的亮度大约相差 1.0965 倍。肉眼能够看到的最暗的星设定为 6 等星。

深空背景指辐射温度大约 3.5K 的冷背景，3.5K 所对应的峰值辐射波长 827.9μm 的光谱辐射亮度为 $4.104×10^{-12}$ W/(sr·m²·μm)。对于许多红外系统，3.5K 的深空背景辐射非常微弱，可以忽略不计，假定空间目标表面温度为 300~400K，有效发射面积（投影面积和发射率的乘积）为 1m²，在距离空间目标 250km 的 8~14μm 红外探测系统处，能产生的红外辐照度约有 $10^{-14}$~$10^{-15}$ W·cm⁻²。深空中具有类似辐射量值的星体总数只有几十个。上述空间目标在太阳光照射下，散射的可见光强度约等于表观星等 5~10 等星，深空中 5 等星以上的星体数目有 1000 多颗，10 等星以上的星体数目有 30 多万颗。

典型的深空背景红外仿真图像如图 4-30 所示。大部分在图像中表现为黑暗区域，只有少量恒星发光发热产生大量的辐射，在图像中表现为孤立亮点。目标以在轨空间目标为例，面积较小，主要靠吸收太阳光升高温度，产生红外辐射，在图像中表现为亮斑。恒星辐射的一个主要特点是其位置相对地球不变，且其辐射能量大小在短时间内恒定。

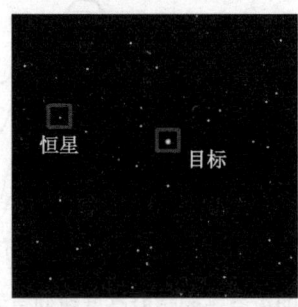

图 4-30　典型的深空背景红外仿真图像

## 4.6　地球大气的传输特性

地球大气是指包围在地球表面并随地球旋转的空气层。大气主要通过光在传输过程中的吸收、折射、散射和反射作用对光学预警探测产生影响。下面对大气的分层、大气的成分、大气传输效应、大气吸收、大气散射等传输特性进行介绍。

## 4.6.1 大气的分层

按大气成分、温度、密度等物理性质在垂直方向上的变化,大气分为五层,自下而上依次是:对流层、平流层、中间层、热层和散逸层。大气分层如图4-31所示。

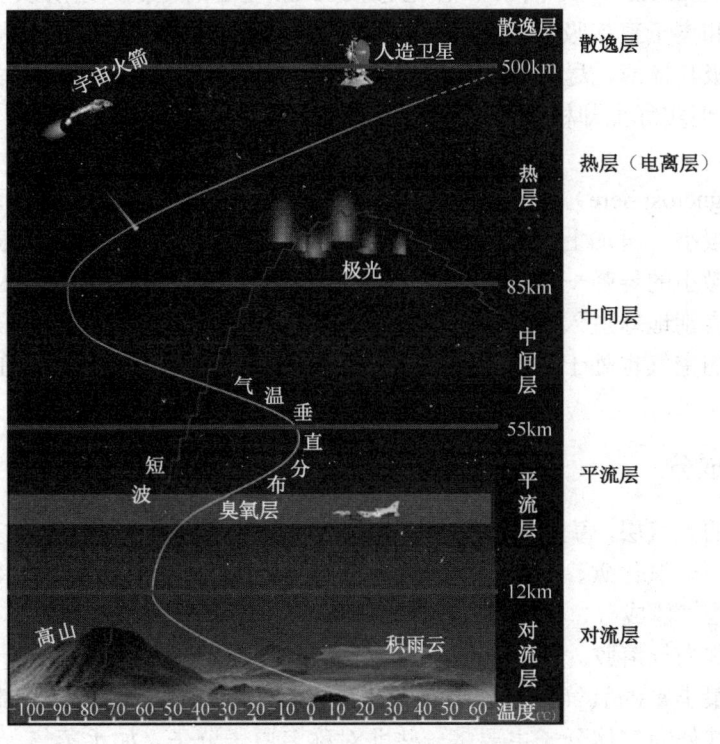

图4-31 大气分层

### 1. 对流层

对流层(Troposphere),从地面到大约10～12km处(极地大约8～9km,赤道17～18km),是大气层的最底层。这一层集中了整个大气约3/4的质量和几乎全部的水蒸气量。大气的对流在这一层十分发达,气温随高度的上升而均匀下降,平均每上升100m降低0.6℃,在11km附近温度下降到-55℃。在这层里,大气的活动异常激烈,或者上升,或者下降,甚至还会翻滚。正是由于这些不断变化着的大气运动,形成了多种多样复杂的天气变化,风、云、雨、雪、雾、露、雷、雹等也多发生在该层里,因而也有人称这层为气象层。

### 2. 平流层

平流层(Stratosphere),从对流层顶向上到55km高空附近。这一层是地球大气中臭氧集中的地方,尤其是在其下部,即在15～25km高度上臭氧浓度最大,因而这一层又称臭氧层。由于臭氧层能大量吸收太阳辐射热而使空气温度大大升高,所以这一层的最大特点是温度随高度的上升而升高,到顶部温度增大到最大值。平流层虽然水蒸气极少,天气现象比较少见,但随着气象火箭和卫星的发射,发现这一层的气流等的变化与对流层中天气变化有着密切联系,相互影响。

### 3. 中间层

中间层(Mesosphere),从平流层顶向上,也就是从55～85km左右这个范围被命名为中层大气,简称中间层。在这一层,温度随高度的增加而下降,大约在85km左右达到最低点,约为-90℃。人们一般把飞行高度达到 80～100km 的飞行器,看成是不依靠大气飞行的航天器。按照美国航空航天局规定,飞行高度超过 80km 的飞行员即可称为宇航员。

### 4．热层

热层（Thermosphere）,从中间层顶向上到500km 左右的范围。之所以叫热层,是因为这层中的空气分子和离子直接吸收太阳紫外辐射能量,因而运动速度很快,和高温气体一样。在这一层,空气极其稀薄,尽管热层顶的气温可达 1000℃（太阳比较宁静时）～2000℃（太阳活动剧烈时）,但实际上却根本不会感到热。

### 5．散逸层

散逸层（Magnetosphere）,500km 以上到外大气层,这一层顶也就是地球大气层的顶。在这里地球的引力很小,再加上空气又特别稀薄,气体分子互相碰撞的机会很小。因此,空气分子就像一颗颗微小的导弹一样高速地飞来飞去,一旦向上飞去,就会进入碰撞机会极小的区域,最后它将告别地球进入星际空间,所以外大气层被称为散逸层。这一层温度极高,但近于等温。这里的空气也处于高度电离状态。人类大部分的航天活动都是在散逸层之内（或之外）进行的。

## 4.6.2 大气的成分

围绕着地球的大气层,每单位体积中约含有78%的氮气和21%的氧气,另外还有不到1%的氩、二氧化碳、一氧化碳、甲烷、臭氧、水蒸气等。除氮气、氧气外的其他气体统称为微量气体。除了这些气体成分,大气层还含有各种悬浮尘埃、液滴、冰晶等固体和液体的微粒,这些微小颗粒统称为气溶胶。

大气中含量最丰富的氧气、氮气等双原子分子和惰性气体单原子分子都不吸收红外,地球大气中能吸收红外的气体分子主要是一些非对称多原子分子,如水蒸气、二氧化碳、臭氧、甲烷、氧化氮、一氧化碳等。

地面以上 0～80km 的大气中,除水蒸气,臭氧等少数可变气体外,各种气体均匀混合,所占比例几乎不变,所以把 0～80km 的大气层称为均匀层。在该层中大气物质与太阳辐射相互作用,这是太阳辐射衰减的主要原因。

## 4.6.3 大气传输效应

大多数红外系统必须通过地球大气才能观察到目标,从对地遥感观测或大气层内预警监视设计者角度看,这是不利的。因为从目标发出的辐射功率在到达红外传感器前,会被大气中某些气体有选择地吸收,大气中悬浮微粒能使光线散射。虽然吸收、散射的机理不同,但其作用结果均使辐射功率在传输过程中发生了衰减。另外,大气路径本身的红外辐射与目标辐射相叠加,将减弱目标与背景的对比度。

由于大气湍流能引起空气温度、湿度和密度的波动,进而也引起折射率的波动,造成光束的传播方向、相位和偏振的抖动以及光束强度闪烁,本节暂不讨论这方面内容。

由于吸收和散射引起的辐射衰减,可用大气透过率表达。

$$\tau = e^{-\sigma x} \tag{4-25}$$

式中,$\tau$ 为大气透过率；$\sigma$ 为衰减系数或消光系数；$x$ 为路程长度。

衰减系数可分解为吸收系数 $\alpha$ 和散射系数 $\gamma$。

$$\sigma = \alpha + \gamma \tag{4-26}$$

吸收系数与散射系数均随波长而变化。

### 4.6.4 大气吸收

大气含有多种气体成分，根据分子物理学理论，吸收是入射辐射和分子系统之间相互作用的结果，而且仅当分子振动（或转动）引起电偶极矩变化时，才能产生红外吸收光谱。由于地球大气层中含量最丰富的氮、氧、氩等气体分子是对称的，它们的振动不引起电偶极矩变化，故不吸收红外。而大气中含量较少的水蒸气、二氧化碳、臭氧、甲烷、氧化氮、一氧化碳等非对称分子，振动引起的电偶极矩变化能产生强烈红外吸收。

海平面上约 2km 水平路径的大气透过率曲线如图 4-32 所示，图的下部表示了水蒸气、二氧化碳和臭氧分子所造成的吸收带。由于低层大气的臭氧浓度很低，在波长超过 1μm 和高度达 12km 的范围内，水蒸气和二氧化碳分子对辐射的选择性吸收具有重要意义。例如，二氧化碳在 2.7μm、4.3μm 和 15μm 具有较强的吸收带。

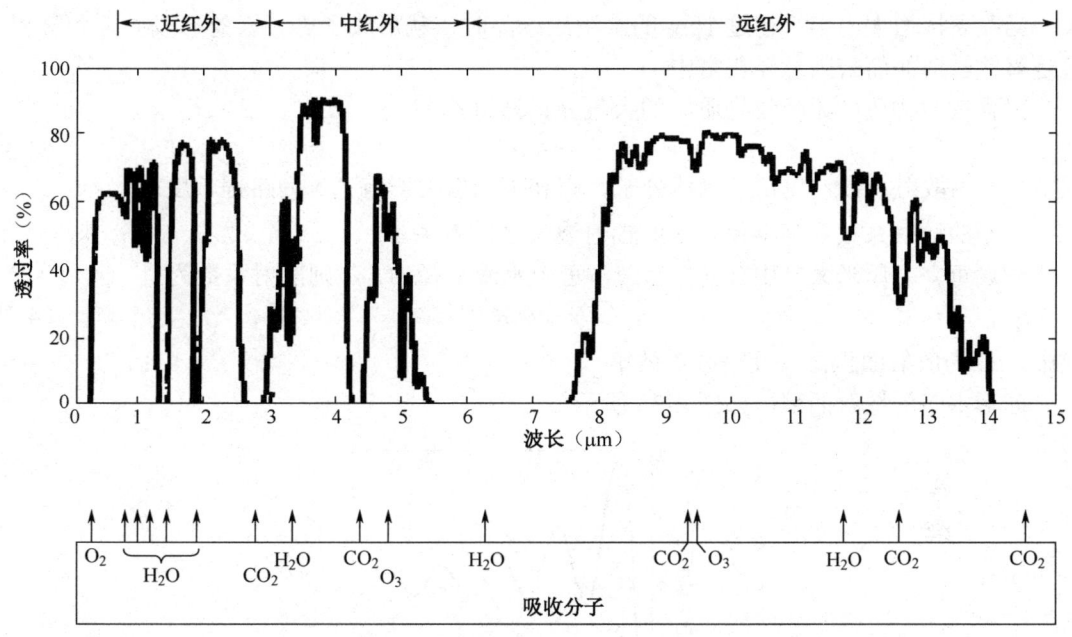

图 4-32　海平面上约 2km 水平路径的大气透过率曲线

从大气吸收光谱可以看到，在较强吸收带之间，存在一些吸收很弱的谱区域，由于大气对电磁波散射和吸收等因素的影响，太阳辐射部分波段在大气中的透过率较小。电磁波辐射在大气传输中透过率较高的波段称为大气窗口。大气层内预警探测"通道"应选择在大气窗口内。目前经常使用的一些大气窗口光谱段为：

0.3~1.3μm，即紫外、可见光、近红外波段。这一波段是摄影成像的最佳波段，也是许多卫星传感器扫描成像的常用波段。比如，Landsat 卫星的 TM 的 1~4 波段，SPOT 卫星的 HRV 波段等。

1.5~1.8μm，2.0~3.5μm，即短波、近红外、中红外波段。在白天日照条件好的时候扫描成像常用这些波段。比如，TM 的 5、7 波段等，用以探测植物含水量以及云、雪或用于地质制图等。

3.5~5.5μm，即中红外波段，物体的热辐射较强。这一区间除地面物体反射光谱反射太阳辐射外，也有地面物体自身的发射能量。比如，NOAA 卫星的 AVHRR 传感器用 3.55~3.93μm

探测海面温度,获得昼夜云图。

8～14μm,即远红外波段。主要来自物体热辐射的能量,适于夜间成像,测量探测目标的自身温度。

0.8～2.5cm 至更长,即微波波段。由于微波穿云透雾的能力,这一区间可以全天候工作,工作方式为主动遥感。其常用的波段为 0.8cm,3cm,5cm,10cm 等,有时也可将该窗口扩展为 0.05cm～300cm 波段。

### 4.6.5 大气散射

除大气吸收外,大气中各种悬浮的粒子也会通过改变辐射传输方向的方式,使辐射传输方向上的能量减弱,从而对辐射造成衰减,这种现象被称为大气散射。

霾表示弥散在气体溶胶中各处的细小微粒,它由很小的盐晶粒、极细的灰尘或燃烧物等组成,半径通常小于 0.5μm。在湿度较大的地方,湿气凝聚在这些微粒上,可使它们变得很大。当凝聚核增大为半径超过 1μm 的水滴或冰晶时,就形成了雾。云的形成原因和雾相同,只是雾接触地面而云则悬浮在空中。

仅含散射物质(无吸收物质)的大气光谱透过率为

$$\tau = e^{-\gamma x} \tag{4-27}$$

式中,$\gamma$ 为散射系数,包括了气体分子、霾和雾的散射影响;$x$ 为路程长度。

粒子的散射系数及其半径与入射辐射波长之比有关。

假设每立方厘米大气中含 $n$ 个水滴,每个水滴半径为 $r$,则散射系数为

$$\gamma = \pi n K r^2 \tag{4-28}$$

式中,$K$ 为散射面积比,反映散射效率。

球形水滴的散射面积比如图 4-33 所示。

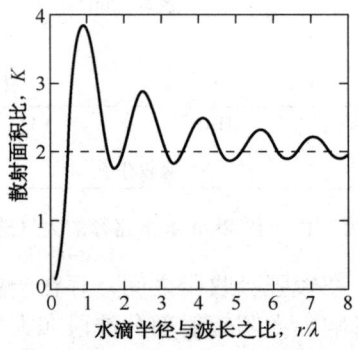

图 4-33 球形水滴的散射面积比

如图 4-33 所示,当散射粒子的尺寸小于波长时,散射面积比 $K$ 值随波长减小迅速增加,表现为选择性散射。波长愈短,散射愈厉害。当半径等于波长时,$K$ 值最大,约为 3.8,此时散射最强烈。水滴半径进一步增大,$K$ 值轻微震荡,最终趋近于 2。由于此时 $K$ 值与波长无关,散射呈现为非选择性散射。

比波长小得多的粒子产生的散射称为瑞利散射,其散射系数与波长的四次方成反比,有很强的光谱选择性。气体分子本身的散射就属瑞利散射,晴空呈现蔚蓝色,是由于大气中的气体分子把较短波长的蓝光更多地散射到地面上来的缘故;而落日呈现红色,则是因为平射的太阳光经过很长的大气路程后,红光波长较长,其散射损失也较小。

与波长差不多大的粒子的散射称为弥氏散射，弥氏散射无明显选择性。颗粒较大的烟雾，由于对各种色光都有较高的散射效率，呈白色，是典型的弥氏散射。

大气气体分子或悬浮微粒的强散射主要表现在可见区，而雾的散射对可见光、红外的大气透过率都有影响。大气散射对可见光观察的影响程度可用能见度表示。在能见度较差的雾天，有时会发现红外图像比可见光图像更清晰一些，从而误认为"红外透过大气的性能比可见光好"，其实不能一概而论。

## 4.6.6 大气传输特性计算

大气传输特性的计算早期都用查表的方法。例如，水平观察路径的大气透过率，可以通过查海平面水平路程上主要吸收气体（如水蒸气、二氧化碳）的光谱透过率表来获取。由于二氧化碳在大气中成分相对稳定，它的透过率可直接查表。而水蒸气作为大气中的可变成分，其吸收特性与气温、相对湿度以及绝对湿度（即反映每公里可凝水量）密切相关。

对一定海拔高度的水平路程，由于大气压强低，吸收带变窄，导致同样路程透过率增加。为了准确计算，需要引入高度修正因子，将实际路程等效折算到海平面路程。对于倾斜路程，则需要将路程等分为若干段，每段分别折算为等效路程，然后计算各段的透过率，再求整个路程的透过率。

需要注意的是，查表法对大气传输模型做了大量简化，也未考虑散射，计算繁复，精度较差，已很少使用。目前，工程广泛利用现成的大气传输计算软件，常用的大气传输计算软件有低频谱分辨率传输（LOWTRAN）、快速大气编码（FASCODE）、中频谱分辨率传输（MODTRAN）、高光谱分辨率（HITRAN）等专业大气传输特性计算软件。

### 1. 低频谱分辨率传输

低频谱分辨率传输（LOWTRAN）是美国地球物理管理局开发的大气效应计算分析软件，用于计算低频谱分辨率系统给定大气路径的平均透过率和路程辐射亮度。LOWTRAN 7 是最新型码，于1988年初完成，1989年政府公布。LOWTRAN 7 大致可分为三大块：

（1）大气模式输入。包括大气温度、气压、密度的垂直廓线，水蒸气、臭氧、甲烷、一氧化碳、一氧化二氮等气体的混合比和垂直分布，还有其他13种微量气体的垂直廓线，以及城乡大气气溶胶、雾、沙尘、火山灰、云、雨的廓线和辐射参量，如消光系数、吸收系数、非对称因子的光谱分布及地外太阳光谱。

（2）探测几何路径、大气折射及吸收气体含量。

（3）光谱透过率计算及大气太阳背景辐射计算（包括或不包括多次散射）。

LOWTRAN 7 的主要优点是计算迅速，结构灵活多变，选择内容包括大气中气体或分子的分布及大型的粒子，后者还包括大气气溶胶以及水蒸气。由于 LOWTRAN 中所用的近似分子谱带模型的限制，对40km以上的大气区域，精度严重下降。LOWTRAN 主要作为工作于下层大气和地表战术系统的辅助分析工具。

### 2. 快速大气编码

快速大气编码（FASCODE）是美国空军地球物理管理局开发的算法，为单个种类的大气吸收线形状的计算建立模型，进行逐线计算。所有谱线数据存于 HITRAN 数据库。与 LOWTRAN 相比，FASCODE 在精度上有所提高，是一套实用的精确编码。但是，由于需要复杂的逐线计算，其计算速度远低于 LOWTRAN。FASCODE 可用于要求预测高分辨率的所有系统。

### 3. 中频谱分辨率传输

中频谱分辨率传输（MODTRAN）包括的谱带范围与 LOWTRAN 一致，且有 LOWTRAN 的全部功能。MODTRAN 是辐射传输模型，可用于计算大气透过率和辐射亮度，在遥感领域被广泛应用于图像的大气校正。启动 MODTRAN 后需要进行下一步的参数设置，用户根据自身需求设置大气模式、气溶胶及云雨模式、探测的几何方式、波段及分辨率等参数。

与 LOWTRAN7 相似，它包括一系列分子的谱带模型，但其精度可达 $2\,\mathrm{cm}^{-1}$。与 FASCODE 不同的是，MODTRAN 拥有自己的光谱数据库。由于 MODTRAN 既考虑了直接的太阳辐射亮度，也考虑了散射的太阳辐射亮度，因此适用于低大气路径（从地表到 30km 高度）和中等大气路径的辐射传输模拟。然而，当路径大于 60km 时，使用 MODTRAN 需要更加谨慎，因为此时模型的精度可能会受到多种因素影响，如大气成分的复杂性、探测器的灵敏性等。

### 4. 高光谱分辨率

高光谱分辨率（HITRAN）是国际公认的大气吸收和辐射特性的计算标准和参考数据库。其数据库包含了 30 种分子系列的谱参数及各向同性变量，包括从毫米波到可见光波段的电磁波谱。除作为独立的数据库外，HITRAN 还可用作 FASCODE 的直接输入以及谱带模型码，如 LOWTRAN 和 MODTRAN 的间接输入。在解决输入问题时，分子谱带是以逐线模式计算，递降到谱带模型特定的分辨率，然后再进行相应的参量化。

## 4.7 导弹预警探测波段选择

光学探测需要根据观测的目标和环境，慎重选择光学探测系统所工作的光谱段，在此基础上构建探测系统。并且，选择的波段光谱位置和波段宽度是否合适，将直接影响光电成像探测系统的性能。本节以天基红外导弹预警探测为典型案例，介绍波段选择时需要考虑的因素。

弹道导弹在不同运动阶段的红外辐射特性有着显著差异，不同运动阶段和观测条件下的探测背景也不相同。因此，探测波段的选择不仅需要参考目标的红外辐射特性的变化规律，还需要结合背景红外辐射特性的变化规律。探测波段选择的基本原则是选择目标与背景红外辐射相差较大的波段，从而提高目标探测系统的信杂比，有利于预警探测发现和目标的识别。

导弹预警卫星最佳工作谱段的选择原则主要有：

（1）在选取的敏感谱段内，导弹有较大的辐射强度，以提高系统探测概率，尽可能减少有效载荷的体积和重量；

（2）为了有效地抑制背景辐射，简化系统，在选取波段内的目标与背景应有较大的对比度，保持平坦的背景响应；

（3）所选取的工作谱段对各型导弹目标具有普遍适应性，例如能适应使用各种不同推进剂的导弹；

（4）从发现时间考虑，应尽可能地提前发现，以便争取到更长的预警时间；

（5）在选取的工作谱段内，有适当的高灵敏度红外探测器和简单可靠的制冷方法可以采用。

以下根据弹道导弹的飞行阶段，分别讨论主动段红外探测波段选择和中段红外探测波段选择问题。

## 4.7.1 主动段红外探测波段选择

由于弹道导弹主动段的辐射能量主要产生自强烈的尾焰,集中在短波红外和中波红外谱段。尾焰的光谱特性由喷射气体的成分决定,大部分导弹尾焰气体主要成分是水蒸气、二氧化碳、一氧化碳,其主要发射带集中在 2.7μm 和 4.3μm 附近。导弹与其他辐射源光谱对比如图 4-34 所示。

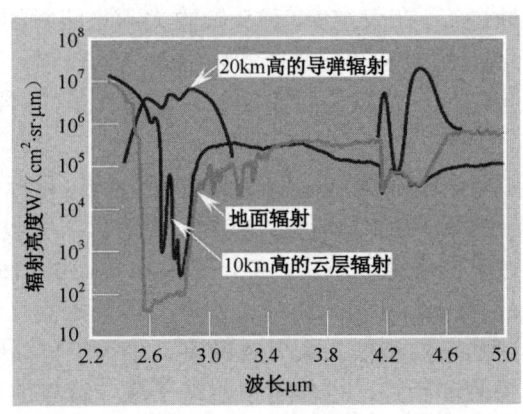

图 4-34 导弹与其他辐射源光谱对比

2.7μm 附近是水蒸气、二氧化碳的重叠发射带,导弹羽焰气体的主要发射带有许多在 2.7μm 附近。选取这一谱段的优点是它对各类推进剂燃烧羽焰的探测有较强的适应性。而选取 4.3μm 的优点是其光谱辐射强度较大,但对有些推进剂燃烧羽焰无法探测。从最大获取目标辐射能量的角度出发,探测波段应该选择完全覆盖这两个峰值的区间。

另一方面,从大范围内及早发现目标的要求考虑,观测场景主要涉及从卫星向地面观测时的观测背景辐射情况。为实现高的目标探测性能,需要达到目标与背景辐射亮度对比度最大。因而,谱段和带宽选择不仅要保证较高的目标响应,还必须降低地表辐射在光学系统的响应,并尽量使背景响应均匀平坦。2.7μm 附近是大气水蒸气和二氧化碳的重叠吸收带,而大气水蒸气的吸收又起着主要作用;4.3μm 附近是二氧化碳的强烈吸收带。经过大气传输效应,在这吸收带内卫星观测的地表辐射亮度较低,形成光谱图中的凹陷,从而加大了目标与背景的幅度对比。由卫星观测到的辐射光谱分布表明,在 2.7μm 附近的光谱辐射亮度小于 $4\times10^{-6}$W/(cm$^2$·sr·μm),在 4.2~4.35μm 区有一个宽的平坦的最低值,其光谱辐射亮度约为 $10\times10^{-6}$W/(cm$^2$·sr·μm)。故工作谱段选择在 2.7μm 和 4.3μm 波长附近,此处有最低的背景光谱辐射,即背景相对干净,目标辐射与背景的对比度最高。而 2.7μm 附近的背景光谱辐射虽然比 4.3μm 附近还要小几倍,但 4.3μm 附近背景辐射的均匀性远高于 2.7μm 处。

综合对目标和背景的观测波段分析,选取 4.3μm 谱段的优点是目标光谱辐射亮度大,背景较均匀,且有较宽的光谱区间;而 2.7μm 的光谱辐射亮度虽然比 4.3μm 稍弱,但其背景辐射也较弱,而且对各种推进剂羽焰的适应性是 4.3μm 所无法比拟的。故宜首选 2.7μm 波段,其次是 4.3μm 波段。从提高探测性能的角度出发,采用双波段融合探测可起到相互补充的作用。

## 4.7.2 中段红外探测波段选择

首先考虑中段目标的情况。处于中段飞行过程中的导弹发动机已关机,一般情况下,在大气层外导弹中段弹体的温度从关机点时的 600K 以上会逐渐冷却至 250K 左右，此时已经没有强烈的辐射能量，近似为灰体，主要表现为弹体自身的红外辐射和对阳光的反射。根据黑体辐射的普朗克公式，其弹体红外辐射更多出现在中长波红外谱段。因此，导弹中段的探测和跟踪以及弹头和诱饵的识别采用中长波红外或长波红外比较合适。

进一步考虑背景特性的影响，分别以深空和地面为背景两种情况进行分析。

首先分析深空背景，深空背景的温度非常低，相对目标可忽略不计。因此，深空背景的波段选择主要根据目标特性进行。在太空中，弹头吸收太阳光照射的能量，温度升高，在 5.5～7.5μm、8～12μm、14～16μm 的中长波波段范围内辐射能量较强，适宜用作目标探测发现。其次分析地面背景，为了抑制地球背景辐射，增加目标与背景的对比度，一般选用大气吸收谱段进行预警探测。

在选择波段时，需考虑以下因素：首先，考虑目标探测需求。目标在 5.5～7.5μm、8～12μm、14～16μm 的中长波波段范围内辐射能量较强；其次，考虑大气吸收的影响。如图 4-32 所示，从其中不同波段的大气透过率曲线可以看出，5.5～7.5μm 和 14～16μm 的大气透过率极低。因此，可以选择 5.5～7.5μm 和 14～16μm 两个谱段进行预警探测。通过研究，得出选用该谱段具备如下优势：地球辐射的杂波极低，大气透过率几乎等于零。因此，该谱段既能用于对基于地球背景的目标进行探测和跟踪，也能用于对基于深空背景的目标进行探测和跟踪，可以实现从导弹主动段到被动段的无缝探测和跟踪。

# 习题

1. 弹道导弹目标有哪些特点？从红外辐射和运动两方面阐述。
2. 弹道导弹中段突防有哪些措施？
3. 临空高超声速导弹有哪些类型？各有什么特点？
4. 空中目标辐射主要由哪几部分组成？
5. 地物背景的辐射由哪些部分构成？
6. 导弹预警传感器波段选择原则有哪些？
7. 弹道导弹主动段预警的典型波段有哪些？其工作原理是什么？

# 参考文献

[1] 吴晗平. 红外搜索系统[M]. 长沙：国防工业出版社，2013.
[2] 毛宏霞，刘忠领，田岩. 红外辐射与目标识别[M]. 北京：科学出版社，2022.
[3] 田国良，柳钦火，陈良富. 热红外遥感[M]. 北京：电子工业出版社，2006.
[4] 陈钱，隋修宝. 红外图像处理理论与技术[M]. 北京：电子工业出版社，2017.
[5] 熊志刚，黄树彩，凌强，苑智玮. 关于多级导弹弹道优化建模仿真[J]. 计算机仿真，2016，33（8）：35-39，66. DOI:10.3969/j.issn.1006-9348.2016
[6] 张毅，肖龙旭，王顺宏. 弹道导弹弹道学[M]. 长沙：国防科技大学出版社，2005.
[7] 祝强军. 弹道导弹弹道仿真与优化设计[D]. 陕西：西北工业大学，2007. DOI:10.7666/d.y1033176.

# 第 5 章　光电成像系统

## 5.1　概述

成像指将环境（物空间）中的光辐射或反射电磁波的空间分布，提取并映射到所需要的某个几何空间（像空间）的过程。该映射结果称为"图像"，图像保存了物空间的部分空间几何特征和辐射特征，与物空间中的目标空间坐标和辐射特性有严格物理对应关系。因而可以通过图像推导出物体部分的几何信息和光的电磁场强度信息。

通常意义的成像一般理解成如同照相机一样，按照视觉感受将景物再现在二维平面上。但有些光电系统并不需要形成传统意义的完整的像，只要通过必要的光学手段形成光能量的聚集，保持了部分必要的目标信息（幅度的和几何关系的），可以从所得的"图像"中探测到目标，获得相应的信息即可，因而没有严格的二维像可供视觉观看。尽管如此，这也需要光电系统依据成像的原理来实现，其系统构成和工作原理都是相似的。所以在本书中，也将这类过程统称为"成像"。

光电成像是指经过光学系统形成的像，通过光电转换元件，将光信号转换为电信号（一般是数字信号），存储记录下来，或传输出去，形成探测图像。实现成像的装置是光电成像系统，简称光电系统，也常称为相机。

光学成像包括可见光、红外、紫外等不同波段，它们在原理和技术上具有不同的特点。其中可见光和红外波段的光电系统应用更为广泛，在本章接下来的部分将主要介绍可见光和红外光电成像系统的有关内容。

## 5.2　红外光电成像系统

红外波段位于人眼视觉感知波段之外，其波长长于可见光中的红光，人眼不可见。红外成像系统的结构和特点与可见光有较大区别，目前主要应用于专业领域和军事领域。

### 5.2.1　红外光电成像系统的组成

针对不同的应用，红外光电成像系统的结构和复杂程度会有较大的不同。一般来说其组成包括光学系统、探测器、信号预处理器和辅助设备（温控等），红外光电成像系统组成示意图如图 5-1 所示。

**1. 光学系统**

光学系统一般包括若干个光学零件，如照相窗口、透镜、反射镜、滤光镜和棱镜等。这些光学零件通过机械结构将其按要求组装在一起，发挥收集目标信号光能量、选择波段能量和抑制杂光等作用。光学系统的形式很多，如折射式、折反式和反射式等，每种形式又有不

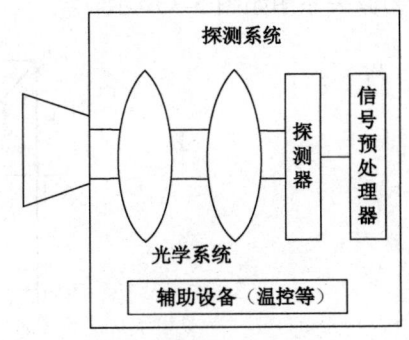

图 5-1　红外光电成像系统组成示意图

同的结构类型。

**2. 探测器**

探测器是一种辐射能转换器,主要用于将接收到的红外辐射能转换为便于测量或观察的电能信号形式。在具体实现过程中,还包括了放大、量化、读出等功能。此外,红外焦平面阵列特性以及排布方式对于最终成像效果也有很大的影响。

**3. 信号预处理器**

在一些光电系统中,需要根据探测器的结构和成像方式,对探测器的响应进行比例化、校准、滤波和拼接等操作,进而得到光电图像供后续处理。

**4. 辅助设备（温控等）**

辅助设备（温控等）用以保证相机在运载平台中能够工作在合适温度范围,温控系统能够有效降低相机的热噪声以及机械形变,这对于采用红外相机尤为重要。目前所采用的制冷模式主要包括被动式的辐射制冷以及主动式机械制冷等模式。

## 5.2.2 红外光电成像的基本过程

红外光电成像的基本过程可分为两步,第一步是物像投影,利用红外光电成像系统中的光学系统,将物空间中的像投影到探测器阵列上;第二步是利用探测器对入射光进行辐射响应,获得电信号,并依托后续的信号预处理器,生成灰度图像。红外光电成像基本过程如图 5-2 所示。

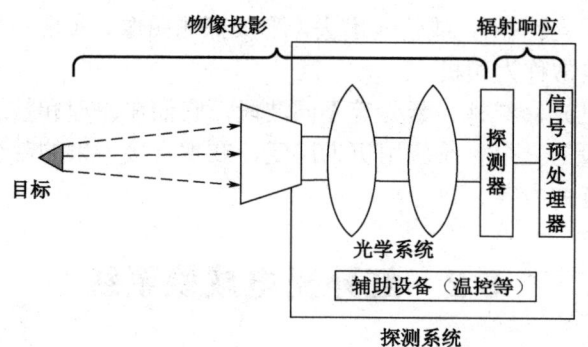

图 5-2 红外光电成像基本过程

**1. 物像投影**

光电系统的物像投影关系可以近似用理想光学系统的物像关系进行描述。理想光学系统物像关系图如图 5-3 所示。

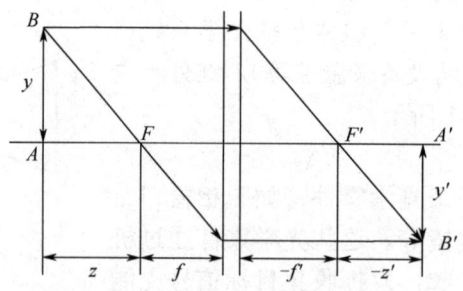

图 5-3 理想光学系统物像关系图

如图 5-3 所示，大小为 $y$ 的物体 $AB$ 经理想光学系统后，其像 $A'B'$ 的大小为 $y'$。$F$ 表示物方焦点，$F'$ 表示像方焦点，通常情况下，二者对应的焦距 $f$ 和 $f'$ 是相等的。物方坐标 $y$ 和像方坐标 $y'$ 之间的关系可以利用牛顿公式进行描述，即

$$\frac{-y'}{y} = \frac{f}{z} \tag{5-1}$$

将上述公式推广到三维坐标中可得

$$\begin{cases} \dfrac{-y'}{y} = \dfrac{f}{z} \\ \dfrac{-x'}{x} = \dfrac{f}{z} \end{cases} \tag{5-2}$$

式中，目标的物方坐标为 $(x, y)$；其像方坐标为 $(x', y')$；$f$ 为光学系统焦距。需要说明的是，以上公式是在理想情况下得到，与实际情况之间存在差异，只能进行近似分析。当要进行精确目标视线计算时，需要采用更为复杂的物像关系模型，才能准确反映实际情况。

**2．辐射响应**

探测器的响应特性一般是输出电压或电流与照射到探测器像面的辐照度（或光通量）呈线性关系。探测器本身的辐射响应不会是理想的线性曲线，但在实际工作时，会选取其近似线性的响应部分作为工作区间。探测器响应特性曲线如图 5-4 所示。

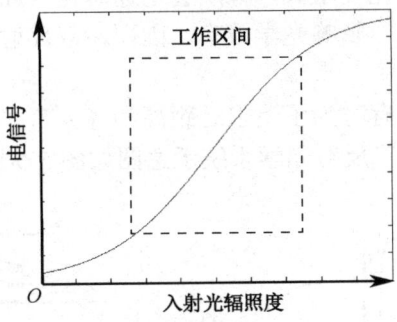

图 5-4　探测器响应特性曲线

后续的处理电路也是一个近似线性的系统，其会将输入的电信号进行转换，得到量化的图像灰度。量化的图像灰度与入瞳辐照度是线性关系。因此，利用图像的灰度值，可以估算出目标的入瞳辐照度。

需要注意的是，由于目标的辐射能量在传递到相机口径前时，经过了一系列的大气吸收和衰减，很难由目标的入瞳辐照度推算出目标本体的辐射值。

## 5.2.3　光学系统结构

红外光电成像技术主要应用于专业领域和军事领域，这些应用往往需要高灵敏度探测，而且要求视场覆盖范围广、空间分辨率高。同时，为适应安装平台，对于相机的重量和体积也有严苛的要求。

在目标探测应用场合，对相对较小的目标成像，通常会选用大口径的相机，以便能会聚尽可能多的能量。为了保证相机的空间体积足够小，通常会采用反射式等结构来缩短其纵向长度。高空间分辨率与宽范围监视之间是一对相互制约的指标。为解决这一问题，通常需要通过光学部件运动（扫描）来拓展视场覆盖范围，实现分时覆盖。

同时，为了保障系统工作在选定的探测波段，需要采用相应的滤波分光技术，以避免工作波段外的光线干扰系统正常成像。此外，对于整个光学系统的像质也有着严格的要求，要求整个系统的畸变和扩散都必须限制在一个很低的范围。

为满足探测器灵敏度、空间覆盖范围和空间分辨率的要求，红外光学系统主要采取两类典型的光学结构：一类是大孔径、小视场的反射式或折反射式光学系统，通常用于扫描成像系统；另一类是孔径较小但视场较大的折射式光学系统，通常用于凝视成像系统。

### 1. 反射式光学系统

反射式光学系统是由反射式光学元件，如平面反射镜，球面或非球面反射镜（如旋转二次元曲面镜）等组成的光学系统。受到结构的限制，反射式光学系统只能使用数量较少的反射镜。采用两片反射镜的系统称为双反射光学系统，三片的则称为三反射光学系统。对于长焦距系统，反射式光学系统的镜筒长度较之折射式光学系统短得多，故它特别适用于远距离探测的光学系统中。

反射式光学系统的特点是无色差和大孔径。由于光路仅取决于表面反射，反射式光学系统具有宽的光谱范围，对红外和可见光成像的像质是相同的，其红外像质可以用光学方法检测。由于反射镜基本可实现轻量化，且大口径镜坯，如碳化硅等材料也易于获取，反射镜的口径可以制作得较大。

双反射光学系统由主镜和次镜组成，结构简单，且无色差。双反射光学系统只能对轴上点消除像差，一旦视场和相对孔径增大，像质会迅速恶化。此外，双反射光学系统的次镜将挡掉一部分像质较好的近轴光，影响光学效率。因而，双反射光学系统较多用于大光圈数、小视场的扫描成像系统中。

在空间红外预警系统中，有时为了追求远距离和高分辨率，需要相机具有很长的焦距，此时多采用三反射光学系统。三反射光学系统示意图如图5-5所示。

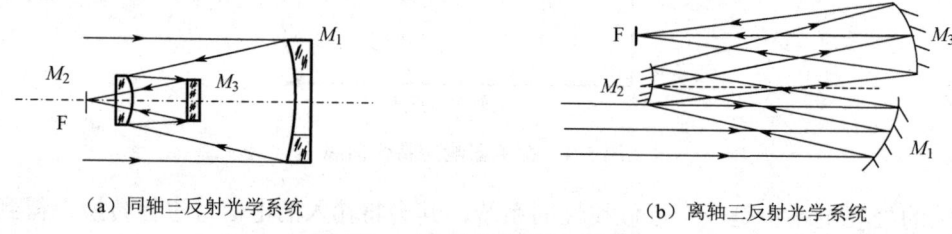

(a) 同轴三反射光学系统　　　　　　　　(b) 离轴三反射光学系统

图 5-5　三反射光学系统示意图

三反射光学系统由三面反射镜组成，可分为同轴三反射光学系统和离轴三反射光学系统。同轴三反射光学系统由三块旋转对称的反射镜组成，且光轴重合，一般光路中有中间遮拦；离轴三反射光学系统由三块旋转对称反射镜的一部分组成，其光轴可以重合，也可不重合，一般光路中无中间遮拦。由于三反射光学系统较之双反射光学系统有更多的变量可用于像差校正，故其使用视场较双反射光学系统大得多，可广泛用于大孔径可见及红外光学系统。

### 2. 折射式光学系统

折射式光学系统是用透镜、棱镜等透光元件组成的光学系统。折射式光学系统通常由多片透镜组成，结构较紧凑。透镜可以是正透镜（凸透镜）或负透镜（凹透镜），镜面可分为球面及非球面，组合起来可在较大视场消除各类像差，故折射式光学系统可满足大视场，小 F 数的要求。折射式光学系统可采用高次非球面技术，通过改变几何面型来消除像差，从而用少量零件达到较好的像质，但加工工艺相对复杂。

在可见光波段，由于可选用的光学材料较多，通过不同材料的组合，可很好地消除色差。

在红外系统中可以采用复合消色差透镜来消除色差，即用正负透镜做成双胶合透镜，不过具有合适折射率的红外光学材料不多，因此常常把复合透镜分开成双分离透镜。常见的三片式折射光学系统结构如图 5-6 所示。

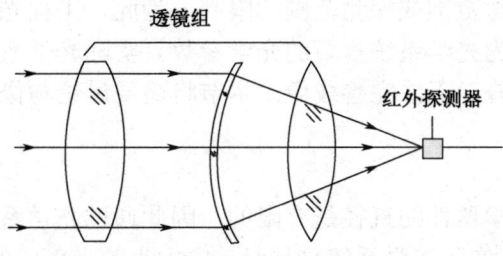

图 5-6  常见的三片式折射光学系统结构

折射式光学系统适用于口径较小、视场较大、波段较窄的光学系统，如战术红外搜索跟踪系统、红外吊舱、红外导引头等，达到小型化、轻量化的要求。在天基光学成像应用中，一些凝视成像或推扫成像设备大都采用了大面阵或长线列红外焦平面器件，由于光学视场较大，因此折射式光学系统应是合适的选择。

**3. 折反射式光学系统**

折反射式光学系统由反射式物镜与折射式校正透镜组成，它集中了反射式光学系统孔径大以及折射式光学系统透镜校正轴外像差能力强的优点。与反射式光学系统相比，折反射式光学系统的视场较大，光圈数较小。折反射式光学系统的主光学系统通常是大孔径反射式物镜，校正透镜可以设置在物镜前或物镜后的光路中。

（1）施密特系统

施密特系统由施密特校正板和凹面球面反射镜（主镜）组成。校正板位于球面反射镜球心，厚度随高度变化以抵消球面镜的球差，同时它也是光学系统的孔径光阑，故光学系统没有慧差、像散和畸变。它的优点是能在很大的视场内保持优良的像质。它的缺点是大孔径的校正板难以获得，且光学系统焦点位于光路中，当放置探测器时会发生遮拦。为了克服这两个缺点，可将校正板做成反射板。

（2）马克苏托夫系统

马克苏托夫系统由主反射镜（主镜）和一片弯月形的校正透镜（校正板）组成，所有的表面都是球面，明显的优点是加工可简化，镜筒长度大大缩短。

两种折反射式光学系统结构形式如图 5-7 所示。

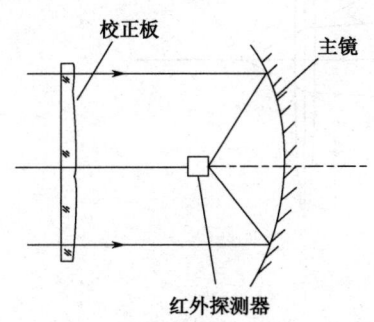

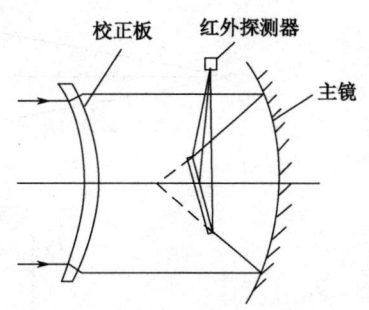

（a）施密特系统结构形式　　　　　　　　（b）马克苏托夫系统结构形式

图 5-7  两种折反射式光学系统结构形式

### 4. 光学视场与光学像质

理想光学系统仅用焦距、放大率等少数指标就能描述系统的特性。然而，实际光学系统接收目标辐射会受到两个限制：一是对能够无遮挡地通过系统的轴上光束直径的限制；二是对物平面上或物空间的成像范围或探测范围的限制。为此，工程光学引入了光学孔径和光学视场的概念，并将它们作为光学系统重要的光学参数。实际光学系统与理想系统之间直接存在的差异还造成像质的下降，无法完善成像。本节将简要讨论与像质有关的形成原因和与像质有关的参数。

#### （1）光学孔径

实际光学系统中，光学器件的直径是有限的，因此通过光学系统的光束大小是有限的，不可能无限大。也就是说，实际光学系统总是对一定大小的光束成像，因此必有一个光孔（可能是某一透镜框，也可能是专门设置的光阑）限制着光束的大小。

在光学系统中，通过设置通光孔，也即孔径光阑，来限制入射光束的直径，以此达到限制一定角度外的光线进入并参与成像的目的，从而保障获得优良且均匀的像质。孔径光阑通过其前面的光学系统所形成的像称为入射光瞳，简称入瞳。入瞳孔径称为光学系统的有效孔径，或称光学孔径。例如，照相机物镜的光圈就是孔径光阑。一般用孔径的尺度来衡量其大小。例如，对于圆形的孔径，就用该圆的直径来量化。显然，光学孔径是光学系统聚光能力的重要描述参数，它确定了像平面中的辐照度，是衡量光学系统探测弱目标能力的重要指标。

孔径光阑可用以下方法确定。光学系统的孔径和视场如图 5-8 所示。将所有光学元件、光阑等通光孔通过前面光学系统成像，比较这些像对轴上点 $S$ 的张角大小，其中像的张角最小的通光孔即孔径光阑。孔径光阑 $Q_1Q_2$ 被前面光学系统所成的入瞳 $P_1P_2$ 的张角为最小。孔径光阑通过后面光学系统所成的像 $P_1'P_2'$ 为出瞳，与其他通光孔通过后面光学系统所成像对像点 $S'$ 的张角相比，出瞳 $P_1'P_2'$ 的张角最小。利用计算得到的入瞳和出瞳，可以方便地计算入射和出射光束，不需要再考虑光学系统的折射等影响。当物在无限远时，可比较所有像的高度，其中入瞳高度最小。孔径光阑限制了光学系统接受来自轴上物点的光线的角度。

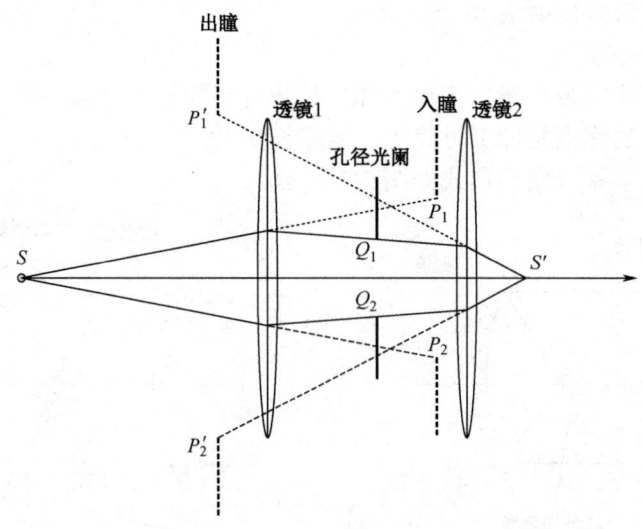

图 5-8　光学系统的孔径和视场

$F$ 数的定义为系统的有效焦距 $f$ 与光学孔径 $D$ 之比，记为 $F$ 或 $f/D$。

$$F = \frac{f}{D} \tag{5-3}$$

数值孔径定义为

$$\mathrm{NA} = n'\sin u' \tag{5-4}$$

式中，$n'$ 是最后一个光学表面与像方焦面之间介质的折射率；$u'$ 是像方会聚光束的半锥角，即像方孔径角。

光学系统的 F 数或数值孔径参数与光学孔径一样，可用来描述光学系统的聚光能力。数值孔径与会聚光束角有关，即与成像的物点所在距离有关。物点在有限远时，如显微系统，较多用数值孔径。物点在无限远时，如望远系统，多用 F 数。此时 F 数和数值孔径可通过以下关系换算

$$F = \frac{f}{D} = \frac{1}{2n'\sin u'} = \frac{1}{2\mathrm{NA}} \tag{5-5}$$

理论上数值孔径的最大值为 1，即 F 数为 0.5，其物理意义是焦点会聚光束的半锥角为 90°。由于像质太差，F 数为 0.5 的光学系统是没有实用价值的。对于实际光学系统，一般 F 数大于 1。

（2）光学视场

① 视场

光学系统能够接受辐射的角度空间称为该系统的视场（Field Of View，FOV）。受限于工程实际情况，光学系统中各个器件都有相应的尺寸限制，探测器光敏元、光路中的光阑孔、光学元件通光孔的大小都可能限制光学系统的可成像范围。

对于望远光学系统而言，其光学视场主要由光学系统的焦距和探测器光敏元阵列尺寸决定。假设一个光学系统的焦距为 $f'$，探元阵列在高度方向上的尺寸为 $b'$（且相对于光轴对称），则该光学系统在物的高度方向的视场角 $\omega$ 如下

$$\omega = 2 * \arctan\left(\frac{b'}{2f'}\right) \tag{5-6}$$

FOV 是光学探测系统的重要指标参数。宽的 FOV 可使系统监视更大的空间范围，但在相同探测器单元数量的条件下，降低了图像的角分辨率；窄的 FOV 可提供更高的空间分辨率，但将难以在较大的区域内发现目标。因此，许多军用监视与跟踪系统采用宽窄两种视场的传感器，来满足不同的需求。

② 瞬时视场

光电系统像面探测器一般由线列或二维阵列构成，整个探测器的光敏元尺寸对应于光学系统的视场。而一个光敏元对应的光学视场角称为瞬时视场。如果用于对地观测，则瞬时视场对应到地面的线度称为地面瞬时视场。以光敏元为视场光阑的等效光路图（垂直维）如图 5-9 所示。

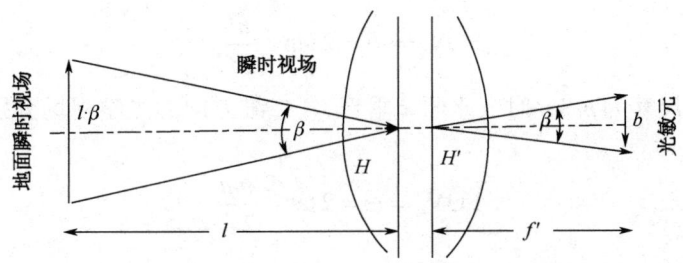

图 5-9　以光敏元为视场光阑的等效光路图（垂直维）

如果 $l$ 为物距，光敏元尺寸为 $a×b$（水平×垂直），瞬时视场很小，利用主点、焦点的性质可算得二维方向的瞬时视场分别为：

水平方向

$$\text{IFOV}_H = \alpha = \frac{a}{f'} \tag{5-7}$$

垂直方向

$$\text{IFOV}_V = \beta = \frac{b}{f'} \tag{5-8}$$

式中，$\alpha$，$\beta$ 是二维方向的瞬时视场。

地面瞬时视场是光敏元在二维方向的地面投影，等于 $l\alpha × l\beta$（水平×垂直）。

单元探测器扫描成像系统的瞬时视场即它的光学视场。线列扫描、面阵凝视成像的瞬时视场或像元视场只是光学视场 $\alpha×\beta$ 的一部分，线列扫描和面阵凝视成像的光学视场和瞬时视场如图 5-10 所示。

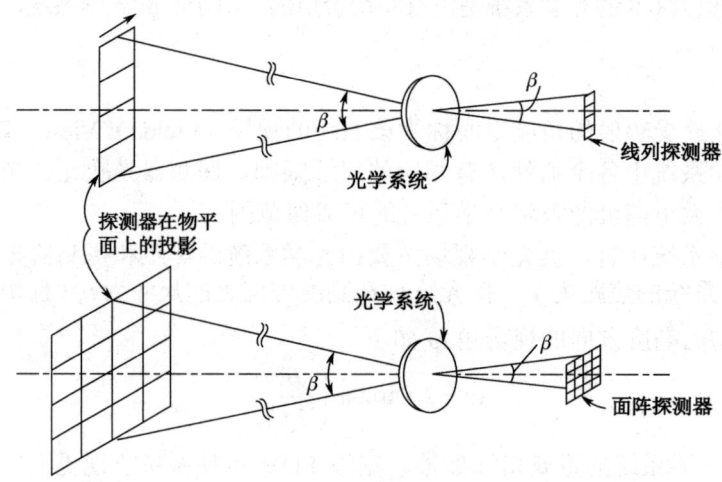

图 5-10 线列扫描和面阵凝视成像的光学视场和瞬时视场

如图 5-10 所示，如光敏元尺寸为 $a×b$（水平×垂直），$1×n$（水平×垂直），线阵扫描的瞬时视场仍为 $\frac{a}{f'} × \frac{b}{f'}$（水平×垂直），在二维方向的光学视场分别为：

水平方向

$$\text{FOV}_H = \alpha = \frac{a}{f'} \tag{5-9}$$

垂直方向

$$\text{FOV}_V = \beta = 2\tan^{-1}\frac{nb}{2f'} \tag{5-10}$$

当像元阵列的尺寸为 $m×n$ 时（水平×垂直），二维方向的光学视场分别为：

水平方向

$$\text{FOV}_H = \alpha = 2\tan^{-1}\frac{ma}{2f'} \tag{5-11}$$

垂直方向

$$\text{FOV}_V = \beta = 2\tan^{-1}\frac{nb}{2f'} \quad (5\text{-}12)$$

看似在光学透镜焦距确定的条件下，通过调整探测器光敏元的尺寸，就可以得到想要的瞬时视场。实际上，两方面的因素限制了光敏元尺寸的选择。一方面，探测器元件受生产工艺和系统灵敏度要求的限制，不可能做得无限小；另一方面，如后续小节介绍的，光学系统衍射效应（取决于光学孔径和波长）也使过小的光敏元能量效率大大下降。因此，光学系统的瞬时视场是一个要权衡需求和多方面光学特性才能设计得出的参数。

（3）影响光学像质的因素

实际光学系统与理想光学系统不同，物空间的一个物点发出的光束经实际光学系统后，不再会聚于像空间中的一点，而是会扩散成一个亮斑。有两个因素会影响到光学系统成像的完善性：其一是由于光的波动性产生的衍射效应，另一个是由于光学表面几何形状和光学材料色散产生的像差。

除个别情况外，光学系统成像都存在像差，完全消除像差是不可能的，也是没有必要的。光学设计者的任务也就是把影响像质的主要像差校正到某一允许公差范围内，以满足系统的技术性能指标的要求。

衍射则不同于像差，衍射效应在系统通光口径确定后是无法控制的。即使光学系统本身无任何像差，点源像也不是一个几何点，而是一个弥散斑。出现这种情况，即认为该光学系统的像质已达到极限，称为衍射限。

① 衍射

按照波动理论，无限远物点发出的平面波，在遇到零件边缘、光阑等障碍物时，会发出许多次波，各种不同振幅和相位的次波在像面叠加，产生衍射图样。平行光束通过通光孔径较小的圆孔时，波阵面上各点的子波在远场叠加，在像面上形成一个有明亮的中心圆斑和若干明暗相间圆环的衍射像斑。这一类衍射称为夫琅禾费圆孔衍射，其中心亮斑也称艾利斑，其能量约占整个像斑的 84%。夫琅禾费圆孔衍射与艾利斑能量分布如图 5-11 所示。

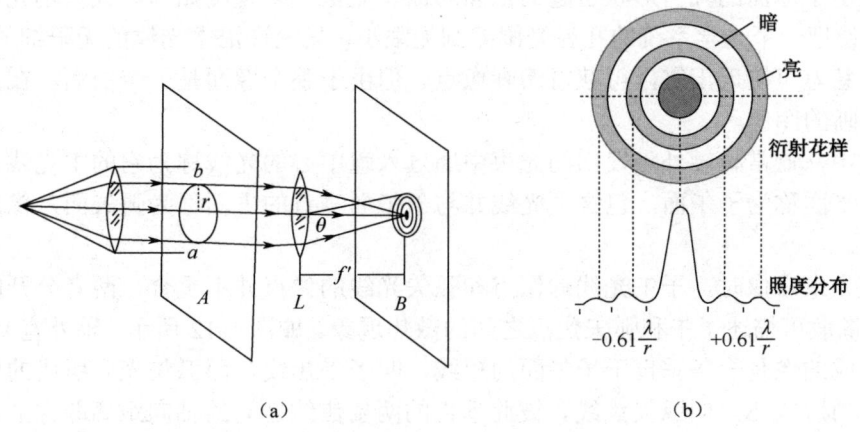

图 5-11 夫琅禾费圆孔衍射与艾利斑能量分布

艾利斑角直径为

$$\delta = \frac{1.22\lambda}{D} \quad (5\text{-}13)$$

艾利斑线直径为

$$d = 1.22\lambda F \tag{5-14}$$

式中，$D$ 表示光学系统的孔径直径。由于红外波长较长，红外光学系统的衍射效应较可见光系统更为明显。例如，一个 F 数为 2，工作波长 4μm 的中波红外光学系统，艾利斑直径约为 20μm，大致与目前探测器的尺寸相当，衍射效应尚可忽略。同样 F 数、工作波长为 15μm 的长波红外系统（如卫星红外地平仪），艾利斑直径增加为 73μm，就可能比常规的探测器的尺寸大，使得点源在探测器像面上的能量散布到多个敏感元上，将降低系统的探测灵敏度，因此其衍射效应是不能忽视的。

② 像差

单色光成像会产生性质不同的五种像差，即球差、慧差、像散、场曲和畸变，这五种像差统称为单色像差。球差是球面不能完善成像产生的，共轴球面系统轴上光束成像只有球差，没有其他 4 种像差。轴外成像光束除了存在球差，还存在慧差、像散、场曲、畸变等轴外像差。普通的光学系统中还存在由于不同谱段光线的波长不同而造成的色差。

● 球差

由于球面成像的不完善性，轴上点发出的同心光束经共轴球面光学系统后，不再是同心光束，不同入射高度（物在无限远）或孔径角（物在有限远）的光线将交于光轴不同位置，交点位置相对于近轴理想像点的轴向偏离称为轴向球差，简称球差。由于球差的存在，在高斯像面上的点源像不再是一个点，而是一个圆形的弥散斑。球差只与孔径有关，即球差仅是入射光线的高度（物在无限远）或孔径角（物在有限远）的函数。

● 慧差

轴上物点发出的宽光束通过一个共轴球面系统时，边缘光线与主光线始终保持对称。但是，轴外物点发出的宽光束在球面折射后，边缘光线与主光线不再对称。此时轴外点的像不再是一个弥散圆，而是一个拉长的彗星状的弥散像。这种弥散像称为慧差。

● 场曲与像散

场曲是由于球面的几何形状引起的像面弯曲。无论光束宽度如何，大视场光学成像均存在场曲。即使把一个光学系统的孔径光阑缩到无限小，只允许沿主光线的无限细的光束通过，轴外球差、慧差可接近于零，可获得清晰像点。但由于整个像面是一个曲面，在高斯像面上仍得不到清晰的图像。

在光学中，通常将轴外点发出的光束中通过入瞳中心的光线称为它的主光线，主光线和光轴构成的平面称为子午面，包含主光线并与子午面垂直的平面称为弧矢面，像散示意图如图 5-12 所示。

轴外细光束成像时，子午光线的像点和弧矢光线的像点并不重合，两者分开的轴向距离称为像斑，像散可描述子午和弧矢焦点之间的散焦现象。如图 5-12 所示，轴外宽光束成像时，子午光束所成的像是一条垂直于子午面的短线，叫子午焦线。而弧矢光束所成的像是一条垂直于弧矢面的短线 S，叫弧矢焦线。彼此垂直的两条焦线之间的轴向距离即像散，最小弥散圆位于其间的某一位置。

● 畸变

理想光学系统的垂直放大率为常数，在实际光学系统中，只有视场较小时才具有这一性质。当视场较大或很大时，放大率要随视场而变，导致像与物失去相似性，这种成像缺陷称为畸变。畸变仅是视场的函数，不同视场的实际垂轴放大倍率不同，畸变也不同。如物面上为一等距离同心圆,畸变像为非等距同心圆。负畸变时,放大倍率随视场增大而减小,实际像高小于理想像高,像的边缘被压缩,畸变图像呈桶形。正畸变时,放大倍率随视场增大而增大,实际像高大于理想像高,像的边缘被拉伸,畸变图像呈枕形。

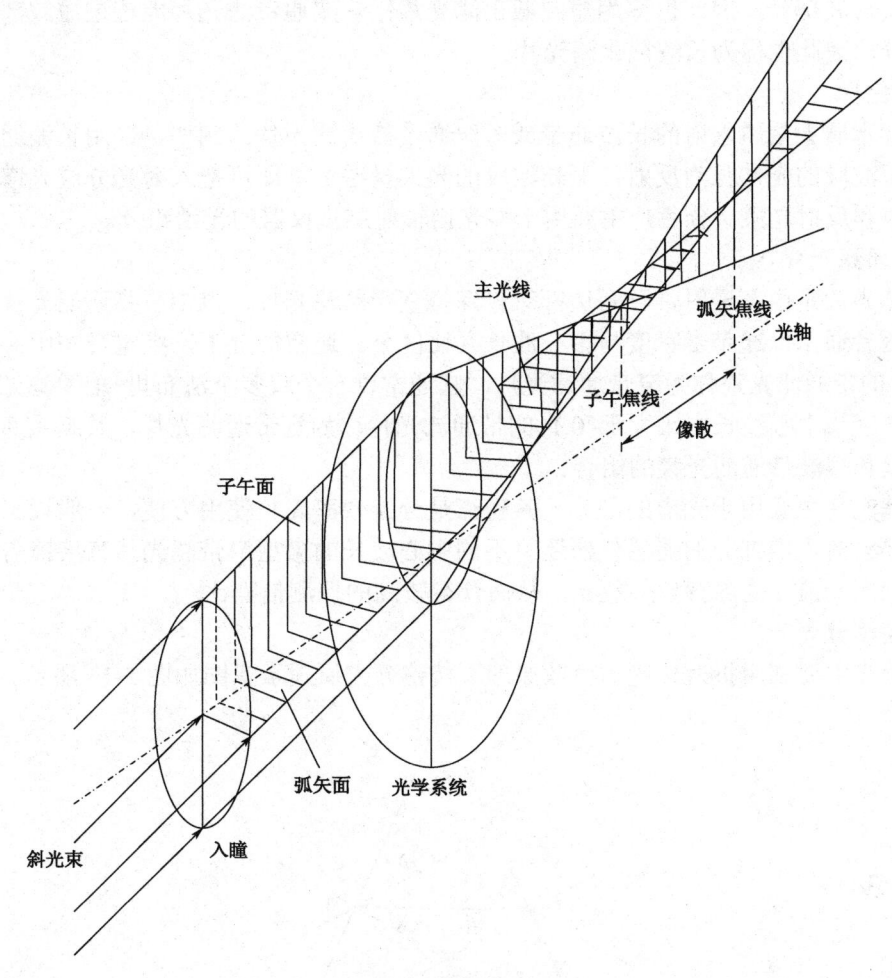

图 5-12　像散示意图

与其他像差不同,畸变使像变形但不影响像的清晰度。但是,当要利用像点进行目标视线确定时,畸变就可能引起很大的误差,必须进行修正。

像差会造成图像的分辨率下降以及图像变形,而且难以完全消除,只能通过合理设计和精密加工,将像差控制在合理的范围内。

**5. 红外分光技术**

红外分光技术是利用色散、干涉、衍射等光学效应,将宽波段辐射进行光谱粗分或细分,继而实现多波段辐射测量或光谱测量的专用技术。常用的分光方法有红外滤光片、棱镜分光和光栅分光等。

(1) 红外滤光片及其应用

红外滤光片是基片平板上镀制了干涉薄膜的光学元件,根据滤光片的光谱特性和用途,可分为截止滤光片、分色片、带通滤光片等几大类。

① 截止滤光片

截止滤光片是能将投射光谱分成极低透过率的截止区和高透过率的通带区的红外滤光片，可分为长波通带滤光片和短波通带滤光片两类。长波通带滤光片能透过入射光的长波部分而抑制其短波部分，因此也称为短波截止滤光片；短波通带滤光片能透过短波部分而抑制其长波部分，因此也称为长波截止滤光片。

② 分色片

分色片本质上是斜入射的长波通带或短波通带截止滤光片。例如，采用长波通带截止滤光片时，短波段的光被强烈反射，而长波段的光大量透过，即可把入射光分成光谱成分不同的投射光束和反射光束。分色片主要用于多光谱辐射测量仪器的光谱粗分。

③ 带通滤光片

带通滤光片是由高透射带且两边都有较深抑制带的滤光片，包括窄带通滤光片和宽带通滤光片。两者通常以通带半宽度与中心波长之比区分。通常情况下，半宽带与中心波长之比小于 0.01 的带通滤光片称为窄带通滤光片，它通常以一个或多个法布里-珀罗滤光膜组合而成；而半宽度与中心波长之比大于 0.1 的带通滤光片称为宽带通滤光片，其膜系通常是长波带通滤光膜和短波带通滤光膜的组合。

带通滤光片主要用于光谱的细分，其特点是分光效率高、使用方便，一般设置在实像面上。许多要求对光谱细分的遥感仪器还将不同中心波长的微型窄带滤光片直接覆盖在线列器件的各个探测元前，滤除背景杂散光，从而获得较高的探测信噪比。

（2）棱镜分光

棱镜分光主要利用折射棱镜的色散原理。棱镜分光原理示意图如图 5-13 所示。

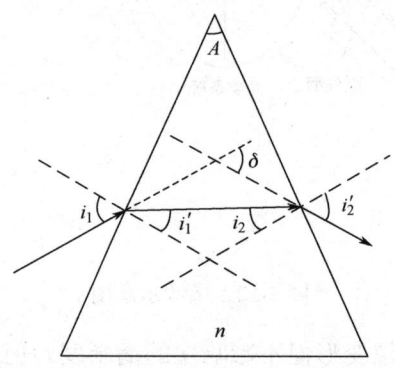

图 5-13　棱镜分光原理示意图

如图 5-13 所示，设有一束平行的单色光入射到折射棱镜后，由于棱镜的折射，出射光束的方向将发生偏转，出射光线与入射光线之间的夹角称为偏向角，由于折射率与波长之间对应关系是非线性的，棱镜色散后谱线间的角距离并不是与波长成正比的，即色散是非线性的。在棱镜色散光谱中，紫色部分展开的范围比红色部分展开的范围大得多。

为了得到大的角色散，要求材料有较大的色散，而且棱镜的顶角 $A$ 要大。但是，当顶角增大时，入射角也将增大，光线在界面的反射损失增加，甚至在第二个界面上入射角超过临界角时，发生全反射。由于棱镜的截面为三角形，靠经棱镜底边的光线的光学路程较长，吸收损失较大。因此，折射棱镜一般不用于红外分光，小顶角的红外折射棱镜常用于光路转折，如棱镜-光栅-棱镜分光组件中的棱镜、圆锥扫描式红外地平仪中的扫描光楔等。

（3）光栅分光

光栅分光是一种依赖衍射光栅的高效光学处理技术，它利用光栅表面周期性的微结构对入射光进行精确的波长分离。按照工作方式，衍射光栅可分为利用透射光衍射的透射光栅和利用反射光衍射的反射光栅两类。透射光栅和反射光栅如图 5-14 所示。反射光栅由于不受材料透过率的限制，可以在紫外到红外整个光谱段运用。

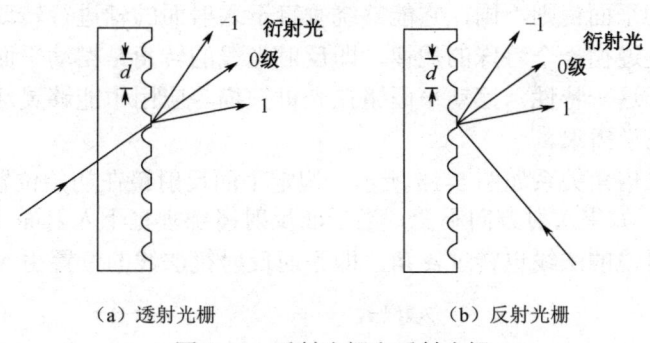

（a）透射光栅　　　　　　（b）反射光栅

图 5-14　透射光栅和反射光栅

如图 5-14 所示，透射光栅在透光的光学平板上刻画出许多等间距的刻痕，刻痕处不透光，未刻痕处是透光的狭缝。反射光栅在金属反射镜上刻画出许多等间距的刻痕，未刻痕处在反射光方向发生衍射，相当于一组衍射狭缝。这两种光栅都属振幅调制型的衍射光栅。

与棱镜相比，光栅分光具有适用的光谱范围宽、角色散率大且色散线性、光谱分辨率高等特点，光栅分光是红外波段最常用的分光手段。分光技术广泛应用于空间光电系统中，例如美国的 DSP 系统、SBIRS 系统，都采用了分光技术，以保证其能够观测红外波段。

### 5.2.4　扫描系统

红外辐射成像系统或目标探测系统通常均要求有较高的空间分辨率、较大的探测视场。一般系统瞬时视场通常要求在毫弧度或 0.1 毫弧度级，甚至更小，而系统视场往往要求几度甚至几十度。

红外大视场凝视成像系统通常由折射式光学系统和红外焦平面阵组合而成。由于折射式光学系统的孔径、视场受红外光学材料的限制，红外面阵的像元数受探测器材料均匀性和制作工艺难度的限制，红外凝视成像系统的视场、分辨率很难达到可见光相机的水平。

在这些限制条件下，红外成像系统要做到既有大视场，又有高分辨率的性能，通常会采取如下的方案：由孔径大、光学视场小的反射或折反射光学系统与小规模阵列探测器组成，保证获得小的瞬时视场，达到高的空间分辨率。再结合使用扫描机制，以一种分时的方式来扩大视场覆盖的范围。扫描机制包括光学机械扫描、固体自扫描、仪器平台运动扫描等方式及其组合。

光机扫描是用机械机构驱动光学部件，实现大范围的扫描采样，最终获得大视场、高分辨率景物图像的扫描方式。扫描有多种扫描方式，其中整体性转动扫描和反射镜扫描是两种主要的扫描模式。

**1．光机扫描基础概念**

（1）光机扫描部件及驱动

光机扫描部件通常是平面反射镜、棱柱、光楔等反射式或折射式光学元件，也可以是整个传感头。除传感头这些大惯量的扫描部件外，还有一些小惯量的扫描部件，如振荡式反射镜、电光和声光调制器等。

光机扫描是用机械扫描机构驱动光学部件实现的,驱动方式可以是摆动、旋转或振荡等。摆动、旋转等方式适用于大惯量的扫描部件,振荡方式只能驱动小惯量的扫描部件。

(2)摆动平面镜

摆动平面镜是平面反射镜的一种特殊形式。平面反射镜通常用于反射光线,其反射面一般是固定的。而摆动平面镜则不同,它能够绕垂直于入射面的轴进行转动,从而改变反射光线的方向。这种改变遵循一个特殊的规律,即反射光线的转角是摆动平面镜的两倍,称为二倍角关系。正是由于这一特性,摆动平面镜在光机扫描等应用中能够灵活调整反射光线的方向,以满足特定的光学需求。

摆动平面镜的二倍角关系如图 5-15 所示,假定平面反射镜在初始位置时入射角为 $\theta$,平面反射镜法线为 $N_1$。如果入射方向不变,当平面反射镜绕垂直于入射面(图中纸面)的轴转动 $\alpha$ 角时,平面反射镜的法线也转过 $\alpha$ 角,即平面反射镜法线的位置由 $N_1$ 转至 $N_2$。

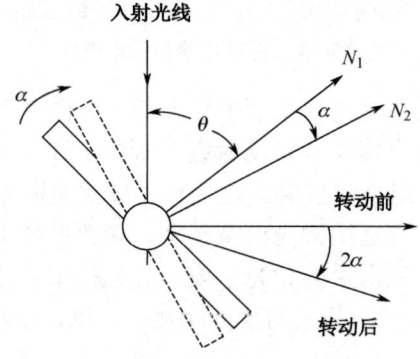

图 5-15　摆动平面镜的二倍角关系

根据反射定律,平面反射镜转动前,反射光线与入射光线的夹角为 $2\theta$。平面反射镜转动 $\alpha$ 角后,反射光线与入射光线的夹角增加为 $2(\theta+\alpha)$。因此,当平面反射镜转动角 $\alpha$ 时,反射光线相对于转动前转过了 $2\alpha$ 角。

只要平面反射镜绕垂直于入射面的轴摆动或转动,这种二倍角关系都存在,包括分辨率成像光谱仪采用的双面镜扫描。这种二倍角关系是进行扫描控制的重要考虑因素。

(3)扫描评价指标

扫描系统的基本评价指标包括扫描驻留时间、扫描周期、扫描效率等。扫描系统的基本评价指标示意图如图 5-16 所示。

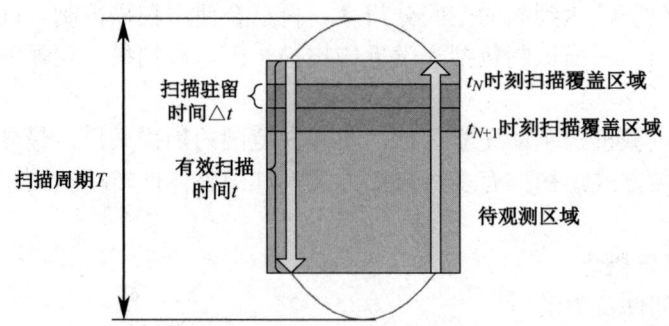

图 5-16　扫描系统的基本评价指标示意图

扫描驻留时间 $\Delta t$ 指的是扫描机构每次转动的停留时间。这一指标直接制约了探测器的成像积分时间，进而影响系统的信噪比，积分时间越长，通常信噪比会越高。

扫描周期 $T$ 指的是完成对整个观测区域扫描所需的时间。扫描周期越短，对于待观测区域的覆盖频率就会越高，发现目标的实时性也会越高。

扫描效率指的是在整个扫描周期中，有效扫描时间 $t$ 在扫描周期 $T$ 中所占的比例。在整个扫描周期中，除工作时间外，还有扫描机构掉头、状态转换以及区域外扫描等无效工作时间。扫描效率越高，整个系统的工作效能越好。

### 2. 传感头整体扫描

一些舰载、车载甚至天基光电设备采用了传感头整体扫描搜索的工作模式，传感头内通常装载了多种不同工作波段的传感器组件。传感头整体扫描示意图如图 5-17 所示，展示了整体扫描式传感头的结构示意图。

各个传感组件的视轴是空间配准的，当传感头绕相互正交的方位轴、俯仰轴作整体旋转或摆动时，可以改变传感组件视轴的共同指向，实现大空域范围的二维搜索。这种扫描方式对系统光学像质的影响最小，不需要在物镜前设置结构庞大的摆镜，也不会产生像旋。

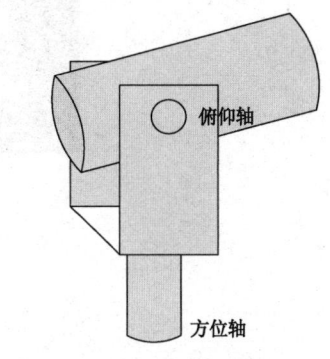

图 5-17　传感头整体扫描示意图

全方位光电搜索设备一般采用长线列探测器，如果传感头只作匀速旋转不摆动，线视场在空域平扫，形成 360°全方位的扫描带。扫描带的宽度即线列探测器所对应的光学视场。而如果传感头在全方位旋转的同时，俯仰方向也同步线性摆动，则可形成螺旋状的扫描带，覆盖更大的俯仰空域。

光学传感头整体旋转、摆动扫描需要驱动机械惯量较大的传感头。由于探测器也随之旋转，如要求全方位搜索，传感头的工作电源、控制信号和探测器输出信号都必须通过滑环（导流环）进出。传感头整体旋转的最大好处是无像旋，即线列或面阵探测器在物方空间的像是不旋转的。

### 3. 二维指向镜扫描

传感头整体扫描的扫描方式存在伺服驱动的机械惯量大、功耗高、位置控制精度低等缺点。因此，一些对设备体积、重量限制较严的光电搜索、跟踪系统也可采用二维指向镜与面阵凝视成像探测相结合的技术方案。既可以获得较大的搜索视场，又可对捕获到的目标进行详查或精确跟踪、瞄准。

二维指向镜指的是利用二维转轴进行方位向和俯仰向转动的反射镜。二维指向镜的方位、俯仰驱动轴是正交的，方位轴、俯仰轴的交点位于指向镜镜面的中心。系统光轴经二维指向镜的反射光线即视轴，扫描轨迹是视轴与物平面交点的轨迹。

一种较为典型的二维指向镜的驱动方式是指向镜的方位轴与系统光轴重合，指向镜的俯仰轴即椭圆形二维指向镜短轴。二维指向镜的结构和驱动如图 5-18 所示。指向镜绕俯仰轴、方位轴旋转可改变视轴的二维指向。

二维指向镜扫描存在扫描轨迹的非线性和像旋等问题，对使用线列或面阵探测器的目标探测系统，这些因素会影响大视场搜索时空间覆盖的均匀性，也影响小视场目标跟踪瞄准时真实离轴信息的获取。

二维指向镜的工作原理如图 5-19 所示。图中，二维扫描镜的方位轴与光轴（$Z$ 轴）重合，俯仰轴与指向镜短轴重合。视轴在水平面 $XOY$ 的投影与 $X$ 轴的夹角 $a$ 称为方位角，视轴在垂

直面 $XOZ$ 的投影与 $X$ 轴的夹角 $b$ 称为俯仰角。$\alpha$、$\beta$ 分别为指向镜绕方位轴、俯仰轴的转角。二维指向镜视轴的扫描视场通常称为搜索视场,其扫描轨迹是视轴与物面交点的运动轨迹。

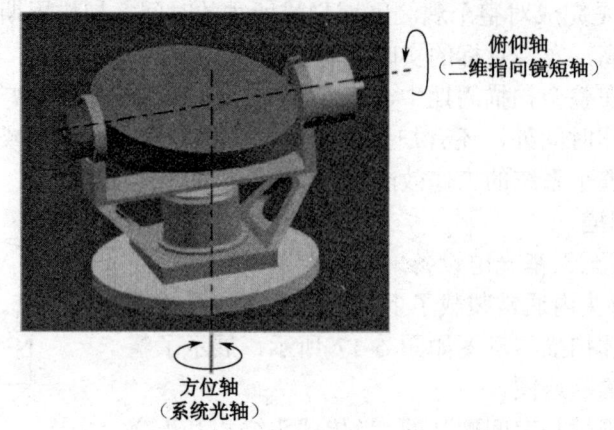

图 5-18 二维指向镜的结构和驱动

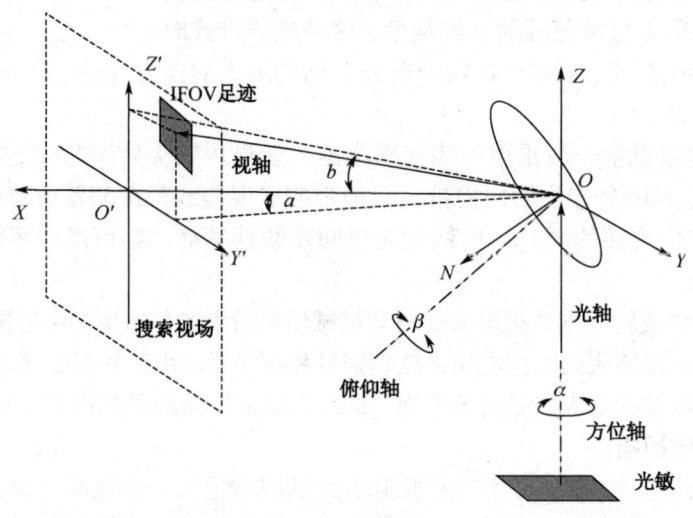

图 5-19 二维指向镜的工作原理

假定当二维指向镜处于初始位置时,视轴沿 $X$ 轴出射,视轴的方位、俯仰角均为零,即 $a=b=0$。视轴与物平面的交点与原点 $O'$ 重合。当二维指向镜以初始位置为基准,绕方位轴、俯仰轴分别旋转 $\alpha$、$\beta$ 时,可得到视轴的方位角、俯仰角为

$$\begin{cases} \tan a = \tan \alpha \\ \tan b = -\tan 2\beta / \cos \alpha \end{cases} \tag{5-15}$$

视轴物平面上的扫描点的坐标 $(y,z)$ 可用参数方程表示为

$$\begin{cases} y = \tan a \\ z = \tan b \end{cases} \tag{5-16}$$

将式(5-15)代入式(5-16),扫描点的坐标可用方位轴、俯仰轴的转角 $\alpha$、$\beta$ 表示为

$$\begin{cases} y = \tan \alpha \\ z = -\tan 2\beta / \cos \alpha \end{cases} \tag{5-17}$$

于是，扫描轨迹的曲线方程可表达为

$$\frac{z^2}{\tan^2(2\beta)/\cos\alpha} - y^2 = 1 \tag{5-18}$$

扫描轨迹为双曲线，双曲线的偏心率为

$$e = \frac{\sqrt{\tan^2(2\beta)+1}}{\tan(2\beta)} = \frac{1}{\sin 2\beta} \tag{5-19}$$

从扫描轨迹的参数方程式（5-16）可以看出：

（1）如俯仰轴不旋转，俯仰轴转角保持初始值（$\beta=0$），旋转方位轴得到的扫描轨迹是一条水平直线。即

$$\begin{cases} y = \tan\alpha \\ z = 0 \end{cases} \tag{5-20}$$

此时视轴的方位角等于指向镜绕方位轴的转角，即 $a=\alpha$，这种情况相当于 45°镜扫描，是一种有像旋的直线扫描。

（2）如方位轴不旋转，方位轴转角保持初始值（$\alpha=0$），旋转俯仰轴得到的扫描轨迹是一条垂直直线。即

$$\begin{cases} y = 0 \\ z = -\tan 2\beta \end{cases} \tag{5-21}$$

此时视轴的俯仰角等于指向镜绕俯仰轴转角的两倍，即 $b=-2\beta$，这种情况类似于平面镜绕垂直于入射面的轴旋转，是一种无像旋的直线扫描。

（3）如俯仰轴转角保持不变但不为零（$\beta\neq0$），旋转方位轴得到的视轴轨迹为圆锥，属圆锥扫描，其扫描轨迹是一条双曲线。俯仰角越小，双曲线轨迹的偏心率越大，越接近直线。随着 $\beta$ 角的增大，偏心率越来越小，也越弯曲。二维指向镜的视轴方位扫描轨迹如图 5-20 所示。

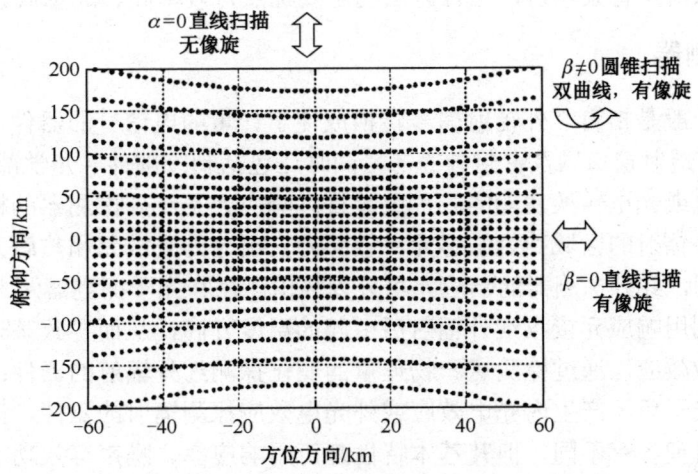

图 5-20 二维指向镜的视轴方位扫描轨迹

指向镜俯仰轴转角固定为 $+\beta$ 和 $-\beta$ 时的视轴方位扫描轨迹是一对相对于水平轴对称的双曲线。当视轴的俯仰角不大时，扫描轨迹接近直线。当视轴的俯仰角较大时，必须对俯仰轴转角进行修正，才能得到直线式扫描轨迹，实现对扫描空间的均匀覆盖。

### 5.2.5 空间红外杂散辐射抑制

空间红外杂散辐射按照来源不同主要分为两类：第一类是来源于太阳、地球等外部辐射源，称为外部杂散辐射；第二类来源于红外仪器的自身背景热辐射，称为内部杂散辐射。不同来源的杂散辐射对探测器的影响也不尽相同，外部杂散辐射会降低光学系统的传递函数，减小探测器的信噪比；而内部杂散辐射会提高探测器的暗电平，导致探测器响应的动态范围变小，使像平面上的目标与背景的对比度或信噪比降低以及探测距离下降，甚至严重影响探测器的性能。因而，空间红外探测器的杂散辐射是必须要加以抑制的。

常用的杂散辐射抑制方法主要包括以下几种。

（1）采用光阑组合抑制杂散辐射

光阑是抑制杂散辐射最为重要的方法，主要是因为不同类型的光阑和不同的放置位置会直接影响关键表面和被照射表面的面积以及改变光学系统的可见性。故只需合理地将不同类型的光阑组合使用，就可以有效地减小光学系统的杂散辐射。

（2）采用挡光环结构抑制杂散辐射

挡光环用以阻挡和散射大入射角入射的杂散辐射，改变镜筒表面的散射特征。红外相机的光轴必须和主要的杂散辐射源（如太阳）成一定的观测角度。在这样的观测条件下，大部分的杂散光会照射在镜筒上，在镜筒上安装理想的挡光环会大大减弱这些杂散辐射。

（3）采用消杂散辐射涂料

涂消杂散辐射涂料是抑制光学系统杂散辐射的有效方法，主要是利用涂料的表面粗糙度和多孔性，来散射和吸收杂散光。当微观结构的涂料颗粒尺寸接近于光波的波长时，吸收效果最佳，故需依据光学系统的工作波段选择合适的涂料。

上述三种方法为可见光与红外波段都适用的方法。而对于红外探测器中适用的方法有两种：一种是用制冷剂进行冷却，如在主镜后加冷板；另一种是采用温阑与冷光阑相匹配以消除镜座辐射和小入射角背景辐射，这种方法的主要优点是效率高、成本低。

### 5.2.6 红外探测器

红外探测器一般是指将红外辐射信号转换成便于计量的电信号的器件，其通常包括响应元、响应元支架、透射窗口以及密封外壳等，同时还包括制冷部件、光学部件和电子部件等。响应元是实现热电或光电转换功能的芯片或装置。响应元是红外探测器的核心部件，响应元中能独立接收红外辐射的区域称为敏感元，敏感元主要分为光敏元和热敏元两大类。按照所使用敏感元的不同，红外探测器的响应元可分为热探测器和光子探测器两大类。

热探测器是利用响应元接收红外辐射后引起的温度升高，从而导致某一物理量（通常是电量）变换的热敏效应，通过检测这一物理量的变化探测红外辐射的器件；而光子探测器是利用敏感元吸收光子后，产生内光电效应或外光电效应探测辐射的器件。虽然光子探测器与热探测器的作用机理各有不同，但其基本特性都可用响应率、噪声等效功率、探测率等参数进行描述。

**1．探测器原理**

（1）热探测器

热探测器也统称为能量探测器，其原理是利用辐射的热效应，通过热电变换探测辐射。入射到探测器光敏面的辐射被吸收后，引起响应元的温度升高，响应元材料的某一物理量随之而发生变化。利用不同物理效应可设计出不同类型的热探测器,其中最常用的有电阻温度效应(热敏电阻)、温差效应(热电偶、热电堆)和热释电效应(热释电探测器)等。

由于各种热探测器都是先将辐射转化为热并产生温升,而这一过程通常很慢,热探测器的时间常数要比光子探测器大得多。热探测器性能也不像光子探测器那样有些已接近背景极限。即使在低频下,它的探测率要比室温背景极限值低一个数量级,高频下的差别就更大了。因此,热探测器不适用于快速、高灵敏度的探测。热探测器的最大优点是光谱响应范围较宽且较平坦。

(2) 光子探测器

光子探测器的工作机理是光子与探测器材料直接作用,产生内光电效应。按照普朗克的量子理论,辐射能量是以微粒形式存在的,这种微粒称为光子或量子。一个光子的能量是:
$$E = h\nu = \frac{hc}{\lambda}$$

当入射光子与金属中的电子碰撞时,则将能量传递给电子。如果电子获得光子全部能量,则光子不复存在。如果电子获得的能量达到足以使其穿过表面的势垒,就能从表面逸出。这一效应称为外光电效应或光电子发射效应。

电子逸出所需做的功与材料特性有关。由于光子能量随频率而变,故存在一个长波限,或称之为截止波长。超过截止波长的光子的能量均低于逸出功,不足以产生自表面逸出的自由电子。因此,光发射探测器的响应只能延伸到近红外的一个小范围。

波长大于 1.2μm 的光子的能量虽然不足产生电子发射,但存在内光电效应。光子传递的能量使电子从非导电状态转变为导电状态,从而产生了载流子。载流子的类型取决于材料的特性。这些材料几乎都是半导体。如果材料是本征的,即纯净的半导体,一个光子产生一个电子空穴对,它们分别是正、负电荷的携带者;如果材料是非本征的,即掺杂的半导体,光子则产生单一符号的载流子,或为正,或为负,不会同时产生两种载流子。如果在探测器上加电场,则流过探测器的电流将随载流子数量的变化而变化,称为光电导效应。

如果光子在 PN 结附近产生空穴-电子对,PN 结间的电场就会使两类载流子分开,从而产生光电压,这种现象称为光生伏效应(简称光伏效应)。光生伏类型的探测器不需要外加偏压,因为 PN 结已经提供了内部偏压。

当空穴-电子对在半导体表面附近形成时,它们会力图向内部扩展,以重新建立电中性。然而,如果在这一过程中加上强磁场,就可以使两种载流子(电子和空穴)在磁场中偏转,进而分离,并产生额外的光电压,这称为光电磁效应。

常见的光子探测器类型包括光导探测器、光伏探测器、光电磁探测器、光发射探测器以及量子阱探测器等。光子探测器的探测率一般比热探测器要大 1 到 2 个数量级,其响应时间为微秒或纳秒级。光子探测器的光谱响应特性与热探测器完全不同,通常需要制冷至较低温度才能正常工作。

**2. 探测器噪声**

(1) 噪声

研究噪声的目的是了解红外系统所受的限制,这里所说的噪声是指探测器、电路元件产生的随机电起伏。本质上讲,大多数物理量都是不连续的或颗粒状的。例如,电路是由电子流组成的,每一个电子都带有一份独立的电荷。电子通过电路中某一点的速率的随机起伏,就表现为电噪声。

电噪声是一种随机变量,在任一瞬间,随机噪声的幅度和该瞬时前后出现的幅度完全无关，只能用统计的方法表示某一幅值出现的概率。通常可以用一定时间间隔内，电压（或电流）的均方根差来表示噪声电压（或噪声电流）。即

$$v_\text{n}^2 = \overline{(v - v_{\text{平均}})^2} = \frac{1}{T} \int_0^T (v - v_{\text{平均}})^2 \text{d}t \tag{5-22}$$

$$i_\text{n}^2 = \overline{(i - i_{\text{平均}})^2} = \frac{1}{T} \int_0^T (i - i_{\text{平均}})^2 \text{d}t \tag{5-23}$$

更确切地，可称为均方根噪声电压或均方根噪声电流。

如果电路中存在两个或更多独立的噪声源，其总效果为各个噪声源的噪声功率相加，也就是将噪声电压（或噪声电流）的平方相加。而噪声电压或噪声电流是不可以直接相加的。

不同类型噪声的功率频谱也不相同，可用谱密度来表示。谱密度可表示为单位带宽的噪声功率（噪声电压平方），也可表示为单位根号带宽内的噪声电压。即 $\dfrac{v_\text{n}^2(f)}{\Delta f}$ 或 $\dfrac{v_\text{n}(f)}{\sqrt{\Delta f}}$。

（2）探测器噪声的类型

探测器噪声从机理上可以区分为热噪声、温度噪声、$1/f$ 噪声、产生-复合噪声以及散粒噪声等。

① 热噪声

热噪声存在于所有探测器。一个电阻器就是一个热噪声发生器。在热平衡时，电阻元件中的电荷载流子的随机运动会在元件两端产生随机电压。当电阻温度上升时，电荷载流子的平均动能增加，因此噪声电压也会增加。噪声电压的一般表达式为

$$V_\text{n} = \sqrt{4kT_\text{d}R_\text{d}\Delta f} \tag{5-24}$$

式中，$k$ 为玻尔兹曼常数；$T_\text{d}$ 为热力学温度；$R_\text{d}$ 为电阻；$\Delta f$ 为带宽。

热噪声的谱密度为

$$\frac{V_\text{n}^2}{\Delta f} = 4kT_\text{d}R_\text{d} \tag{5-25}$$

在给定温度下，热噪声的噪声电压只与电阻有关。如果噪声源是一个阻抗，则噪声电压只取决于阻抗的电阻部分，而与电容、电感部分无关。噪声电压与带宽的平方根成正比，而与频率高低无关，即热噪声的谱密度与频率无关，故称之为白噪声。

② 温度噪声

由于热探测器敏感元件跟周围的辐射交换或与散热片之间的传导交换，使敏感元件的温度发生随机起伏，而引起信号电压的随机起伏，这种噪声称为温度噪声。温度噪声仅在热探测器中能观察到，热探测器性能的理论极限是根据温度噪声计算的。

③ $1/f$ 噪声

$1/f$ 噪声也称调制噪声或闪烁噪声，产生的物理机理尚不清楚。$1/f$ 噪声对低频段影响较大，可用 $1/f^n$ 来表征其功率谱，$n$ 取 0.8～2。

④ 产生-复合噪声

产生-复合噪声是敏感元件电荷载流子的产生率和复合率的统计起伏产生的噪声。这种起伏可以由载流子与光子相互作用或背景光子到达率的随机性而引起。如果背景光子起伏对产生-复合率的起伏起主要贡献，那么这种噪声也称为光子噪声、辐射噪声或背景噪声。产生-复合噪声存在于所有光子探测器，对于光伏探测器，由于只有自由载流子产生率的起伏对噪声有贡献，光伏探测器的 $V_\text{n}$ 值要小 $\sqrt{2}$ 倍。

⑤ 散粒噪声

散粒噪声是由流过 PN 结的自由电子和空穴的起伏产生的。表现为微电流脉冲，在外电路中表现为随机噪声或电压，短路噪声电压可表示为

$$V_n = \sqrt{R_d(2eI\Delta f)} \tag{5-26}$$

式中，$R_d$ 为电阻；$e$ 为电子电荷量；$I$ 为流过的微电流；$\Delta f$ 为带宽。

散粒噪声通常存在于具有 PN 结结构的光伏探测器和薄膜探测器，而光导探测器由于没有 PN 结，因此不存在散粒噪声。

**3．红外阵列探测器**

（1）焦平面结构

红外阵列探测器有单元（单像素）、一维阵列（线列）和二维阵列（面阵）等种类。对于扫描成像系统，整帧图像的获取可以用单元探测器二维扫描。如用线列器件，只需一维扫描即可获取二维图像，帧频较单元扫描高。而面阵器件主要用于凝视成像系统。

线列或面阵都是通过透明衬底背面光照的，其焦平面结构有直接混成、间接混成、单片结构、Z 技术以及环孔技术等。

① 直接混成

直接混成是探测器通过铟柱直接电学连接到前放阵列。直接混成有较好的可生产性，高密度的凝视或扫描成像阵列探测器通常都有直接混成的焦平面结构。直接混成需要在每个探测器下为读出前放和相应电路留出足够的单元面积。因此，其功能受到较大限制。

② 间接混成

间接混成是用一块电路板把一个或多个探测器连接到一个或多个读出集成电路（Read-Out Integrated Circuit，ROIC）上。因此，电路尺寸不再受探测器下部有限空间的限制。这样，尺寸较大、功能更完善的前放和信号处理电路可以在间接读出电路的较大单元中制造。间接混成也可以减小探测器与 ROIC 材料间的热失配引起的应力。大线列通常用间接混成结构。

③ 单片结构

单片结构是一种集成设计，将探测器和读出电路紧密结合在一起。在这种结构中，信号处理电路布置在探测器周围，并通过引线焊接到探测器上。然而，由于探测器光敏面积受到周围读出电路限制，导致探测器的占空因子（光敏面积与之比）较小。

④ Z 技术

Z 技术，从结构上看，在垂直方向上大大延伸了每一个像元的信号处理区域，极薄的读出芯片叠堆并粘接在一起，探测器阵列用铟柱连到端面上。这种结构对增加焦平面器件的信号处理功能很有好处。但是，Z 技术目前尚未成熟。

⑤ 环孔技术

环孔技术把探测器材料粘接到硅读出芯片，再将探测器材料减薄。探测单元通常是二极管或金属-绝缘体-半导体（MIS）器件，它们通过环孔与底层的读出电路连接。

在线阵或面阵应用中，响应率的均匀性和动态范围对于成像系统尤为重要。非均匀校正要做大量额外的信息处理，还要损失器件的动态范围。不能完全被校正的不均匀性称为残余不均匀性，它将限制成像系统的信噪比。此外，器件的每个像元在积分时间内存储的电荷等于光子通量乘以量子效率。电荷存储容量本身是探测器结构、像元尺寸和间距以及工作条件的复杂函数，而读出电荷的储存能力限制了动态范围的上限。各种焦平面结构如图 5-21 所示。

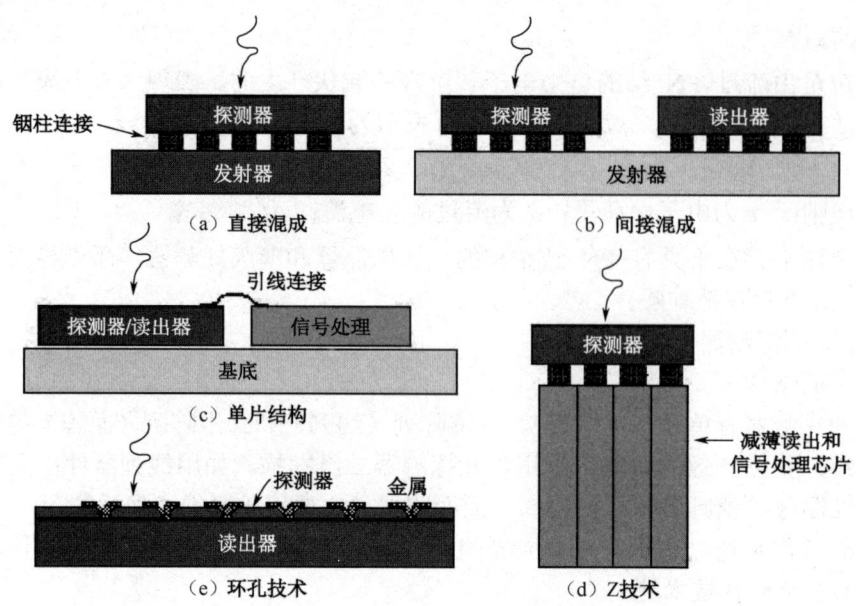

图 5-21　各种焦平面结构

(2) 焦平面器件的灵敏度参数

探测器量子效率可以用来衡量探测器工艺的好坏，但并不适合用来表征探测器芯片组件的性能。衡量读出灵敏度最常用的参数是噪声等效电荷 NEC，即一帧时间内（或数据采样过程中）积累的噪声电子数。对于用积分电容积累电荷的读出电路，NEC 是积分电容器上的噪声等效电荷。因此，NEC 需要标明帧速。

表示传感器芯片组件灵敏度最常用的参数还是噪声等效辐照度 NEI 或噪声等效温差 NEDT。NEI 多用于辐射计和光子计数器，单位为 $ph \times cm^{-2} \times s^{-1}$。NEDT 则用于热成像系统，单位为 K。NEI 与 NEC 的换算关系为

$$NEI = \frac{NEC}{\eta A_{det} t_{int}} \tag{5-27}$$

式中，$\eta$ 为衡量探测器在特定波长下接收到的光信号转换成电信号效率的基本参数；$A_{det}$ 为探测器光敏面面积；$t_{int}$ 为光电荷积累所用的积分时间。

对于光子积分式探测器，电荷积累时间即积分时间，积分器在复位前周期性的读出，积分器的传递函数会降低噪声功率带宽。NEC 主要取决于噪声电流和积分时间。

$$NEC = \frac{i_{det} t_{int}}{q} \tag{5-28}$$

可以从理论上估算光子积分式探测器的噪声电流，如光伏探测器在反偏状态下工作，探测器主要噪声为散粒噪声，可有

$$i_{det} = (2qI_d \Delta f)^{1/2} \approx \left(\frac{qI_d}{t_{int}}\right)^{1/2} \tag{5-29}$$

式中，$q$ 为电子电荷量；$I_d$ 为探测器反偏的暗电流；$\Delta f$ 为测量带宽。

对于近零偏压下工作的探测器，可忽略暗电流，探测器主要噪声为热噪声，有

$$i_{det} = \left(\frac{4kT_{det} \Delta f}{R_0}\right)^{1/2} \approx \left(\frac{2kT_{det}}{R_0 t_{int}}\right)^{1/2} \tag{5-30}$$

式中，$T_{det}$ 为探测器工作温度；$R_0$ 为零偏压时小信号探测器电阻。

带读出电路后组件的 NEI 是由探测器、读出电路两部分组成的。

$$\text{NEI}_{sys}^2 = \text{NEI}_{det}^2 + \text{NEI}_{r0}^2 \quad (5-31)$$

对于固定的积分时间，可按同样方法计算读出电路的 $\text{NEI}_{r0}$，但需要注意，读出电路的输出噪声电流应包括放大器噪声电流和放大器噪声电压的贡献。

$$I_{r0} = \left[ i_n^2 + \left( \frac{e_n}{r_{det} \parallel r_{in}} \right)^2 \right]^{1/2} \quad (5-32)$$

（3）典型的线列红外探测器

线列红外探测器一般采用被动推扫或机械主动扫描的方式来实现大视场区域覆盖的探测成像。被动推扫的成像方式被广泛地使用在大多数民用的对地观测卫星系统中（比如遥感、测绘卫星等）；机械主动扫描成像方式具有覆盖区域广、重访周期短、能够对覆盖区域进行高频次观测等优点而被广泛使用在全球气候与气象预报、自然环境与灾害监测、空间目标监视等领域。依据探测器线列的数量，红外探测器又可划分为单线列探测器和多线列探测器。由于被动推扫成像方式的驻留时间较长，单线列红外探测器就能够满足其性能要求。多线列探测器通常又被称为延时积分型探测器（Time Delay Integration，TDI），将不同线列对同一视场的探测信号进行累加积分，克服驻留时间短的限制，从而大大地提高探测效率。故机械主动扫描的成像方式一般使用多线列探测器来对弱小目标进行探测。

美国第一颗地球资源卫星 Terra 使用的是典型的推扫型线列红外探测器，其载荷短波红外探测器的焦平面结构示意图如图 5-22 所示。

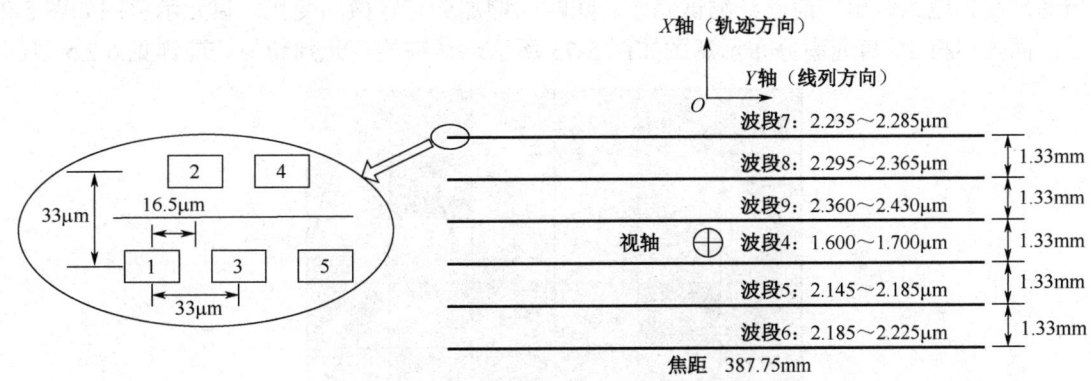

图 5-22　载荷短波红外探测器的焦平面结构示意图

美国大椭圆轨道空间监视卫星的扫描相机是典型的机械主动扫描的多线列 TDI 型红外探测器，HEO 像平面阵列排布如图 5-23 所示。

（4）典型的面阵凝视红外探测器

面阵凝视红外探测器一般采用二维机械主动扫描的方式来实现大视场区域覆盖的探测成像。面阵红外探测器带来了对传统扫描积分时间限制的革命性突破，大幅度提高了探测灵敏度。与线列红外探测器相比，面阵凝视红外探测器具有成像周期短、帧频高等优点，能够实现对热点区域的实时监测，因而被广泛使用在空间目标监视、导弹预警等领域。目前，面阵凝视红外探测器逐步应用到遥感领域，我国的高分四号卫星就搭载了一台幅宽为 400km 的面阵凝视相机，面阵大小为 1024×1024，可通过对相机的二维指向控制来实现对更大区域的连续观测。大规模阵列焦平面的凝视红外探测器是未来空间探测器的主流发展趋势。

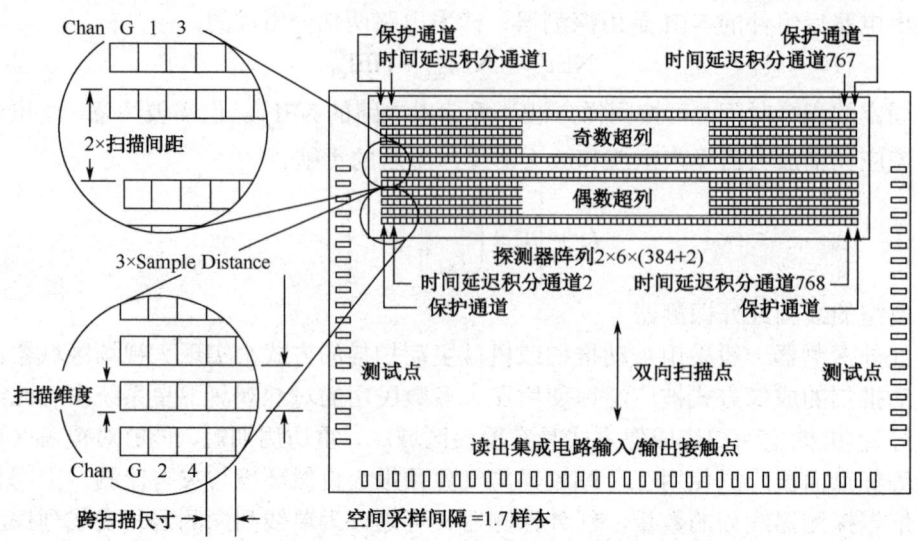

图 5-23　HEO 像平面阵列排布

### 4．探测器指标

（1）盲元率

盲元率是辐射响应不正常的像元所占像元的比例。盲元主要包括亮元与暗元两类，亮元指的是探测元噪声大于 10 标准噪声的像元，暗元指的是响应度低于 0.1 的像元。盲元率以及盲元分布通常在光电系统出厂前已经测试完毕，随时间增加会有轻微的变化。盲元示意图如图 5-24 所示。面阵相机 2%盲元率分布示意图如图 5-25 所示。详细的盲元判断与处理详见 6.2.5 节。

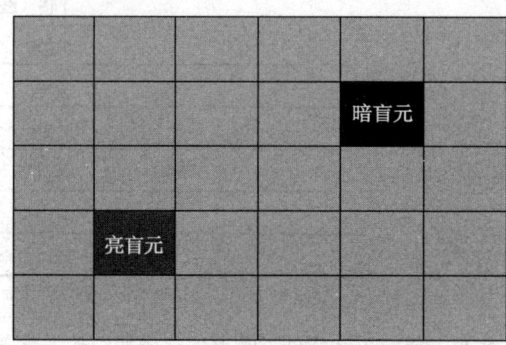

图 5-24　盲元示意图

（2）非均匀性

通常采用特定条件下均匀辐射源（如黑体）作为输入，通过计算黑体图像的非均匀性来测试焦平面阵列的响应特性。国标 99 考虑到无效像元的影响，将红外焦平面阵列响应特性定义为在均匀入射辐射下，焦平面阵列像元输出值的均方误差与输出平均值的百分比，其表达式为

$$NU = \frac{1}{\overline{V}} \sqrt{\frac{1}{NM-(d+h)} \sum_{i=1}^{M} \sum_{j=1}^{N} (V_{ij} - \overline{V})^2} \quad (i \notin k, j \notin l) \quad (5\text{-}33)$$

式中，$\overline{V} = \dfrac{1}{NM-(d+h)} \sum\limits_{i=1}^{M}\sum\limits_{j=1}^{N} V_{ij}$；$V_{ij}$ 为焦平面上第 $i$ 行第 $j$ 列所对应像元的输出值；$\overline{V}$ 为焦平面上所有有效像元的图像平均值（均不包括无效像元的输出值，其中无效像元包含死像元和过热像元）；$M$ 和 $N$ 分别为行数和列数；$k$，$l$ 为所有无效像元的行号和列号组成的向量；$d$ 为死像元数，死像元指像元响应率小于平均响应率 1/10 的像元；$h$ 为过热像元数，过热像元是像元噪声电压大于平均噪声电压 10 倍的像元。

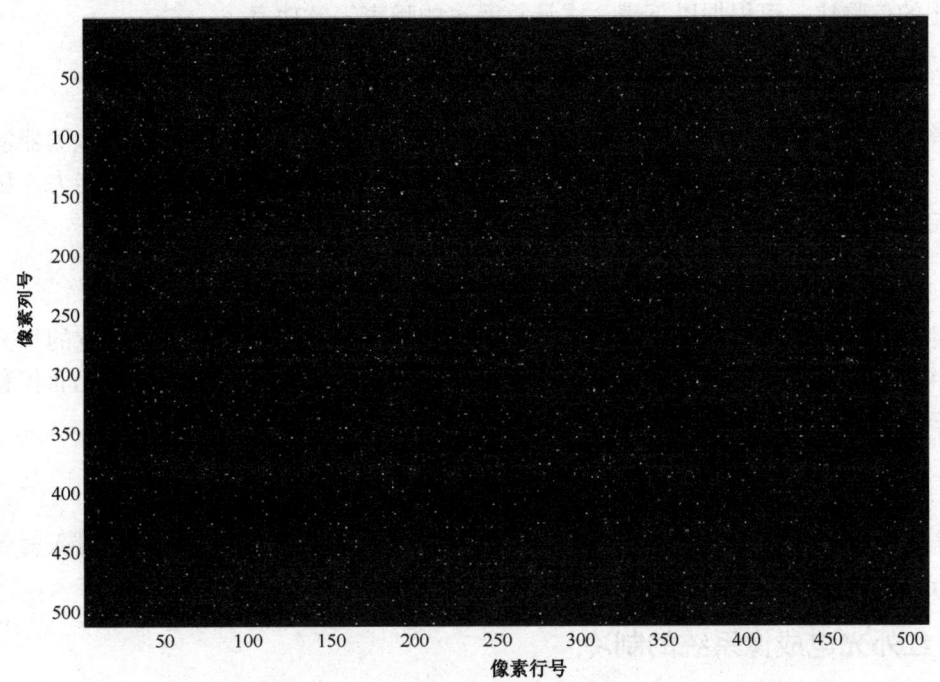

图 5-25　面阵相机 2%盲元率分布示意图

非均匀性仿真示意图如图 5-26 所示。

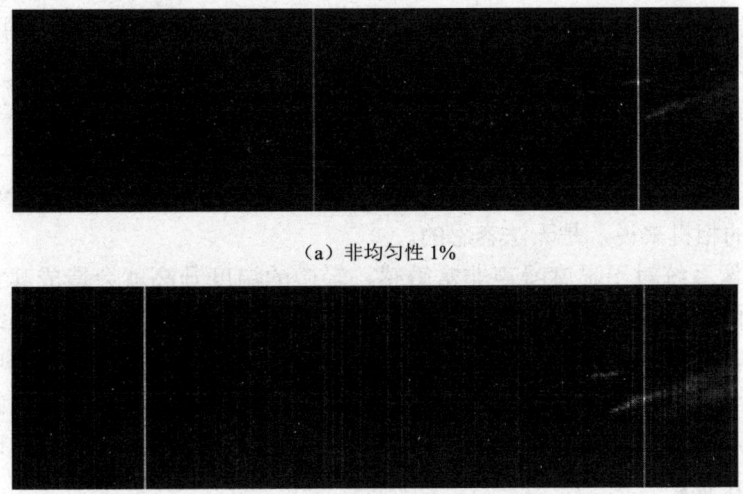

图 5-26　非均匀性仿真示意图

由图可知，由于非均匀性的存在，在扫描方向产生了显著的条带效应，在一维线阵列方向，探测元的非均匀性产生的条带效应具有显著的高频特性，对检测性能产生了一定的影响。

（3）探测器灵敏度

探测灵敏度通常用噪声等效功率（Noise Equivalent Power，NEP）来进行描述。当探测器输出信号等于探测器噪声时，入射到探测器上的辐射通量定义为噪声等效功率。由于信噪比（Signal-to-Noise Ratio，SNR）为1时的功率测量比较困难，可以在稍高的辐照功率下测量探测器输出的信噪比，可根据以下表达式计算噪声的噪声等效功率。

$$\text{NEP} = \frac{\varPhi_e}{V_s / \upsilon_n} = \frac{E_d A_d}{\text{SNR}} \tag{5-34}$$

噪声等效功率被用来度量探测器的探测能力，但是噪声等效功率最小的探测器能力却是最好的，这有悖于直觉。因此，有时也会采用噪声等效功率的倒数表示探测能力，称为探测率，其定义为

$$D = \frac{1}{\text{NEP}} \tag{5-35}$$

探测器总噪声功率谱在中频段比较平坦，可认为噪声电压与测量电路带宽的平方根成正比，即探测率与测量电路带宽的平方根成反比。因此，可以定义一种对光敏元面积和测量电路带宽归一化的探测率，其定义为

$$D^* = \frac{(A_d \Delta f)^{1/2}}{\text{NEP}} \tag{5-36}$$

$D^*$ 是归一化的探测率，称为比探测率。$D^*$ 的物理意义是1W 的辐射通量入射到光敏元面积 $1\text{cm}^2$ 的探测器上，并用带宽 1Hz 的电路测量所得信噪比。

### 5.2.7 红外光电成像系统的制冷

#### 1. 制冷与温控需求

空间相机作为遥感卫星的重要有效载荷之一，在轨运行中要经受着各种温度环境。不同种类的相机所经历的温度环境是不同的：一类是处于卫星的密闭仪器舱内，虽然比舱外的环境好得多，但卫星仪器舱内壁的光轴方向温差在轨运行周期内也将达到几十度。同时，舱内其他仪器和相机本身的内部热源也处于不断变化的状态，对地观测的窗口受外热流交替变化影响，温度环境复杂多变。另一类空间相机与卫星其他结构一样裸露于空间，经受高真空条件下的高温日照和进入阴影区后的冷空间环境，最高环境温度可达500K，最低则达3K，且这种温度变化非常频繁。例如，许多太阳同步轨道使用的空间相机，其变化周期仅为100分钟左右，这对要求很高成像品质的相机来说，是无法容忍的。

红外光电成像系统对于温度噪声非常敏感，轻微的温度升高就会造成其背景热噪声显著增加，整个系统的信噪比下降，灵敏度降低。因此，当采用红外光电成像系统时，必须采用严苛的温控措施，以保障系统能够正常工作。此外，暴露在空间环境中的光电系统组件，以及光线系统和平台的连接部分，由于受到剧烈温差变化的影响，会出现明显的几何形变，造成系统光路出现不可测量的热变形。为了抑制这些热变形，提高系统的视线确定精度，也必须采用相应温控设备。

#### 2. 相机制冷方法

红外探测器制冷方式有辐射制冷、热电制冷、储存式制冷（液体/固体）、低温机械制冷等种类，设计者可根据所需的制冷温度、制冷量及运行寿命选择合适的制冷方式。常用制冷

方式主要性能参数如图 5-27 所示。另外，红外探测器通常是与制冷器封装为一体的。

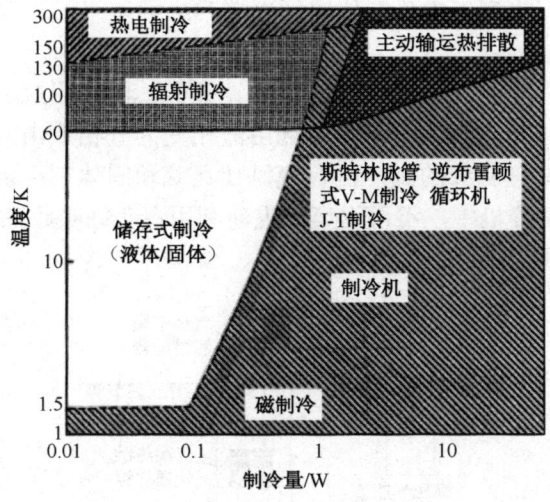

图 5-27　常用制冷方式主要性能参数

（1）辐射制冷

辐射制冷器是航天器上经常使用的、利用辐射交换原理达到局部制冷的装置。通过合理的结构设计，辐射制冷器能向 4K 的深冷空间辐射散热，理论上可达到 60K 的低温。这种制冷方法无需运动部件，使用寿命特别长，而且无功耗。

辐射制冷器有一个大小合适的冷块，该冷块表面涂有低太阳吸收率、高红外发射率的涂层。在真空环境下，冷块能够向深冷空间辐射能量，并维持在一个相当低的温度下。此外，为了减少航天器本体的热传导，冷块必须进行适当的热屏蔽处理。

由于航天器还要受到太阳辐射、地球反照和地球红外辐射等空间外热流的加热，因此需要根据轨道和姿态分析，将辐射制冷器放置在合适的位置上，并设计合适的屏蔽罩，分别称为太阳屏和地球屏。辐射制冷原理和外热流屏蔽如图 5-28 所示。太阳屏和地球屏可通过遮挡和反射的方法实现对外热流的屏蔽，并保持对空间冷背景的有效辐射能力。屏蔽罩用高性能低温隔热材料制成，内表面为高反射率镜面，外表面涂以低太阳吸收率、高红外发射率的温控涂层。

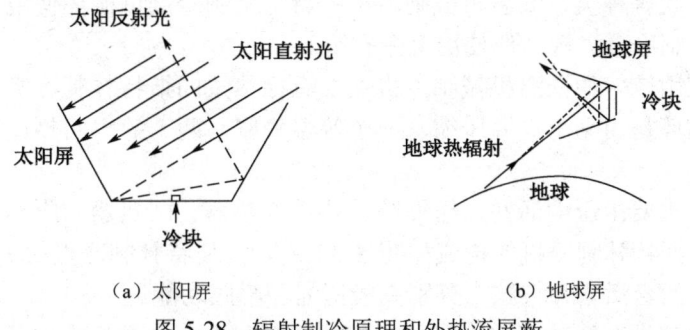

（a）太阳屏　　　　　　　　　　　（b）地球屏

图 5-28　辐射制冷原理和外热流屏蔽

（2）热电制冷

热电制冷器利用了珀尔帖效应，即热伏效应的反效应。热电制冷器的电偶对通常由 N 型和 P 型碲化铋（$Bi_2Te_3$）半导体柱组成，中间用金属导体连接形成结点。通电后金属导体成为电偶对的冷端。电偶对的制冷量即冷端吸收的热量,等于珀尔帖效应产生的制冷量减去电流通过导体时产生的热量,再减去由热端传递到冷端的热量。

（3）储存式制冷

储存式制冷的原理是将制冷剂（如液态空气、液氮、固体甲烷、固体氢和干冰等）装在绝热良好的杜瓦瓶中,当有热负载时,制冷剂由液相变为气相或由固相升华为气相,从而释放制冷效果。利用这种原理制成的制冷机有液氮杜瓦瓶和固体制冷机。液氮杜瓦瓶可将探测器制冷至77K。在这类制冷机中,不再收集并重新利用自负载吸收热量后蒸发的制冷剂。J-T节流制冷原理如图5-29所示。

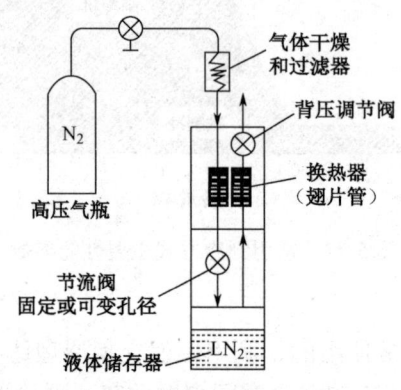

图5-29 J-T节流制冷原理

对于某些气体来说,只有预冷到特定温度以下节流膨胀才能发生制冷效应,这个温度称为转变温度。如氦为45K,氢为204K,氖为250K,而大多数气体如氮和空气的转变温度比室温高得多,不必进行预冷。

节流制冷器有易于微型化、结构简单、在低温端无运动部件、运行可靠等优点,常用于导引头红外探测器的制冷。

（4）低温机械制冷

低温机械制冷机是一种能提供温度低于120K直至1K左右的机械式制冷设备,在这一温区内能提供几毫瓦到接近1KW的制冷量。根据制冷温度的不同,低温制冷机又分为液氮温区制冷机（120~40K）和深低温制冷机（40~1K）。根据换热器不同,低温制冷机有间壁换热式、混合式、回热式等种类。低温机械制冷机的特点是制冷剂可循环使用、体积小、安装灵活、制冷温度低、制冷量大等,但使用寿命有限。

目前在空间应用较多的低温机械制冷机主要有回热式的斯特林制冷机、斯特林型脉管制冷机等。斯特林循环是由一个等温压缩、一个等温膨胀与两个等容回热过程组成的闭式热力学循环。

斯特林制冷机主要由压缩活塞、压缩腔、热端换热器、回热器、冷端换热器、膨胀腔和膨胀活塞等组成。斯特林制冷机的构成如图5-30所示。斯特林制冷机的制冷剂为10~15个大气压的氦气,有两套活塞和气缸,分别完成压缩和膨胀功能。

脉管制冷机内部没有运动部件,具有体积小、振动小、电磁干扰小以及寿命长等优点。经过半个世纪尤其是近十年的发展,脉管制冷机的制冷效率得到大幅提升,成为航天器上可选用的新型制冷机。

合理地设计制冷方案,可以有效降低系统的热噪声,以及光学系统机械结构的热变形,提高相机的探测性能和视线确定精度。

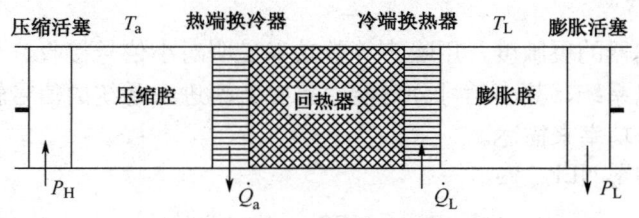

图 5-30　斯特林制冷机的构成

## 5.3　光电成像系统的基本性能

### 5.3.1　空间分辨率

空间分辨率是指相机能区分的两相邻目标之间的最小角度间隔或线性间隔。不同空间相机空间分辨率的定义和表示方法不同。

在预警监视相机的应用中，常用的空间分辨率包括视场角分辨率和星下点地面分辨率（简称地面分辨率）。视场角分辨率指的是能够分辨的相邻目标点之间的最小角度间隔。地面分辨率是指预警卫星在正常工作时段内，星下点能分辨被观测物体的大小。这两个分辨率都可分为径向分辨率和切向分辨率。

相机的空间分辨率由多种因素所影响，光学系统的像差、光线的衍射，以及像元尺寸等。但在一个设计合理的预警相机中，通常会充分考虑像差、光线衍射等因素的影响，将其控制在合理范围之内。因此，决定预警相机分辨率的关键因素，就是像元的尺寸。

像元尺寸与角分辨率之间的对应关系为

$$A_g = a \tan \frac{d}{f} \tag{5-37}$$

式中，$A_g$ 为角分辨率；$d$ 为像元尺寸；$f$ 为焦距。

像元尺寸与地面分辨率之间通常是一个线性的关系，如下所示，

$$G = Kd \tag{5-38}$$

式中，$G$ 为地面分辨率；$K$ 为相对应的系数，该系数主要是由卫星距地面距离、成像参数等一系列因数决定。如果卫星平台距地面距离在不断变化，那么地面分辨率也会随之变化。

### 5.3.2　覆盖视场

相机的覆盖视场是指卫星所搭载光学相机所能覆盖的观测范围，这在监视中是一个非常重要的指标，决定着该型号卫星能够起作用的工作范围，进而影响整个卫星轨道甚至系统的设置。相机的覆盖视场由相机的口径以及相机的转动方式共同决定。

相机的覆盖视场通常以空间覆盖视场范围这个指标来进行描述。如果常用的线阵扫描相机，其描述单位扫描方向视场角和垂直扫描方向视场角。如果是面阵相机，则使用面阵行方向和列方向所对应的视场角度进行描述。

### 5.3.3 系统灵敏度

前文讨论了探测器的灵敏度，用噪声等效功率说明对小信号接收、分辨的限制条件。与此类似，对整个光电系统，其小信号分辨能力需要考察进入系统的信号辐射强度水平，即在入瞳处等效系统噪声功率来描述。

系统噪声等效功率 $NEP_{sys}$ 为

$$NEP_{sys} = \frac{NEP_d}{\tau_0} = \frac{(A_d \Delta f)^{1/2}}{\tau_0 D^*} \tag{5-39}$$

式中，$\tau_0$ 为系统光学效率。

该指标也可以通过入瞳辐射通量 $\Phi_{opt}$ 进行计算，即

$$NEP_{sys} = \frac{\Phi_{opt}}{SNR} \tag{5-40}$$

式中，SNR 表示测量时刻的系统信噪比。

由上式可知，系统噪声等效功率 $NEP_{sys}$ 可以理解为要保证光电成像系统输出信噪比为 1 时，所需的入瞳辐射通量。

当观测目标是面目标时，可进一步推导目标辐射亮度和系统信噪比之间的关系。为使讨论更加易于理解，在此仅讨论正面辐射的情况，不考虑倾斜的情况，系统噪声等效功率推导示意图如图 5-31 所示。

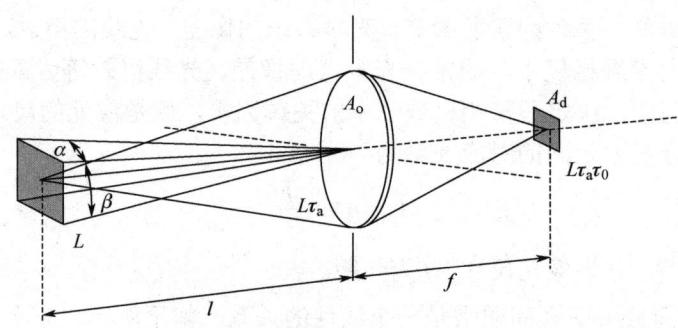

图 5-31 系统噪声等效功率推导示意图

如图 5-31 所示，$L$ 促成面目标的辐射亮度，仪器的接收面积，即光学入瞳的面积为 $A_o$，接收立体角 $\omega$ 由探测器尺寸 $A_d$ 和光学焦距 $f$ 所决定的瞬时视场角，可以由二维方向的瞬时视场 $\alpha$，$\beta$ 来表示，$\omega = \alpha\beta$。$\tau_a$ 表示大气透过率。入瞳辐射通量 $\Phi_{opt}$ 可以表示成如下形式

$$\Phi_{opt} = L\tau_a \cdot A_o \omega \tag{5-41}$$

如果入瞳为圆形，可以证明

$$A_o \omega = A_d \Omega \tag{5-42}$$

$\Omega$ 表示光敏面接收立体角，当物体在无限远时，$\Omega$ 可以用 F 数进行描述。

$$\Omega = \frac{\pi}{4F^2} \tag{5-43}$$

当入瞳辐射通量满足系统噪声等效功率时，可得

$$NEP_{sys} = \Phi_{opt} = L\tau_a \cdot A_o \omega = L\tau_a \cdot A_d \Omega = \frac{L\tau_a \cdot A_d \pi}{4F^2} \tag{5-44}$$

进而可得

$$L = \frac{4F^2 \cdot \text{NEP}_{\text{sys}}}{\tau_a A_d \pi} \tag{5-45}$$

由此可知，当探元面积越大，探测弱辐射亮度面目标的能力增加；当光电系统 F 数增加时，探测弱目标的能力减弱。

当观测目标是点目标时，发射面为朗伯面，辐射强度为 $I_0$，只考虑正面辐射的情况。入瞳辐射通量 $\Phi_{\text{opt}}$ 可以表示成如下形式。

$$\Phi_{\text{opt}} = \frac{I_0 \tau_a \cdot A_o}{l^2} \tag{5-46}$$

当入瞳辐射通量满足系统噪声等效功率时，可得

$$\text{NEP}_{\text{sys}} = \frac{I_0 \tau_a \cdot A_o}{l^2} \tag{5-47}$$

进而可得

$$I_0 = \frac{l^2 \cdot \text{NEP}_{\text{sys}}}{\tau_a A_o} \tag{5-48}$$

由此可知，入瞳面积越大，探测弱辐射亮度点目标的能力越强。

## 5.3.4 探测距离

从噪声功率等效角度，可用 $NE\Delta T$、$NE\Delta N$、$NE\Delta \rho$ 和 $NE\Delta T$ 等来表征系统的探测灵敏度。除此之外，也可直接用对特定目标的探测能力来表示。如红外搜索系统可用对给定目标的最小探测距离（即作用距离）来表示它的灵敏度。这种表示方法与系统等效噪声灵敏度的定义方法有所不同。它是针对特定目标提出的，必须规定目标的辐射强度。提出探测距离指标主要是便于在实际应用进行评估分析。

搜索告警系统一般用于对远距离目标的探测，故可按点源计算。现推导作用距离方程，为表述简洁起见，所有辐射量都是指系统工作波段内的波段量。

到达系统辐照度为

$$E = \frac{I \tau_a}{l^2} \tag{5-49}$$

到达探测器功率为

$$\Phi_{\text{det}} = E A_o \tau_d \tau_c = \frac{I \tau_a A_o \tau_d \tau_c}{l^2} \tag{5-50}$$

式中，$\tau_d$ 表示能量集中度，用以描述由点扩散造成的能量损失；$\tau_c$ 表示跨像元因子，用以描述当目标点能量落在多个像元上时，造成的能量损失度。探测器产生的信号电压为

$$V_s = \frac{I \tau_a A_o \tau_d \tau_c}{l^2} R \tag{5-51}$$

由于响应率 $R = \dfrac{V_n}{\text{NEP}} = \dfrac{V_n D^*}{\sqrt{A_d \Delta f}}$，代入上式，则探测器输出的信噪比为

$$\text{SNR} = V_s \big/ V_n = \frac{\pi \delta D_0^2 \tau_Q \tau_d \tau_c D^* J}{4 l^2 \sqrt{A_d \Delta f}} \tag{5-52}$$

则作用距离为

$$l = \sqrt{\frac{\pi\delta\tau_Q\tau_d\tau_c D_0^2 D^* J}{4\text{SNR}\sqrt{A_d \Delta f}}} \quad (5\text{-}53)$$

如果入瞳为圆形将 $A_d = \Omega f^2 = \Omega F^2 D_0^2$ 代入整理得到作用距离方程，

$$l = \sqrt{\frac{\pi\delta\tau_Q\tau_d\tau_c D_0^2 D^* J}{4\text{SNR}\sqrt{A_d \Delta f}}} = \sqrt{\frac{\pi\delta\tau_Q\tau_d\tau_c D_0^2 D^* J}{4F\sqrt{\Omega \Delta f}\text{SNR}}} \quad (5\text{-}54)$$

式中，$\delta$ 为信号过程因子；$\tau_Q$ 为大气透过率；$\tau_0$ 为光学效率；$J$ 为目标辐射强度；$F$ 为系统 F 数；$\Omega$ 为系统瞬时视场立体角；$D_0$ 为系统光学孔径；$D^*$ 为探测器波段探测率；$\Delta f$ 为系统带宽；SNR 为目标探测所需最小信噪比。

## 习题

1. 红外光电成像系统一般由哪些主要部件组成，各部件的作用是什么？
2. 光学系统主光路有哪些典型的结构类型，各结构类型有哪些优缺点？
3. 三反光路系统有哪些类型，各有什么优缺点？
4. 影响光学像质的因素有哪些？会造成哪些现象？
5. 红外分光技术有哪些类型，各有什么特点？
6. 成像扫描系统有哪些种类，各有什么特点？
7. 扫描技术可用较少的探测器形成较大的视场覆盖，其缺点是什么？
8. 根据探测原理的不同，红外探测器有哪些类型？红外探测器阵列有哪些形式？
9. 为什么部分红外成像系统需要制冷？制冷的方式有哪些？

# 第 6 章　辐射测量与几何测量

光电成像与探测应用中，目标的检测、跟踪、识别等任务都与目标的辐射和位置信息密切相关，获取目标的辐射和位置信息是完成以上任务的前提。目标辐射信息和位置信息的获取与光电成像传感器的响应特性有关，为实现对目标辐射信息和位置信息的精确测量，需要准确标定传感器的响应特性，即对传感器进行辐射定标与几何定标。此外，随着传感器工作时间和环境的变化，辐射参数和几何参数也会发生变化，因此在传感器工作过程中还需要适时进行参数校正。光学成像探测传感器是二维成像系统，几何测量的核心问题是视线测量。

本章所提的辐射测量包括对相机绝对辐射响应的定标以及非均匀校正，其他相关文献中的提法还有辐射定标、辐射校正、非均匀校正等。几何测量包括对相机成像几何关系的标定，其他相关文献中的提法主要为相机标定。本章将介绍辐射测量和几何测量的基本概念、基本原理、典型方法等内容。

## 6.1　辐射测量与几何测量的概念

### 6.1.1　辐射测量概念

在光电成像与探测中，目标检测、目标跟踪、目标识别等过程需要充分利用目标和背景辐射信息。例如，在目标检测中需要利用目标和背景的辐射强度差异及其随时间和空间的变化特性进行目标的检测；在多目标跟踪中可以通过目标辐射强度信息提高正确关联概率；在目标识别中可利用目标的辐射特性差异区分不同的目标。光电成像与探测中获取的数据多数表现为图像形式，目标和背景的辐射信息都是通过图像直接反映出来。辐射测量是根据光学传感器的量化输出（DN 值）或图像的灰度值，定量计算观测对象辐射强度的过程。

辐射测量的本质是反映传感器探测过程中的辐射响应特性。辐射测量的过程可分为辐射系数定标和辐射计算两个步骤。前者需要建立传感器辐射响应模型，并根据已知辐射特性的定标物和对应的探测数据，解算模型中待确定的辐射参数。在实际应用中，传感器的辐射响应特性可能随着时间和环境变化而发生改变，因此可能需要多种定标源结合使用并进行多次参数标定和校正。辐射计算是根据已经标定好的辐射参数，根据传感器辐射响应模型从辐射灰度值定量计算目标的辐射值。光电成像与探测系统在使用过程中，环境可能发生变化，或系统参数随着时间推移可能发生变化，导致辐射响应发生变化，因此在使用过程中通常需要进行参数更新或重新定标。然而传感器使用过程中的定标条件各不相同，因此通常各阶段涉及不同的定标源及定标方法。以天基光学成像探测系统为例，辐射参数标定包括卫星发射前实验室定标、卫星发射后的星上标定器定标、地面标定场定标和交叉定标等。同时，根据工作场合和需求的不同，可采用人工黑体、自然场景、恒星和月球等自然天体作为标定源。

辐射测量反映的是单个传感器或探测器的绝对响应特性，在多传感器或多探测器的情况下，有时只需要考虑传感器或探测器相互之间的响应特性关系，而不需要获得每个传感器或探测器的绝对响应特性，这就是相对测量。例如，对于具有相同辐射强度的场景，理想情况下各探测器的响应输出应该相同。而在实际情况中，由于探测器的差异，各探测器的输出并不完全一致。在目标检测等处理之前，一般要消除各像素对应的探测器响应特性差异，进行归一化处理。针对面阵或线阵探测器辐射响应不一致的校正一般也称为非均匀校正。

此外，在很多应用中，辐射测量和非均匀校正需要联合应用。例如，卫星运行过程中，传感器各探测单元灵敏度随时间发生缓慢变化，在卫星工作一段时间后，之前获得的定标系数难以消除探测单元响应的非均匀性。因此在对所获取的卫星原始图像进行绝对定标后，还需对其进行非均匀校正以消除传感器中各个探测元件响应度差异，使各探测元件具有相同的响应函数。

### 6.1.2 几何测量概念

在光电成像与探测中，目标检测、目标跟踪、目标识别等过程与目标几何位置密切相关。例如，多帧目标检测需要利用目标的相对位置信息，目标跟踪直接与目标位置相关，诱饵与多目标的识别也与目标相对位置密切相关。而位置信息获取的核心环节就是视线测量。对于二维光学成像相机而言，像元和空间方向一一对应，与像元一一对应的这些空间方向就称为视线。

视线测量是指定量计算图像中各像元对应的视线方向。例如，在天基光电成像系统中，成像链路与平台同载荷的几何参数密切相关，包括卫星姿态、相机安装、扫描镜角度、光路结构、焦平面安装等。在理想情况下，若上述参数都能准确获知，则可根据成像链路模型和上述参数定量描述相机的几何关系，即可准确计算相机各像元对应的视线。其中，焦平面安装、光路结构、相机安装等为系统固定参数，可通过地面测量得到；扫描镜角度、卫星姿态等为变化的工作参数，可通过在轨测量得到。然而在实际的卫星发射和在轨运行过程中，由于受到发射振动、在轨期间的太阳辐射、宇宙粒子冲击、应力释放和进出地球影区温度交替变化等因素的影响，传感器系统的光学器件、机械结构、电子学元件等可能产生变化和退化，对系统几何结构和参数测量精度产生较大的影响。因此，必须对传感器进行几何参数标定。

视线测量过程可分为几何参数定标和视线计算两个环节。几何参数定标需要建立相机成像几何模型，通过观测已知几何位置或形状的标定物，对所获取的图像进行标定物提取和处理，并解算成像链路中的误差参数。而视线计算过程即根据相机成像几何模型和定标得到的参数，计算各像元对应的空间视线。

几何参数解算示意图如图 6-1 所示，视线计算示意图如图 6-2 所示。在几何参数解算中，需要根据若干已知视线的特征点（人造标定板、地标、恒星等）求解影响相机视线的参数；在视线计算中，需要根据定标后的相机参数，计算任一像元对应的视线。

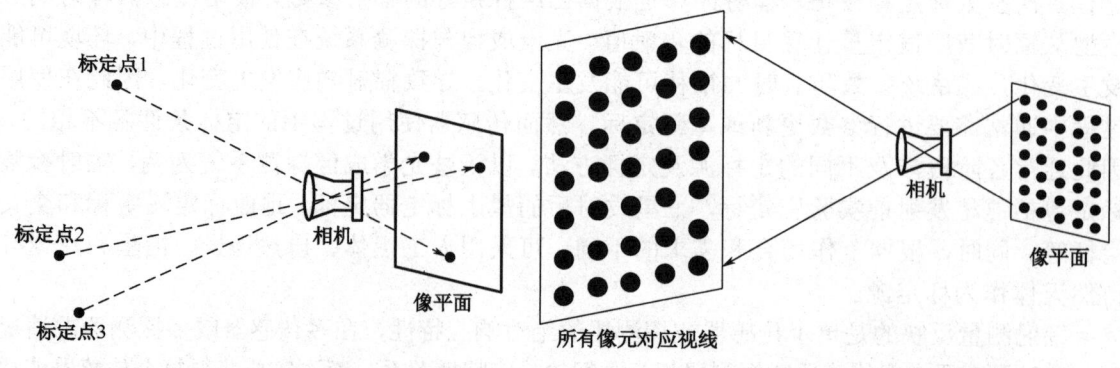

图 6-1　几何参数解算示意图　　　　　图 6-2　视线计算示意图

同样，视线测量反映了单个传感器或探测器的几何特性。在序列图像处理或多传感器、多波段探测器情况下，有些应用并不需要准确获得各像元的绝对视线信息，而仅需要考虑多传感器、多探测器或多帧图像之间的相对几何关系。例如，在多帧图像联合处理的过程中，一般需要先确定各图像之间的相对几何关系，此过程一般也叫图像配准。

## 6.2 辐射测量原理与方法

### 6.2.1 光电成像辐射响应模型

光电成像系统一般模型如图 6-3 所示。指向控制机构负责接收指令，或根据初始化设定的工作参数实时改变传感器的中心指向。实际的光学系统成像时，物空间一点发出的光在像空间总是分散在一定的区域内，因此光学聚焦镜头具有一定的点扩散特性。分光片及滤镜的用处是将不同波段的光投到不同的焦平面上分别成像，获得多波段图像。焦平面/制冷系统为光电探测器提供必要的低温条件。最后光电探测器通过线/面阵模数转换将光信号转换为电信号，并对电信号进行采样和量化，形成数字图像。

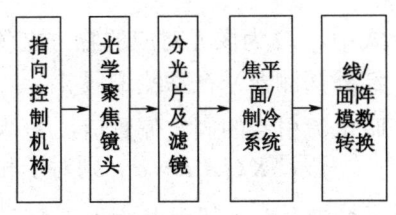

图 6-3 光电成像系统一般模型

#### 1. 辐射响应误差

以上辐射能量的从观测物体到图像变化的各个环节，不可避免存在模型误差或噪声，辐射响应的主要来源及其表现形式如表 6-1 所示。

表 6-1 辐射响应的主要来源及其表现形式

| 辐射响应 | 主要来源 | 表现形式 |
| --- | --- | --- |
| $1/f$ 噪声 | 因其功率谱接近于频率的负幂指数分布而得名，通常认为它是由半导体的表面电流引起的，又称为电流噪声。 | 不同阵列元内部的 $1/f$ 噪声可以近似地认为彼此互不相关。$1/f$ 噪声为一非平稳的随机过程，表现为信号的加性变化。 |
| 电荷传输效率 | 存在于焦平面阵列的移位读出机构，如红外 CCD（电荷耦合器件），读出控制信号将感应电荷逐个移出至读出节点，每一行或每一列设置一个读出节点。 | 表现为图像平面上的阴影，随像素点与阵列读出节点间的距离而指数变化，距离越大，亮度越暗。通常为固定的乘性噪声。 |
| 放大电路非一致性 | 响应信号分别经焦平面不同放大器放大，放大倍数和带通特性不同。 | 表现为行间的明暗变化，信号的固定乘性变化。 |
| 红外光学系统的影响 | 受镜头的加工精度、镜头孔径等因素的影响。 | 如红外相机中遮光罩的影响使得图像表现为中间亮而四周暗，以光轴为中心，按 $\cos^4$ 规律分布，为固定乘性噪声。 |
| 焦平面阵列所处环境的温度变化 | 带有循环制冷机构的焦平面阵列受此影响较小，而对于无制冷的阵列受此影响较大。 | 温度变化影响阵列元响应，并且温度的变化往往是随机的。 |
| 焦平面无效探测阵列元 | 少量阵列元对红外辐射的响应很弱或几乎不响应。 | 阵列元在图像上一直表现为黑点。 |

#### 2. 辐射响应模型

辐射响应误差在像平面上具有固定的形式，表现为乘性和加性噪声。但是这种噪声会随着环境温度和时间等发生缓慢漂移。由于漂移的随机性很强,很难对其设定参数并建立数学模型寻找规律。现有的研究都是通过建立自适应的辐射响应模型,不断更新参数来实现漂移校正。

一般选用的探测器,其输出会与所探测对象的某个物理性质呈线性关系(至少存在一段线性区),红外探测器也不例外。因此,很多资料都以线性模型作为研究焦平面阵列辐射畸变的基础。同时,也有一些研究工作基于红外探测器的非线性模型。其实两者并不冲突,非线性模型中也存在线性区。某些研究侧重于全局性质,因而考虑非线性模型;而有些研究侧重于红外探测器在局部范围的表现,此时使用线性模型会更加贴切。

根据以上分析,每个探测器像元输出的灰度值 DN 与接收到的辐射通量的关系为

$$\mathrm{DN} = K\Omega_s A_0 R \int_{\lambda_2}^{\lambda_1} L_\lambda \mathrm{d}\lambda + b \tag{6-1}$$

式中,$\Omega_s$ 为像元对应的物方立体角;$A_0$ 为光学系统的入瞳面积;$R$ 为成像系统(光学系统和红外探测器)在探测谱段 $\lambda_1 \sim \lambda_2$ 的平均光谱响应度;$L_\lambda$ 为目标的光谱辐射亮度;$b$ 为探测器暗电流引起的固定偏置值;$K$ 为线性系数。

假设 $K\Omega_s A_0 R = a$,则对于相同的探测器,在不改变探测器参数(焦距、入瞳、滤光片等)的情况下,上述值基本上不变,可认为 $a$ 为一常数;同时,有 $\int_{\lambda_2}^{\lambda_1} L_\lambda \mathrm{d}\lambda = L_b$,为黑体在 $\lambda_1 \sim \lambda_2$ 的光谱辐射亮度。则式(6-1)可以写成

$$\mathrm{DN} = aL_b + b \tag{6-2}$$

于是,探测器像元的灰度值就和对应目标的光谱辐射亮度呈线性关系,只需得到一组 $L_b$ 和 DN,就可以通过线性拟合得到探测器的响应度曲线。而实际中,由于探测器自身各种噪声(热噪声、$1/f$ 噪声、散粒噪声、产生-复合噪声等)的影响,对某一固定的 $L_b$ 值,DN 为一个包含误差的随机变量,式(6-2)变为

$$\mathrm{DN} = aL_b + b + \varepsilon \tag{6-3}$$

式中,$\varepsilon$ 为随机误差项,它包含了探测器自身的不确定度、辐射源的不确定度和由响应度非线性造成的不确定度。

### 6.2.2 辐射参数定标方法

辐射测量的核心步骤是对传感器的辐射参数进行定标,即建立传感器的数字量化输出灰度值与其所对应视场中辐射亮度值之间的定量关系。辐射参数定标是红外光电探测系统实现目标红外辐射信号定量化测量的基础。对红外探测器进行辐射定标,就是从观测目标的红外图像灰度值得到其辐射亮度、辐射强度和温度等信息。

**1. 两点定标法**

根据上一节中的分析,假设每个探测单元的响应是线性的,探测单元的响应在一段时间内具有稳定性。探测器的响应函数可以用式(6-3)表示,辐射响应模型中只有 $a$ 与 $b$ 未知,其中 $a$ 为响应函数的斜率,$b$ 为响应函数的截距。对于这样的线性响应模型,根据两点确定一条直线的确定位置原理,一般采用两点定标算法。两点定标算法示意图如图 6-4 所示。

如图 6-4(a)所示,直线 A 和 B 是具有不同响应率(斜率)和不同暗电流(截距)的两个探测元件的输入-输出响应关系。两点定标根据两点确定一条直线的原理,依据已知的辐射输入值,计算直线的斜率和截距,即确定直线方程,从而获取像元的辐射响应特性。两点定标后,可以根据已知的辐射输入计算图像灰度,或根据图像灰度反推辐射输入大小。

此外，两点定标还可以和非均匀校正结合，输入-输出直线的斜率与截距不同分别反映出响应率和暗电流的不均匀性。非均匀校正就是要使直线 A、B 重合于一条直线。为此拟定一条标准直线 S，将直线 A、B 作平移变化，可得到三条直线，如图 6-4（b）所示；再将 A、B 直线以 S 直线为基准作旋转变换，使得三条直线完全重合，如图 6-4（c）所示，从而完成两点定标。

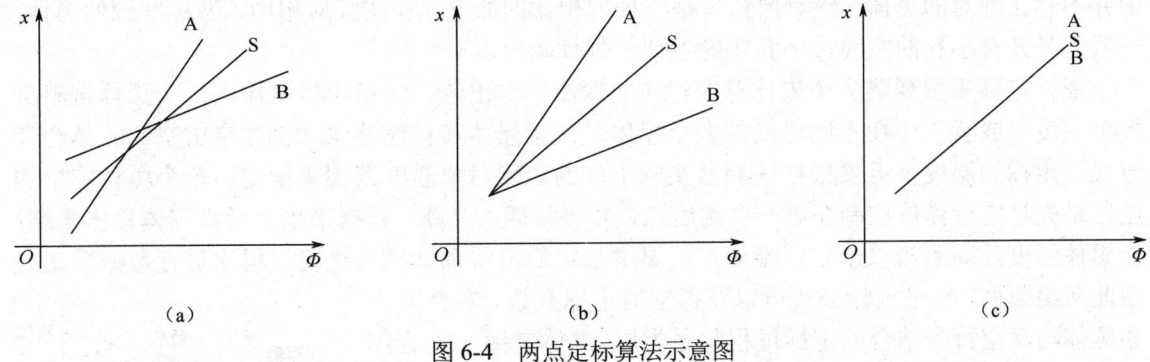

图 6-4 两点定标算法示意图

### 2. 多点定标法

两点定标法假定探测元的响应特性是线性的，而实际上探测元的响应特性只在一定的温度范围内近似线性，在较大的温度范围内表现出来的仍是非线性。现实情况下，红外焦平面阵列的输出响应往往不能保持理想特性，在考虑红外成像系统的整个动态范围的时候，响应特性的两端通常有较大波动，此时线性方程远远不能满足定标的要求。

在上述情况下，可以采用多点定标法对定标系数进行求解。多点定标法是在两点定标法的基础上改进而来的，假设响应呈分段线性，因而适合更大的目标温度范围。多点定标法的基本原理和两点定标法一样，也是在一定温度范围内取两个温度点，计算线性模型的增益因子和漂移因子，以焦平面上所有像元的平均值作为期望值，得到各像元输出响应的估计值。多点定标法过程示意图如图 6-5 所示。

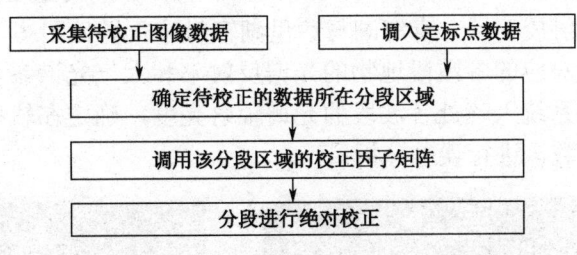

图 6-5 多点定标法过程示意图

## 6.2.3 辐射定标源

辐射参数定标需要利用已知辐射信息的辐射源，对辐射响应模型中的辐射参数进行定标求解，即求解 $a$ 和 $b$。所以在定标的过程中，定标辐射源非常关键。任何发射红外波段电磁波的物体均称为红外辐射源。辐射源包括标准辐射源（黑体）、实用红外辐射源、自然背景辐射源和人工目标辐射源。实用红外辐射源主要是实验室和光谱仪器中一些常用的红外辐射源；自然背景辐射源指自然界中如太阳、月亮、恒星、地面、大气、云层等自然红外辐射源；人工目标辐射源主要是典型目标，如火箭、飞机、坦克、红外诱饵等辐射源。在光电成像与探测应用中，根据探测器标定场合、环境条件、工作阶段等因素，一般可用的标定源有人造黑体、自然场地、自然天体（如恒星、月球）等。

## 1. 黑体

根据光谱发光率的变化规律，黑体的发射率、光谱发射率均等于 1，黑体的辐射特性遵守普朗克公式、维恩位移定律和斯蒂芬-玻尔兹曼定律。

黑体辐射源一般作为标准辐射源，对探测器的辐射特性参数进行标定。然而，在自然界中并不存在绝对的黑体，绝对黑体只是一种理想化的概念。在实际应用中，做标准源的黑体，一般都是开有小孔的空腔，小孔辐射近似于黑体辐射。

黑体定标需要观测多个黑体温度对应的探测器输出值，一般可以采用同一个黑体调整到多个温度，或者工作在不同温度的多个黑体，或者黑体和自然背景（例如宇宙空间）结合等方式。定标的温度点需要根据探测器实际工作的观测对象温度范围来确定。单个黑体定标的过程是先将定标黑体控制在第一个温度点，并将其插入光路，数据采集之后将黑体移出光路；将黑体温度升高到第二个定标温度点，温度稳定后再将黑体插入光路，再次进行数据采集。由此两组数据，通过定标公式可以获得辐射定标系数。多个黑体和黑体与深空背景结合的定标过程与之类似。黑体定标一般适合于实验室定标和航天在轨星上定标。实验室中使用面源黑体对探测器进行定标时，由于需要对探测器的每个像元进行定标，黑体必须覆盖相机的整个视场，从而得到全部的定标系数，而且要尽量扣除大气的衰减和远程辐射的影响。实际上，只有将黑体直接放于镜头前才能符合要求（或者使用黑体加平行光管的组合模拟无穷远目标），面源黑体实验室定标如图 6-6 所示。

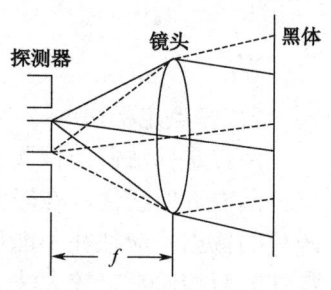

图 6-6 面源黑体实验室定标

## 2. 自然场地

自然场地定标指的是传感器处于正常运行条件下，选择辐射定标场地，通过地面同步测量对传感器进行的定标。自然场地定标是让在轨探测系统和地面仪器同步观测某些特定的地物目标，如沙漠、水面、草场等面积大、表面平坦均匀、朗伯特性良好、反射率已知的地物目标（一般称为辐射校正场）。美国新墨西哥州的白沙场、非洲的撒哈拉沙漠以及青海湖、达里湖都是正在使用的辐射校正场，青海湖与达里湖辐射校正场如图 6-7 所示。自然场地定标需要测量在轨探测系统对应的各波段地物的光谱反射率和大气光谱参量，并利用大气辐射传输模型推导出在轨探测系统入瞳处各波段的光谱辐射亮度，确定在轨探测系统所对应的输出量化关系，求解定标系数，进行误差分析。

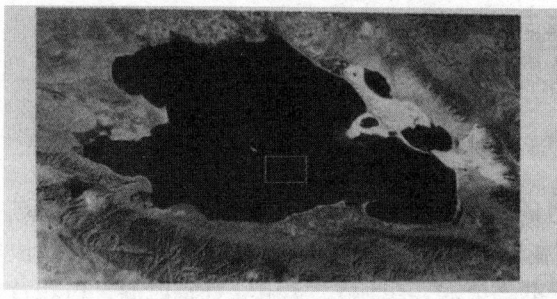

（a）青海湖辐射校正场　　　　　　　　（b）达里湖辐射校正场

图 6-7 青海湖与达里湖辐射校正场

地面辐射场地外定标方法可以实现全孔径、全视场、全动态范围的定标，并考虑到大气和环境的影响，对于提高辐射定标精度具有重要意义。在遥感和气象等应用领域，我国已经建成了敦煌陆地定标试验场和青海湖水面定标试验场，并分别针对我国的 FY-2B 气象卫星、HY-1 海洋卫星和 CBERS-1 资源卫星等卫星开展了场地外定标方法试验。风云二号地球静止轨道卫星利用青海湖水体、敦煌戈壁滩进行卫星与地面的同步测量，对红外和可见光通道进行在轨绝对定标。自然场地定标方法要求探测系统的工作谱段具有较好的大气透过性，以保证可靠地对地观测，因而这种方法难以适用于大气吸收谱段的相机。

**3. 恒星**

黑体定标需要专门的黑体和光路设计，并且黑体本身的辐射精度随时间推移可能产生不稳定现象，因而以航天器为平台的探测系统仍需寻找其他的定标途径。由于恒星辐射比较稳定，卫星接收到的恒星辐射大小可根据对恒星的观测及星地距离的变化精确地算出，因此恒星是理想的定标源，恒星定标是星上绝对定标的发展方向之一。为此在遥感等领域开展了利用恒星进行全系统、全口径定标的研究。

恒星定标首先需要搜索确定所选恒星的位置，提取准确的视在恒星辐射强度。对于天基光学成像传感器来说，凝视传感器视场小，恒星数目有限，可以对照星表计算落在视场内的恒星及恒星在图像中的理论亮度值，将其和实际图像中亮度对比，即可获得定标系数。由于实际恒星成像的辐射往往分布到多个像元上，因而需要将多个恒星像元的亮度聚合起来，并扣除背景辐射亮度的影响，才能得到恒星的视在亮度。

恒星定标不需要额外的人造辐射源和光路设计，并且恒星辐射稳定。恒星定标的前提是需要依赖于星表获取恒星的方位和辐射的光谱信息。

## 6.2.4 探测器非均匀校正

成像系统辐射响应误差不仅导致图像的响应与理想模型存在偏差，并且由不同像素产生的偏差还可能不一致，即存在成像系统的非均匀性。而这种非均匀性会使得对于均匀输入的场景，产生非均匀的图像输出。

焦平面阵列技术使不同的像素点对应不同的探测元，虽然采用多路传输等信号处理技术提高了整体成像性能，但也可能导致探测器产生非均匀性，使得各探测元在同一均匀辐射下，有着不同幅度的输出。

可以认为，单点扫描方式的探测器不存在非均匀性问题；在线阵扫描成像方式下，非均匀性仅存在于线阵方向；而凝视传感器焦平面阵列的非均匀性则存在于整个焦平面上。因此，越是大规模的器件，非均匀性问题就越突出。非均匀性产生示意图如图 6-8 所示。

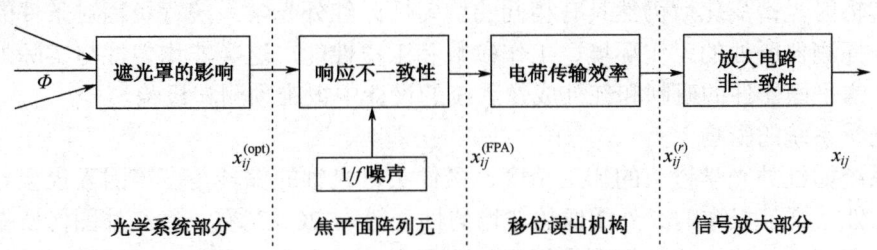

图 6-8 非均匀性产生示意图

**1. 非均匀性的产生分析**

导致红外图像非均匀性的因素十分复杂，目前人们对于它的认识已经比较清楚，但对其数学描述却大部分局限于经验公式，还不能完整地建立红外热成像非均匀性产生的数学模型和理论计算公式。从信号传递的过程来看，首先是探测器像素响应率的不一致性，红外焦平面阵列由成千上万个像素组成，由于各个像素的响应参数不尽相同，造成即使在均匀输入的情况下，各个像素的响应也不一致，这是导致红外焦平面阵列非均匀性的主要因素；其次是读出电路自身以及读出电路和探测器的耦合因素等。在这些非均匀因素中，有些仅与探测器自身性能相关，其中线性的因素比较容易测定和校正，而对于其中与目标红外辐射、器件工作条件等相关的非均匀性因素，则很难进行控制。下面就非均匀性的产生进行分析。

（1）器件自身的非均匀性

器件自身的非均匀性与材料质量、工艺过程等有关，如掺杂浓度、表面态密度的不均匀、由栅极氧化物厚度的变化而引起的阈值电压的变化等，这些问题难以避免。不同的阈值电压在相同光栅偏压下的响应是不同的。像素的尺寸差异引起的有效面积的不一致也是非均匀性产生的因素。这与工艺过程有很大的关系，除了受制版、光刻精度等因素影响，往往腐蚀工艺的控制好坏也直接影响像素的面积。另外，材料的不均匀性对响应变化的影响也十分明显，除了受材料和工艺过程的不均匀性影响，器件转移效率的不一致也有影响，其特点是随像素位置的变化，这种不均匀性变化比较缓慢，也称为低频响应的不均匀性，通常要求控制在5%的范围内。

（2）器件工作状态引入的非均匀性

在红外成像系统的性能中，与红外焦平面器件的工作状态相关的主要参数有焦平面器件的环境温度和工作温度、红外探测器及读出电路的驱动信号。焦平面探测器的辐射响应性能与它所处的实际温度相关，焦平面器件的温度均匀性影响整个焦平面阵列的响应均匀性。同样，红外探测单元及其读出电路单元驱动信号的变化也会影响整个焦平面阵列的均匀性。这类非均匀性主要由焦平面器件的工作状态所决定。同一个焦平面在不同的成像系统中，或在不同的工作环境中都会表现出不同的非均匀性特征。同时，焦平面器件工作时，半导体内部电荷的流动引入了$1/f$噪声。虽然目前对$1/f$噪声的形成尚未完全清楚，但通常认为它是由半导体的表面电流引起的，故又称为电流噪声。这种噪声主要由加性噪声构成，对探测器件的非均匀性也有较大影响。

（3）外界输入的非均匀性

在红外成像系统中，目标和背景的红外辐射强度变化范围、红外热像仪光学系统的背景辐射等外界输入均会对焦平面器件的非均匀性产生影响。景物的红外辐射变化主要为辐射总量和辐射光谱两种形式，由于红外探测器的光谱响应比较复杂，因此辐射总量的响应均匀性并不代表其辐射光谱变化后仍然具有相同的均匀性。红外光学系统背景辐射条件的变化将直接影响红外探测器所处的工作环境、工作参数和工作性能。这类非均匀性与实际外界条件密切相关，在焦平面器件的研制和红外成像系统的设计中很难预测和检验。

（4）光学系统的影响

光学系统如红外光学镜头的加工精度、摄像头对光轴的偏转角度等因素也会导致红外图像的非均匀性。文献报道的红外图像的非均匀性一般为20%左右，对红外图像质量有着严重的影响，如果不进行校正，目标图像很难从背景中分辨出来。因此，必须对其进行非均匀性校正。

非均匀性校正的方法有很多，基本可以分为两类：基于参照源和基于场景的校正方法。

基于参照源的非均匀性校正方法要求在特定温度的黑体均匀辐射下，对红外焦平面阵列定标，通常使用两点定标法或多点定标法，基于场景的方法不需要黑体标定，而是根据场景的运动,在每个像素上产生场景温度的变化。这些温度每变化一次统计一个参考点,依照这些参考点,探测器的非均匀性影响就可以被校正了。

基于场景的非均匀性校正方法,一些学者对此开展了大量的研究工作,并提出了多种基于场景的非均匀性校正方法。时域高通滤波法以时空遍历性为前提,即红外焦平面的每个探测元经过若干时间,能够观测到场景中任何位置的辐射量。在此假设下,成像系统和场景间应存在充分的相对运动,或者需要大量的图像帧(一般 1000 帧以上),以保证算法的收敛。但在实际中,时域高通滤波法不适用于静止场景,易导致图像处理的拖尾现象,并且耗费大量时间,难以满足实时性要求。人工神经网络法也被提出,但算法中待处理像素的期望值求解存在固有缺陷,导致算法处理结果不理想。卡尔曼滤波法和恒定统计平均法都是基于红外焦平面接收场景辐射量在时域上服从均匀分布的假设,但这在背景缓慢移动的图像序列中很难满足。图像配准法只适用于场景整体移动的场合,不能对包含相对运动目标的序列图像进行校正。

**2. 基于标定的非均匀性校正方法**

红外像素响应示意图如图 6-9 所示。假设各探测元的响应为线性响应,如图 6-9(a)所示。从图中可以看出各探测元在相同输入条件下,具有不同的输出特性。输入输出曲线截距的不同反映了探测器噪声电流的不均匀性,曲线斜率的不同反映了响应率的不均匀性。非均匀性校正就是使相同辐射条件下的探测器的响应曲线重合于一条曲线,为此设定一条标准曲线,将各探测元的响应曲线分别做旋转和平移变换,如图 6-9(b)所示,最终使各探测元的响应曲线完全重合,如图 6-9(c)所示。

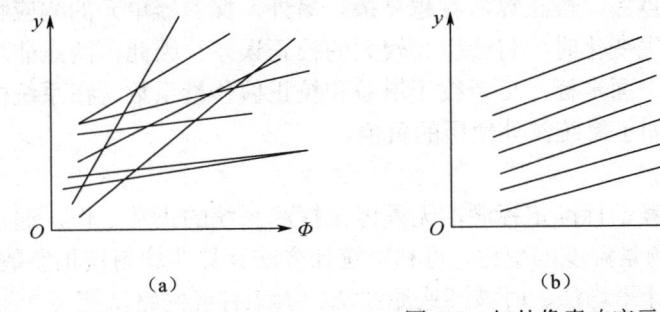
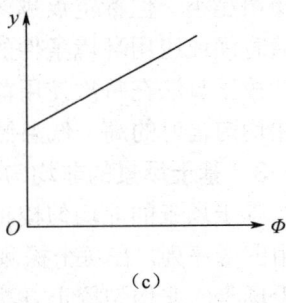

图 6-9 红外像素响应示意图

两点非均匀性校正算法根据系统的动态范围,使黑体分别工作在两个不同的温度下,分别测出各探测元在不同温度下的响应值,然后归一化,得到各像素校正增益和偏移量分别为

$$G_{ij} = \frac{V_H - V_L}{\overline{y_{ij}(\varphi_H)} - \overline{y_{ij}(\varphi_L)}} \tag{6-4}$$

$$O_{ij} = \frac{V_L \overline{y_{ij}(\varphi_H)} - V_H \overline{y_{ij}(\varphi_L)}}{\overline{y_{ij}(\varphi_H)} - \overline{y_{ij}(\varphi_L)}} \tag{6-5}$$

式中,$G_{ij}$ 和 $O_{ij}$ 分别为校正增益和校正偏移量;$\overline{y_{ij}(\varphi_H)}$ 和 $\overline{y_{ij}(\varphi_L)}$ 分别为高温和低温下所有探测元的响应平均值。

经过两点校正后的输出为

$$y_{ij}(n) = G_{ij}(n)x_{ij}(n) + O_{ij}(n) \tag{6-6}$$

式中,$x_{ij}(n)$ 为 $n$ 时刻像素 $(i,j)$ 校正前的输出;$y_{ij}(n)$ 为 $n$ 时刻像素 $(i,j)$ 校正后的输出。

两点非均匀性校正过程如下:

① 使焦平面通过光学系统与平面黑体辐射源对准,黑体辐射均匀照射在红外焦平面阵列上,并充满焦平面的整个视场;

② 控制黑体辐射源的温度;

③ 测量焦平面每个探测元的响应值,该测量值在一个预先设定的曝光时间内完成,响应值储存在第一存储单元;

④ 重复步骤③,在大量设定的时间内完成大量的测试数据,重复次数为8次到10次;

⑤ 对每个探测元在特定温度下的响应值求平均;

⑥ 对所有探测元的响应值求平均;

⑦ 重复步骤③、④、⑤、⑥,计算每一探测元在特定温度下的响应平均值及所有探测元的响应平均值;

⑧ 根据式(6-4)和式(6-5),计算每一探测元的响应增益和响应偏移量,分别存储在查找表LUT内,以供校正时取用。

⑨ 根据查找表LUT内的增益和偏移量,按式(6-6)对红外图像进行校正。该算法假设探测元的响应是线性的,是一种较成熟的NUC算法。该算法的最大优点是实现简单,易于在实时系统中实现。

两点非均匀性校正算法建立在线性假设的基础上,校正精度随像素响应的非线性增加而降低。实际探测元的响应为非线性的,因此两点定标的原理误差必然存在。响应非线性造成的空间噪声与标定点数的位置有很大关系,远离标定点的部分空间噪声大。为了降低非线性引起的残留空间噪声,可以采用"多点法"或"曲线拟合法"校正。标定点数越多,残留空间噪声越小。但标定点越多,数据量越大,校正算法就越复杂。另外,探测器单元的响应特性随时间或应用环境条件的不同而发生变化时,将会引起较大的校正误差。因此,两点非均匀性校正算法在每次使用前必须对焦平面定标,更新校正增益和校正偏移量系数,在系统中增加均匀辐射的高、低温黑体,也增加了系统额外使用的负担。

**3. 基于场景的非均匀校正方法**

基于场景的非均匀校正方法不依赖于标准定标源,无须停止探测系统的正常工作,通常使用图像序列,在每个探测元上产生场景温度的变化,再利用统计方法计算非均匀校正参数。基于场景的非均匀校正方法有恒定统计平均法、时域高通滤波法、人工神经网络法等。

**(1) 恒定统计平均法**

恒定统计平均法建立在如下假设之上:每个探测元的输出信号的统计平均值是恒定的,每个探测元的输入信号的统计方差都相等。待测输出 $y(t) = ax(t) + b$ 的平均值和方差可由下面的公式得到,即

$$m_y = E[y] = E[ax+b] = aE[x]+b = am_x + b \tag{6-7}$$

$$\delta_y^2 = \mathrm{var}[y] = \mathrm{var}[ax+b] = a^2 \delta_x^2 \tag{6-8}$$

不失一般性,假定 $E[x]=0$,$\delta_x^2 = 1$,则得每个像素的未知变量 $a$ 和 $b$ 为

$$b = E[y] = m_y \tag{6-9}$$

$$a = \delta y \tag{6-10}$$

偏移量为

$$s_y = \frac{1}{T}\int_0^T |y(t)-m_y|\mathrm{d}t = \frac{1}{T}\int_0^T |ax(t)|\mathrm{d}t = as_x \tag{6-11}$$

增益为

$$a = \frac{s_y}{s_x} \tag{6-12}$$

对于每个探测元，参数 $\delta_x$ 和 $s_x$ 都相同，都作为一个比例因子。单位变量信号可由下面偏移归一化方程得到，即

$$x = \frac{y - m_y}{s_y} \tag{6-13}$$

采用下列方程估计非连续信号的平均值和标准偏移量，即

$$m_y(n) = \frac{1}{n}\sum_{k=1}^{n} y(k) \tag{6-14}$$

$$s_y(n) = \frac{1}{n}\sum_{k=1}^{n} |y(k) - m_y(k)| \tag{6-15}$$

为了减少计算，上式可改为

$$m_y(n) = \frac{y(n) + (n-1)m_y(n-1)}{n} \tag{6-16}$$

$$s_y(n) = \frac{|y(n) - m_y(n)| + (n-1)s_y(n-1)}{n} \tag{6-17}$$

使用这种方法，每个探测元每一步只需四次乘法/除法和四次加法/减法运算。国外针对恒定统计平均算法进行了专用模拟芯片的研究。

（2）时域高通滤波法

阵列元的响应特性随时间缓慢变化，阵列元内部的 $1/f$ 噪声主要集中在低频部分。目标相对于杂波背景在像面上有较大的运动速度，因此目标信号具有相当多的高频能量；而背景杂波，如云层等在像平面上的移动速度很小或相对静止，因而表现为低频分量。因此，采用高通滤波器方法可以在实现非均匀校正的同时达到突出目标的目的。时域高通滤波法原理图如图 6-10 所示。

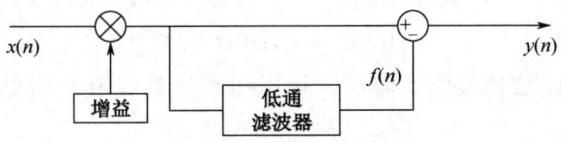

图 6-10 时域高通滤波法原理图

如图 6-10 所示，可得

$$y(n) = x(n) - f(n) \tag{6-18}$$

低通滤波输出为

$$f(n) = \frac{X(n)}{N} + \left(1 - \frac{1}{N}\right)f(n-1) \tag{6-19}$$

式中，$N$ 为设置的帧数。可以先假设某像素在第 $n$ 帧经校正后得到一个滤波器输入量 $x(n)$，经过无限冲击响应滤波器低通滤波后，得到了低通滤波输出 $f(n)$，再通过减法运算，得到一个高通滤波输出 $y(n)$。经 $z$ 变换，得到的传递函数为

$$H(z) = \frac{Y(z)}{X(z)} = \frac{(N-1)(z-1)}{Nz - (N-1)} \tag{6-20}$$

这种方法抑制了 $1/f$ 噪声对图像的影响，克服了基于参照元校正存储大的问题，但也要求探测器有较好的线性响应率。

（3）人工神经网络法

红外成像系统的理想情况是不对焦平面阵列进行定标（或自动定标）。依赖于人工神经网络方法，自适应地进行校正系数的更新是目前实验室研究的热点之一。

具体方法是让每个神经元连接一个阵列元，再设计一个隐含层，它的每个神经元就像水平细胞元那样与邻近几个阵列元连接起来，得到它们的平均输出值，反馈到其上层神经元，计算非均匀性；采用最陡下降法，依据实际场景逐帧迭代，直到最佳状态。人工神经网络法原理图如图6-11所示。

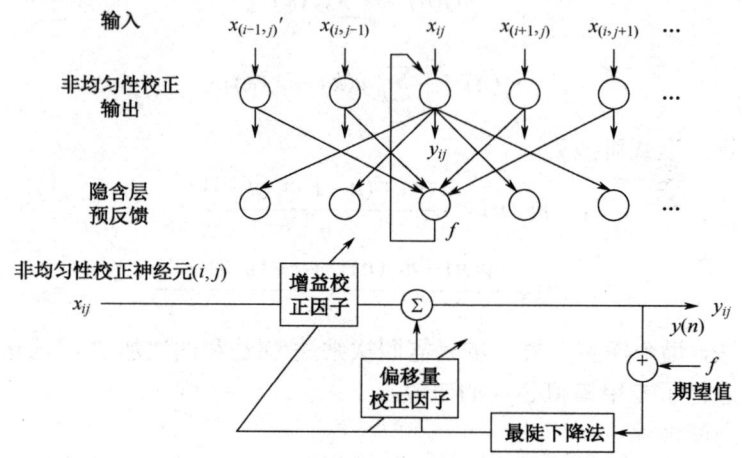

图6-11 人工神经网络法原理图

计算邻域平均值，

$$\overline{x}_{i,j} = \frac{x_{(i-1,j)} + x_{(i,j-1)} + x_{(i+1,j)} + x_{(i,j+1)}}{4} \tag{6-21}$$

令 $y = Gx + O$，其中 $G$ 为增益校正因子，$O$ 为偏移量校正因子。误差函数为

$$F(G,O) = (Gx + O - f)^2 \tag{6-22}$$

利用此函数的梯度函数和最陡下降法，可以得到计算 $G$ 和 $O$ 的迭代公式为

$$G_{n+1} = G_n - 2ax(y-f) \tag{6-23}$$

$$O_{n+1} = O_n - 2ax(y-f) \tag{6-24}$$

式中，$a$ 为下降步长；$n$ 为帧数。

利用线性校正算法，可得

$$y_{n+1} = G_{n+1} \times x_{n+1} + O_{n+1} \tag{6-25}$$

可见，人工神经网络法在理论上完全不需要对焦平面阵列进行定标，其校正系数可以连续更新，对探测器参数的线性和稳定性要求不高，但在应用时计算量大，需要采用特殊的并行计算机结构来实现。

**4．各类非均匀校正算法的优缺点**

各类非均匀校正算法都有其优缺点。基于标定的非均匀校正算法精度低，动态范围小，特别是当红外焦平面阵列各探测器单元响应的非线性比较突出时，校正效果显著变差。但是，基于标定的非均匀校正法适合于所有类型的红外图像非均匀性校正，因此被广泛应用于军事领域。相比之下，基于场景的非均匀校正方法虽然在一定范围内精度较高，并且不需要专门的标定源，但是其依赖于场景的分布和图像序列特性。四种校正方法的优点和缺点如表 6-2 所示。

表 6-2 四种校正方法的优点和缺点

| 方法 | 优点 | 缺点 |
|---|---|---|
| 基于标定的非均匀校正法 | 算法简单；实时工作；不需要场景运动，适用于静止景物的观测。 | 需要用参考黑体辐射源先进行初始定标；长时间工作后，需要重新定标；由于像素的漂移和非线性，空间噪声大于时间噪声；需要昂贵的附加设备。 |
| 恒定统计平均法 | 不需要初始定标；在低时间噪声情况下，方法简单可靠易实现，信噪比高；空间噪声能降低到接近时间噪声水平。 | 收敛性差，许多情况下不易实现。 |
| 时域高通滤波法 | 不需要初始定标；实时工作；方法简单；使用适当的时间常数能使空间噪声降低到时间噪声水平；本身具有滤掉低频噪声和减小渐晕效应的能力。 | 只能用于偏移校正，因此必须有良好的增益均匀性；需要场景运动或探测器运动，否则将引起图像衰减；对于较小的时间常数，会出现像阴影，有时可能出现信号和场景内容的轻度丢失。 |
| 人工神经网络法 | 不需要初始定标；噪声能降低到接近空间噪声水平；当背景改变时可以跟踪像素的非均匀性；在相对短的周期内可以连续更新增益和偏移量。 | 实时工作需要先进的多处理结构；要求场景运动或探测器运动否则会出现像模糊；存在网络稳定性问题，需要更多的实验去验证其原理的正确性。 |

**5. 校正评价指标**

无论是绝对定标还是非均匀校正，其核心思想都是通过求解增益校正因子和偏移量校正因子来改善输出图像的响应特性，而响应特性的好坏需要有相关的红外焦平面阵列响应特性指标来评价。但是由于自然图像变化丰富，目前还没有一个国际统一的定义和度量方法。不同的定义侧重点不同，它们往往只反映某一方面的特性，或比较适合系统的某些指标要求。

在关于探测器指标下非均匀性的描述中提到，红外焦平面阵列响应特性的定义为均匀入射辐射下焦平面阵列像元输出值的均方误差与输出平均值的百分比，其表达式如式（5-33）所示。

式（6-26）反映了焦平面的非均匀性，然而焦平面仅均匀是不够的，还要求测温准确。可以用伪信噪比（Pseudo Signal to Noise Ratio，PSNR）指标来反映待评估图像与原图的不一致程度，表示为

$$\text{PSNR} = 20\lg\left(\frac{2^b}{\text{RMSE}}\right) \quad (6\text{-}26)$$

$$\text{RMSE} = \sqrt{\frac{1}{MN}\sum_{i=1}^{M}\sum_{j=1}^{N}(\hat{I}_{ij} - I_{ij})^2} \quad (6\text{-}27)$$

式中，RMSE 为均方误差，用来度量校正算法在改进图像的非均匀性方面是否达到较为理想的状态的执行效果；$\hat{I}_{ij}$ 和 $I_{ij}$ 分别是像点原始值和校正值。

## 6.2.5 盲元的判断与处理

红外成像技术作为当今比较成熟的一种成像手段，具有很多可见光成像技术不具备的特点。但由于器件制作工艺和技术本身的限制，红外成像也存在一定的缺陷，特别是探测器中存在一些响应"迟钝"的单元，即盲元。这些盲元会在一定程度上影响成像质量，因此采用一定的手段找出这些盲元并对其探测出的像素点进行适当处理显得尤为重要。

### 1. 盲元的定义与分类

盲元不仅是可视红外图像上突兀不和谐的黑点或者白点，还有探测器上的无效的探测元在图像中对应的像元。判断盲元应该根据盲元对应点的响应特性与总体响应特性的区别，以及对应点响应的可变化区间来考虑。红外探测器的盲元分为两类，一类是过热盲元，为噪声电压比探测器的平均噪声电压高出一定倍数（通常为 10 倍）的探测元；另一类是死盲元，为探测元的响应率与平均响应率相差一定比例（通常为 1/10）的探测元。盲元按主要表现形式分为两种，一种是固定盲元，即一直保持饱和状态或者截止状态的像元，在图像中体现为图像中的白点、暗点还有灰度值一直不变的点。这种盲元的灰度值不会因为其他因素的改变而改变；另一种是随机盲元，实质就是噪声很高的像元，在图像中经常是时黑时白的像素点，它的灰度值与输入的变化也无关。

红外焦平面中的盲元是一种特殊的非均匀性问题。关于图像中的正常像元，对图像实施非均匀性校正算法是为了优化输入信号和输出信号之间的关系，从而达到"给探测单元提供相同的辐射强度，让生成的图像中的每个点都能产生一样的灰度"的效果。然而，给盲元提供不断增大的辐射，其输出的电流却不会因为辐射的增大而有规律地增大。由于盲元对任何大小的辐射所响应产生的输出都不会改变，如果其出现在红外焦平面中，那么输出信号中噪声的比例会大大增加，降低红外图像的可信度和利用价值。

当前比较成熟的解决途径主要有两种方法：第一种方法是从"根"上解决问题，即在红外探测器的生产环节做努力，采用更前沿的制作工艺来提高探测器的质量，尽可能不产生盲元。此种方法虽然彻底，但耗费成本过高，而且容易受到制作工艺的制约。第二种方法是在探测器生产之后做后期的检测，通过对探测器的成像特点进行分析，检测出盲元的位置，把它从正常的像元中分离出来，再进行相应的校准补偿，用算法把它的灰度调节到正常灰度的范围内。

### 2. 盲元的检测算法

（1）双参考辐射源法

双参考辐射源法是红外成像系统中经常采用的技术手段，该技术经常用在红外成像的两点非均匀性校正算法中。该方法的原理是，采用两个具有不同温度的均匀类黑体材料，一般一个为无源常温材料（与环境温度一致），另一个为有源高温材料（由一个温控模块控制其温度在某一设定值），根据同一探测器对不同的两个辐射源得到的两组响应数据，计算出该探测器的不同特性参数，并依此调整成像质量。

作为红外探测器本身来说，各探测元的响应温度特性曲线在一定的动态范围内应该是线性的，但是该线性动态范围一般比较窄，盲元的响应动态范围远离正常的探测元的动态范围，探测元响应曲线示意图如图 6-12 所示（其中曲线 2 是正常像元响应，曲线 1、3 是盲元的响应），可见盲元的响应温度特性曲线多为非线性，并且变化斜率偏高或偏低。盲元对两个不同温度的辐射体响应时，其两点差值偏离正常探测单元的两点差值。

（2）一点定标法

一点定标法是根据盲元的基本定义，由像元响应率和噪声电压的计算公式一起，计算出响应率小于 0.1 倍平均响应率或噪声电压大于 10 倍平均噪声电压的像元，并将其标记为盲元。以下是一点定标法的检测步骤。

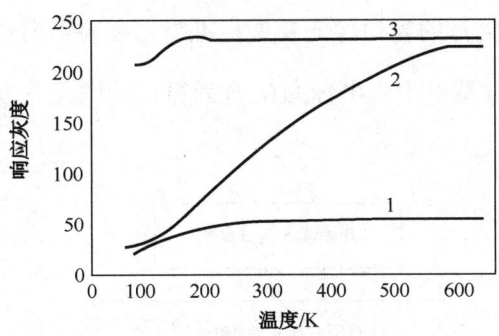

图 6-12 探测元响应曲线示意图

步骤 1：对所有像元进行计算，得到平均响应率 $\bar{R}$ 和平均噪声电压 $\bar{V}_N$

$$\bar{R} = \frac{1}{MN}\sum_{i=1}^{M}\sum_{j=1}^{N}R(i,j) \tag{6-28}$$

$$\bar{V}_N = \frac{1}{MN}\sum_{i=1}^{M}\sum_{j=1}^{N}V_N(i,j) \tag{6-29}$$

步骤 2：找出响应率小于 $0.1\bar{R}$ 的像元 $d$，为死像元，标记为盲元。

步骤 3：剔除已经被标记为盲元的 $d$，再对图像进行一次遍历，找出噪声电压大于 $10\bar{V}_N$ 的像元 $h$，为过热像元，标记为盲元。

步骤 4：剔除已经被标记为盲元的 $d$ 和 $h$，再对剩下的像元求平均响应率 $\bar{R}$ 和平均噪声电压 $\bar{V}_N$，从剩下的像元中找出响应率小于 $0.1\bar{R}$ 的像元和噪声电压大于 $10\bar{V}_N$ 的像元，他们分别是死像元和过热像元，标记为盲元。

步骤 5：令 $d = d + \Delta d$，$h = h + \Delta h$，判断 $\Delta d/d > 0.001$，若是，则跳回步骤 4，继续循环执行步骤 4 和 5；否则，判断是否 $\Delta h/h > 0.001$，若是，则跳回步骤 4，继续循环执行步骤 4 和 5；否则退出检测计算。一点定标法流程如图 6-13 所示。

一点定标法是基于国家标准中盲元定义的最基本的检测方法，它的步骤简单并且容易理解，但是并没有考虑实际环境中温度对系数的影响，而且定标过程需要较长时间地打断系统的正常工作以便采集黑体的均匀辐射，操作流程比较烦琐，仅适用于检测固定盲元。

（3）自适应阈值检测法

由于红外焦平面阵列探测器各阵列元的响应非均匀性使得红外图像表现为区域灰度不一致，这就给直接采用全局阈值进行判断带来了困难，阈值太大容易造成漏判，阈值太小又会造成局部过判。而基于滑动窗口的自适应阈值检测法可以较好地克服以上困难。这里滑动窗口指的是以某一像元为中心，取一个 $(2n+1) \times (2n+1)$ 的窗口，通过求窗口内像元的均值与标准差来判断该中心像元是否为盲元。在这里，窗口的大小选取非常重要。窗口太大将不能有效地消除区域非均匀性对盲元检测的影响，而窗口太小，基于统计特性的均值和标准差又不是很准确。经反复实验，$n$ 取 4 或 5 时检测精度最高。

由于基于均匀背景的红外图像的灰度值近似于正态分布，利用这一统计特性和盲元在图像中的表现特征，文中采用"$3\sigma$"准则对盲元进行判断，即把响应值在平均响应灰度$\pm 3\sigma$ 之外的像元自动判定为盲元。阈值计算公式如下

$$\sigma(i,j) = \sqrt{\frac{1}{(2n+1)^2}\sum_{k=i-n}^{i+n}\sum_{l=j-n}^{j+n}[f(k,l)-\mu(i,j)]^2} \tag{6-30}$$

式中，$\sigma(i,j)$ 为中心坐标 $(i,j)$ 的窗口像元灰度标准差；$n$ 为半窗宽；$f(k,l)$ 为窗内像元灰度值；$\mu(i,j) = \sum_{k=i-n}^{i+n} \sum_{l=j-n}^{j+n} f(k,l)$ 是以中心坐标为 $(i,j)$ 为窗口的像元灰度平均值。自适应阈值盲元检测具体实现步骤如下。

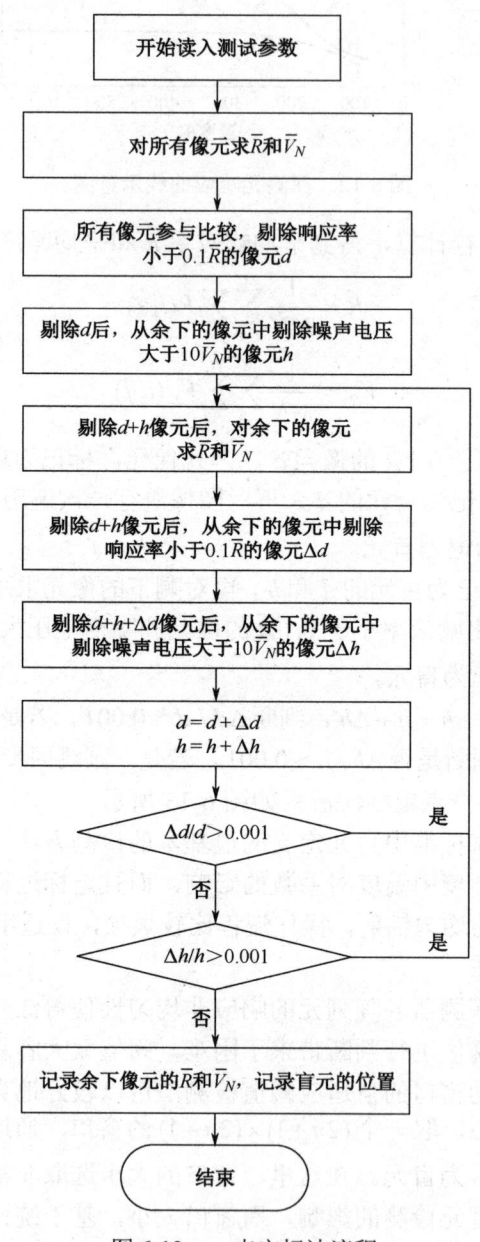

图 6-13 一点定标法流程

步骤 1：对原始图像进行镜像延拓。

步骤 2：以 $(i,j)$ 为中心进行加窗，并计算中心坐标为 $(i,j)$ 时窗内像元均值 $\mu(i,j)$ 与标准差 $\sigma(i,j)$。

步骤 3：计算中心像元灰度值与均值的偏差 $e(i,j) = f(i,j) - \mu(i,j)$。

步骤 4：判断 $e(i,j)$ 是否大于 $3\sigma(i,j)$，如果是则判定为盲元，并记录当前的坐标 $(i,j)$，进入下一步，否则直接进入第 6 步。

步骤 5：将盲元的灰度值 $f(i,j)$ 用均值 $\mu(i,j)$ 替代，以提高后续像元的盲元检测精度。

步骤 6：将窗口中心移动到下一个像元，返回步骤 2，直到中心像元扫描完所有的像素。

### 3．盲元的补偿

盲元的补偿又称为盲元校正，是采用盲元周围的有效图像信息或前后帧的图像信息对盲元位置的信息进行预测与替换的过程。总结起来，盲元的补偿方法有很多，在这里介绍以下四种。

（1）相邻元替代法。采用相邻元替代盲元，即采用盲元邻域的正常像元的值来取代盲元的值，从而取得较好的图像视觉效果。相邻元替代法利用盲元邻域中正常像元的灰度值来代替盲元的灰度值，是一种比较简单的盲元补偿算法。在景物细节比较多的情况下，该方法使用相邻元进行替代会造成图像的不连续失真，因而在可见光应用（例如电视图像处理）中应用较少。而在红外图像中，物体不同辐射强度的对比度与分辨率均低于可见光，存在一种"模糊成像"的效应，因此相邻元替代法在大部分红外场景中可以取得较为理想的效果。相邻元替代法补偿效果如图 6-14 所示。

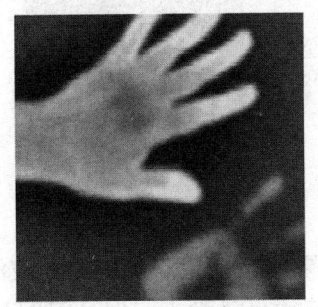

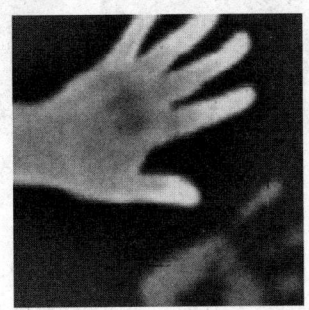

(a) 原始热图像　　　　　　　(b) 加入盲元热图像　　　　　　(c) 替代算法补偿结果

图 6-14　相邻元替代法补偿效果

（2）均值法。用相邻的四个像元进行平均替代中心的盲元。该算法采用盲元某个特定邻域中正常的像素灰度的平均值来代替盲元像素的灰度值，有点类似于均值滤波技术。该算法可以避免前面提到的替代算法所带来的图像重复问题，但在盲元数量较多并较为集中的情况下会造成图像的模糊，尤其是在图像的边缘部分。

（3）中值滤波法。该方法的理论前提是认为盲元在图像中的表现与图像散粒噪声相同，但是天空中的遥远星体的成像面积较小，类似孤立的噪声点，若只采用中值滤波法，可能会将其误剔除。

（4）均值-中值结合法。综合考虑邻域平均法和中值滤波法的优缺点，可以采用将邻域平均和中值滤波相结合的改进补偿方法。该方法首先计算盲元 8 邻域的平均值，然后用该平均值替代原盲元的灰度值，最后再用中值滤波法对其进行二次修正，从而得到最终的盲元补偿结果，算法的具体实现如下。

步骤 1：计算邻域平均值。

$$\overline{f}(i,j) = \sum_{k=i-n}^{i+n}\sum_{l=j-n}^{j+n}[f(k,l)H(n-i+1,n-j+1)] \tag{6-31}$$

式中，$\overline{f}(i,j)$ 为邻域平均补偿的结果；$f(k,l)$ 为盲元灰度值；$H$ 为邻域平均算子

$$H = \frac{1}{8} \begin{bmatrix} 1 & 1 & 1 \\ 1 & 0 & 1 \\ 1 & 1 & 1 \end{bmatrix} \quad (6\text{-}32)$$

步骤 2：计算用均值 $\bar{f}(i,j)$ 替代盲元 $f(i,j)$ 后的中值滤波结果。

$$\hat{f}(i,j) = \text{Med} \begin{Bmatrix} f(i-1,j-1) & f(i-1,j) & f(i-1,j+1) \\ f(i,j-1) & \bar{f}(i,j) & f(i,j+1) \\ f(i+1,j-1) & f(i+1,j) & f(i+1,j+1) \end{Bmatrix} \quad (6\text{-}33)$$

式中，$\hat{f}(i,j)$ 为盲元补偿的最终结果；Med 为取中值运算。

文中分别用均值法、中值滤波法和均值-中值结合法对盲元的检测结果进行了补偿，在这里邻域平均法用的是 8 邻域，中值滤波法用的是 3*3 的滤波器。不同方法盲元补偿结果如图 6-15 所示。

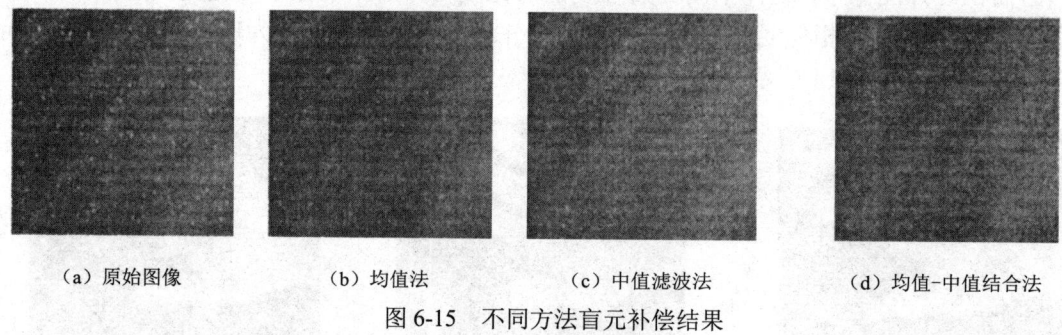

(a) 原始图像　　(b) 均值法　　(c) 中值滤波法　　(d) 均值-中值结合法

图 6-15　不同方法盲元补偿结果

从理论分析和补偿图像中可以看出均值-中值结合法的效果要好于均值法和中值滤波法。在实际使用中，要根据系统的要求选择不同的补偿方法，均值法计算量最小，但是它的补偿效果最差；均值-中值结合法能够取得相对较好的效果，但是它的计算量也是最大的。因此具体选择哪种补偿方法要综合考虑补偿效果、补偿速度、硬件实现等各种要素。

## 6.3　相机几何标定

空间某点的三维几何位置坐标与其在图像中对应点之间的相互关系是由相机的几何成像模型决定的，这些几何模型参数就是相机参数。多数情况下，这些参数必须通过实验与计算才能得到，这个过程称为相机的标定。标定过程就是确定相机的几何光学参数及相机相对于世界坐标系的方位的过程。

相机参数总是相对于某种几何成像模型的，这个模型是对光学成像过程的简化。如针孔成像模型，它是相机标定研究的基本模型。然而，在很多情况下，这种线性模型不能准确描述相机成像的几何关系，如在近距、广角时的情形。因此，还需考虑线性或非线性的畸变误差补偿，才能更合理地视为针孔模型的成像过程，利用校正后的模型进行三维重建才能得到更高的精度，因此成像模型和畸变误差补偿成为视觉中相机标定研究的重要内容。

相机标定的基本方法是，在一定的相机模型下，基于特定的实验条件如形状、尺寸已知的标定参照物，对其进行图像处理，利用一系列数学变换和计算方法，求取相机模型的内部参数和外部参数。

相机标定一般分为经典标定方法和自标定方法。经典标定方法利用已知物体上的一些点的三维坐标和它们相应的图像点坐标，计算相机的内外参数。当前对传统相机标定技术的研究集中在非线性畸变校正。经典标定方法具有标定精度高、可以使用任意相机模型的优点，其不足之处在于标定过程复杂，需要高精度的标定块或标定框架。在应用场合要求较高且相机参数不经常变化时，一般采用此类方法。而自标定方法不依赖标定参照物，仅利用相机在运动过程中周围环境的图像与图像之间的对应关系对相机进行标定。自标定方法包括基于主动视觉的相机自标定方法（基于平移运动的自标定技术和基于旋转运动的自标定技术）、利用本质矩阵和基本矩阵的自标定方法、利用多幅图像之间直线对应关系的相机自标定方法等。自标定方法非常灵活，但标定过程复杂，鲁棒性不足，不宜用于实时性要求较高的场合，主要应用于精度要求不高的场合，如虚拟现实等。相机标定系统如图 6-16 所示，经典标定靶标的控制点类型如图 6-17 所示。

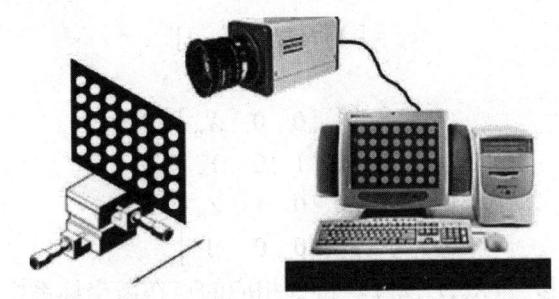

图 6-16　相机标定系统

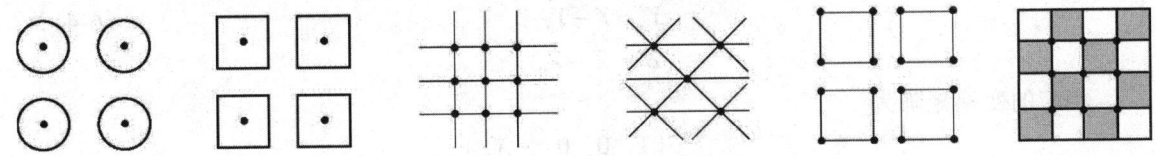

图 6-17　经典标定靶标的控制点类型

## 6.3.1　相机成像模型

### 1. 坐标变换

常用的坐标变换包括平移变换、尺度放缩变换、旋转变换、级联等。坐标变换包含两个方面的含义：坐标系不变而原坐标点坐标变换；原坐标点不变而坐标系发生变换。

（1）平移变换

① 用平移量 $(X_0, Y_0, Z_0)$ 将坐标为 $(X, Y, Z)$ 的点平移到新的位置，这种平移变换可用如下三个等式完成

$$X' = X + X_0$$
$$Y' = Y + Y_0 \quad (6\text{-}34)$$
$$Z' = Z + Z_0$$

矩阵形式为

$$\begin{bmatrix} X' \\ Y' \\ Z' \end{bmatrix} = \begin{bmatrix} 1 & 0 & 0 & X_0 \\ 0 & 1 & 0 & Y_0 \\ 0 & 0 & 1 & Z_0 \end{bmatrix} \begin{bmatrix} X \\ Y \\ Z \\ 1 \end{bmatrix} \quad (6\text{-}35)$$

一般来说，坐标变换常将几个变换级联产生组合的结果，如平移后加上旋转等。上式的

变换矩阵不是方阵，运算起来比较麻烦，因此采用齐次坐标的形式等价写为

$$\begin{bmatrix} X' \\ Y' \\ Z' \\ 1 \end{bmatrix} = \begin{bmatrix} 1 & 0 & 0 & X_0 \\ 0 & 1 & 0 & Y_0 \\ 0 & 0 & 1 & Z_0 \\ 0 & 0 & 0 & 1 \end{bmatrix} \begin{bmatrix} X \\ Y \\ Z \\ 1 \end{bmatrix} \tag{6-36}$$

采用统一的矩阵表达形式，即

$$c_h = TW_h \tag{6-37}$$

$T$ 是 4×4 变换矩阵，$W_h$ 是包含原坐标的矢量，即

$$W_h = [X \quad Y \quad Z \quad 1]^T \tag{6-38}$$

$c_h$ 是变换后坐标组成的矢量，即

$$c_h = [X' \quad Y' \quad Z' \quad 1]^T \tag{6-39}$$

平移矩阵可以写成

$$T = \begin{bmatrix} 1 & 0 & 0 & X_0 \\ 0 & 1 & 0 & Y_0 \\ 0 & 0 & 1 & Z_0 \\ 0 & 0 & 0 & 1 \end{bmatrix} \tag{6-40}$$

② 将原坐标系原点移至 $(X_0, Y_0, Z_0)$，得到相应的点在新坐标系中的平移坐标为

$$\begin{aligned} X' &= X - X_0 \\ Y' &= Y - Y_0 \\ Z' &= Z - Z_0 \end{aligned} \tag{6-41}$$

相应的变换矩阵为

$$T = \begin{bmatrix} 1 & 0 & 0 & -X_0 \\ 0 & 1 & 0 & -Y_0 \\ 0 & 0 & 1 & -Z_0 \\ 0 & 0 & 0 & 1 \end{bmatrix} \tag{6-42}$$

矩阵表达形式为

$$c_h = TW_h \tag{6-43}$$

（2）尺度放缩变换

$S_x$、$S_y$、$S_z$ 沿 $X$、$Y$、$Z$ 轴进行缩放变换可用如下变换矩阵来实现

$$S = \begin{bmatrix} S_x & 0 & 0 & 0 \\ 0 & S_y & 0 & 0 \\ 0 & 0 & S_z & 0 \\ 0 & 0 & 0 & 1 \end{bmatrix} \tag{6-44}$$

（3）旋转变换

① 坐标系中的点绕坐标轴转动

点绕坐标轴转动如图 6-18 所示。坐标系中的某点绕某一坐标轴旋转，旋转角是按从旋转轴正向看原点的顺时针方向定义的。设坐标系内一点 $A$ 绕 $Z$ 轴顺时针旋转 $\gamma$ 角度。由 $A$ 点转至 $A'$ 点。则有

$$\begin{bmatrix} X_{A'} \\ Y_{A'} \\ Z_{A'} \end{bmatrix} = \begin{bmatrix} \cos\gamma & \sin\gamma & 0 \\ -\sin\gamma & \cos\gamma & 0 \\ 0 & 0 & 1 \end{bmatrix} \begin{bmatrix} X_A \\ Y_A \\ Z_A \end{bmatrix} \tag{6-45}$$

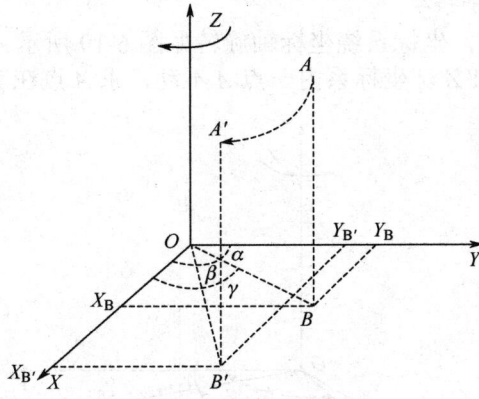

图 6-18　点绕坐标轴转动

同理，将一点绕 $X$ 轴转 $\alpha$ 角度，可用如下变换矩阵实现。

$$\boldsymbol{R}_\alpha = \begin{bmatrix} 1 & 0 & 0 & 0 \\ 0 & \cos\alpha & \sin\alpha & 0 \\ 0 & -\sin\alpha & \cos\alpha & 0 \\ 0 & 0 & 0 & 1 \end{bmatrix} \tag{6-46}$$

或

$$\boldsymbol{R}_\alpha = \begin{bmatrix} 1 & 0 & 0 \\ 0 & \cos\alpha & \sin\alpha \\ 0 & -\sin\alpha & \cos\alpha \end{bmatrix} \tag{6-47}$$

将一点绕 $Y$ 轴转 $\beta$ 角度，可用如下变换矩阵实现。

$$\boldsymbol{R}_\beta = \begin{bmatrix} \cos\beta & 0 & \sin\beta & 0 \\ 0 & 1 & 0 & 0 \\ -\sin\beta & 0 & \cos\beta & 0 \\ 0 & 0 & 0 & 1 \end{bmatrix} \tag{6-48}$$

或

$$\boldsymbol{R}_\beta = \begin{bmatrix} \cos\beta & 0 & \sin\beta \\ 0 & 1 & 0 \\ -\sin\beta & 0 & \cos\beta \end{bmatrix} \tag{6-49}$$

将一点绕 $Z$ 轴转 $\gamma$ 角度，可用如下变换矩阵实现。

$$\boldsymbol{R}_\gamma = \begin{bmatrix} \cos\gamma & \sin\gamma & 0 & 0 \\ -\sin\gamma & \cos\gamma & 0 & 0 \\ 0 & 0 & 1 & 0 \\ 0 & 0 & 0 & 1 \end{bmatrix} \tag{6-50}$$

或

$$R_\gamma = \begin{bmatrix} \cos\gamma & \sin\gamma & 0 \\ -\sin\gamma & \cos\gamma & 0 \\ 0 & 0 & 1 \end{bmatrix} \quad (6-51)$$

② 坐标系绕某一坐标轴转动

设原坐标系为 $O-XYZ$，坐标系绕坐标轴旋转如图 6-19 所示。坐标系绕 $Z$ 轴顺时针旋转 $\gamma$ 角度，新坐标系为 $O-X'Y'Z$。坐标系内一点 $A$ 不动，求 $A$ 点在新坐标系 $O-X'Y'Z$ 的坐标。

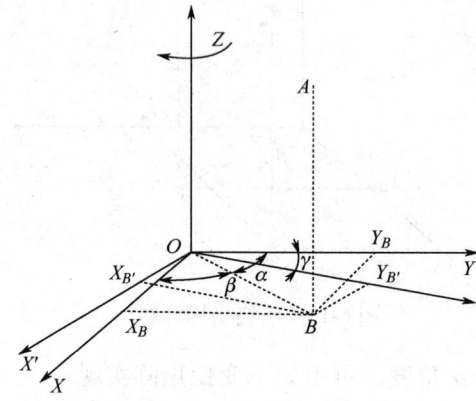

图 6-19 坐标系绕坐标轴旋转

如图 6-19 所示，设 $OB = R$，则有

$$Y_B = R\cos\alpha \quad (6-52)$$
$$X_B = R\cos\beta$$

则

$$X_{B'} = R\cos(\beta + \gamma) \quad (6-53)$$
$$Y_{B'} = R\cos(\alpha - \gamma)$$

则

$$X_{B'} = R\cos(\beta + \gamma) = R(\cos\beta\cos\gamma - \sin\beta\sin\gamma) = X_B\cos\gamma - Y_B\sin\gamma \quad (6-54)$$
$$Y_{B'} = R\cos(\alpha - \gamma) = R(\cos\alpha\cos\gamma + \sin\alpha\sin\gamma) = Y_B\cos\gamma + X_B\sin\gamma$$

写成矩阵形式为

$$\begin{bmatrix} X_{B'} \\ Y_{B'} \\ Z_{B'} \end{bmatrix} = \begin{bmatrix} \cos\gamma & -\sin\gamma & 0 \\ \sin\gamma & \cos\gamma & 0 \\ 0 & 0 & 1 \end{bmatrix} \begin{bmatrix} X_B \\ Y_B \\ Z_B \end{bmatrix} \quad (6-55)$$

同理将坐标系绕 $X$ 轴转 $\alpha$ 角度，可用如下旋转变换矩阵实现。

$$R_\alpha = \begin{bmatrix} 1 & 0 & 0 & 0 \\ 0 & \cos\alpha & -\sin\alpha & 0 \\ 0 & \sin\alpha & \cos\alpha & 0 \\ 0 & 0 & 0 & 1 \end{bmatrix} \quad (6-56)$$

或

$$R_\alpha = \begin{bmatrix} 1 & 0 & 0 \\ 0 & \cos\alpha & -\sin\alpha \\ 0 & \sin\alpha & \cos\alpha \end{bmatrix} \quad (6-57)$$

将坐标系绕 $Y$ 轴转 $\beta$ 角度，可用如下旋转变换矩阵实现。

$$R_\beta = \begin{bmatrix} \cos\beta & 0 & -\sin\beta & 0 \\ 0 & 1 & 0 & 0 \\ \sin\beta & 0 & \cos\beta & 0 \\ 0 & 0 & 0 & 1 \end{bmatrix} \tag{6-58}$$

或

$$R_\beta = \begin{bmatrix} \cos\beta & 0 & -\sin\beta \\ 0 & 1 & 0 \\ \sin\beta & 0 & \cos\beta \end{bmatrix} \tag{6-59}$$

将坐标系绕 $Z$ 轴转 $\gamma$ 角度，可用如下旋转变换矩阵实现。

$$R_\gamma = \begin{bmatrix} \cos\gamma & -\sin\gamma & 0 & 0 \\ \sin\gamma & \cos\gamma & 0 & 0 \\ 0 & 0 & 1 & 0 \\ 0 & 0 & 0 & 1 \end{bmatrix} \tag{6-60}$$

或

$$R_\gamma = \begin{bmatrix} \cos\gamma & -\sin\gamma & 0 \\ \sin\gamma & \cos\gamma & 0 \\ 0 & 0 & 1 \end{bmatrix} \tag{6-61}$$

（4）级联

连续多个变换可用一个 $4\times 4$ 的变换矩阵表示。例如，对一个坐标矩阵为 $W_h$ 的点的平移、放缩、绕 $Z$ 轴旋转变换可表示为

$$c_h = R_\gamma[S(TW_h)] = AW_h \tag{6-62}$$

式中，$A$ 是一个 $4\times 4$ 的矩阵，这些矩阵的运算次序一般不可互换。

**2．成像变换**

最常见的成像变换是几何透视变换，其特点是随着三维场景与相机之间距离的变化，像平面上的投影也发生变化。

（1）成像坐标系

为了描述空间一点与其在像平面上的投影之间的相互关系，即阐述相机模型和相机标定方法，需定义相关坐标系。根据相机成像系统定义如下坐标系。

① 世界坐标系：又叫真实坐标系，是在真实环境中选择一个参考坐标系来描述物体和相机的位置。

② 相机坐标系：是以相机的光心为坐标原点，$Z$ 轴与光轴重合、与成像平面垂直，$X_c$ 轴与 $Y_c$ 轴分别与图像坐标系的 $x$ 轴和 $y$ 轴平行的坐标系。

③ 图像坐标系：原点是像平面与光轴的交点，$x$ 轴和 $y$ 轴分别与相机坐标系的 $X_c$ 轴与 $Y_c$ 轴平行，通常单位为 mm，图像的像素位置用物理单位来表示。

④ 像素坐标系：建立在图像中的平面直角坐标系，单位为像素，用来表示各像素点在像平面上的位置，其原点位于图像的左上角。

坐标系之间的转换关系如图 6-20 所示，可以更清晰地表达这四个坐标系之间的关系。

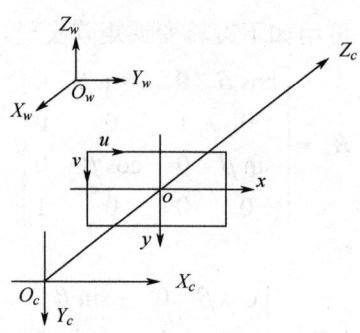

图 6-20　坐标系之间的转换关系

世界坐标系：$X_w$、$Y_w$、$Z_w$。相机坐标系：$X_c$、$Y_c$、$Z_c$。图像坐标系：$x$、$y$。像素坐标系：$u$、$v$。

其中，相机坐标系的 $Z_c$ 轴与光轴重合，且垂直于图像坐标系平面并通过图像坐标系的原点，相机坐标系与图像坐标系之间的距离为焦距 $f$（即图像坐标系原点与焦点重合）。像素坐标系平面 $u$-$v$ 和图像坐标系平面 $x$-$y$ 重合，但像素坐标系原点位于图中左上角（这么定义目的是从存储信息的首地址开始读写）。

（2）小孔成像模型

三维空间中物体到像平面的投影关系就是成像模型，透镜成像原理如图 6-21 所示。采用透镜成像描述相机成像原理，设物距为 $u$，透镜焦距为 $f$，像距为 $v$，根据几何光学的高斯成像定理，三者之间满足如下关系。

$$\frac{1}{f} = \frac{1}{u} + \frac{1}{v} \tag{6-63}$$

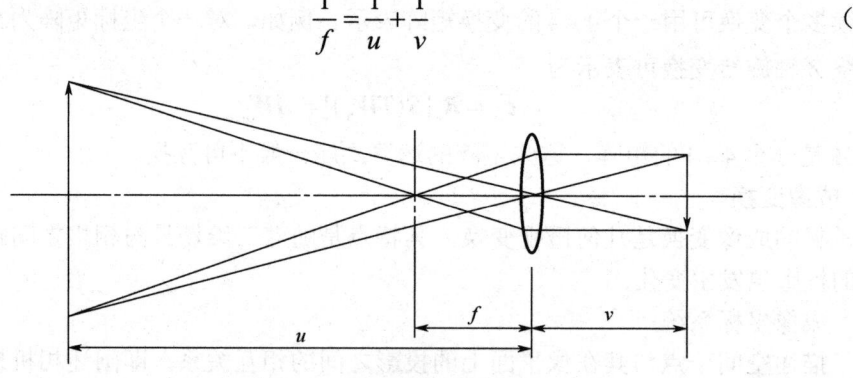

图 6-21　透镜成像原理

一般情况下，$u \gg f$，所以，$v \approx f$，即像距与透镜焦距相近。在实际应用中，小孔成像模型是计算机视觉中广泛采用的理想的投影成像模型，也称针孔成像模型。假设相机理想成像，不存在非线性畸变，小孔成像模型如图 6-22 所示。物体表面的反射光线都经过一个小孔而投影到像平面上，满足光的直线传播条件。景物点、针孔、景物点成的像在一条直线上，就像光线经过光学中心的一个小孔一样，故称小孔成像模型。景物点与针孔的连线与像平面的交点即为成像点。为方便起见，通常认为图像平面在针孔前面，即虚拟图像的位置。针孔模型主要由光心、成像面和光轴组成。

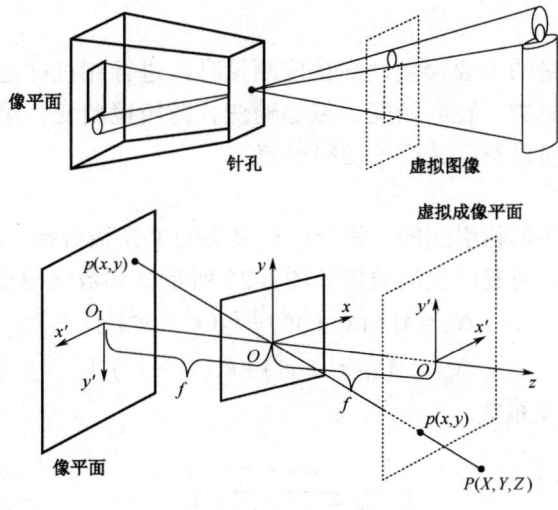

图 6-22  小孔成像模型

### 3. 相机镜头畸变

实验表明,描述相机成像的线性模型在很多情况下不能准确描述成像的几何关系,尤其在使用广角镜头时,远离图像中心处会有较大的畸变。

(1) 光学畸变一般概念

光学畸变如图 6-23 所示,由相机物镜系统设计、制作、装配所引起的像点偏离其理想位置的点位误差称为光学畸变。光学畸变可划分为径向畸变和偏心畸变两种类型。理想像点与实际像点位置关系如图 6-24 所示。径向畸变使像点沿径向方向偏离其理想位置;偏心畸变使像点沿径向方向和垂直径向方向,相对其理想位置都发生偏离,径向方向的畸变称为非对称径向畸变,垂直径向方向的畸变称为切向畸变。

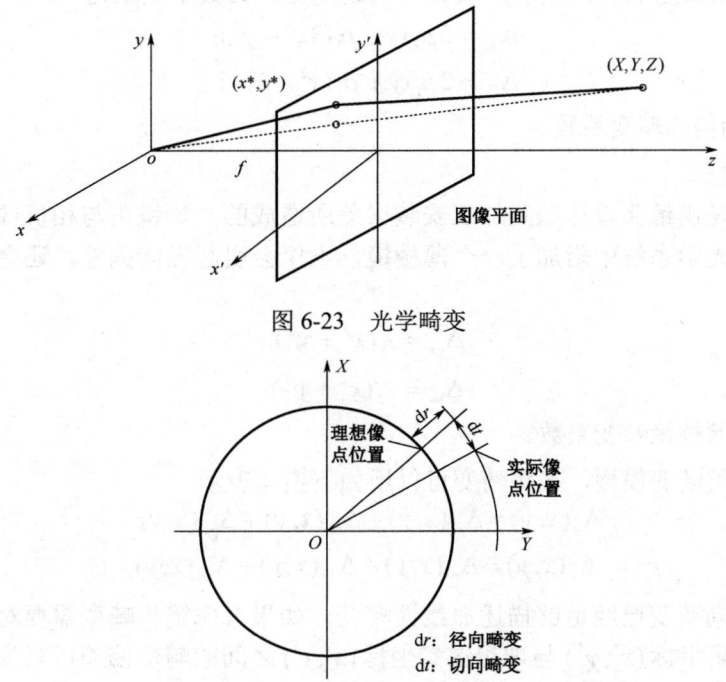

图 6-23  光学畸变

图 6-24  理想像点与实际像点位置关系

（2）畸变误差模型

光学畸变是视觉测量的主要误差，高精度测量时，进行相机标定必须考虑镜头的光学畸变。主要畸变误差分为三类：径向畸变、偏心畸变、薄棱镜畸变。第一类畸变只产生径向误差。后两类则既产生径向误差，又产生切向误差。

① 径向畸变

径向畸变主要由镜头形状引起的，关于相机镜头的主光轴对称。正向畸变称为枕形畸变，负向畸变称为桶形畸变。畸变产生的效果如图 6-25 所示。其数学模型为

$$\begin{aligned}\Delta_{rx} &= x[k_1(x^2+y^2)+k_2(x^2+y^2)^2]\\ \Delta_{ry} &= y[k_1(x^2+y^2)+k_2(x^2+y^2)^2]\end{aligned} \tag{6-64}$$

式中，$k_1$ 和 $k_2$ 为径向畸变系数。

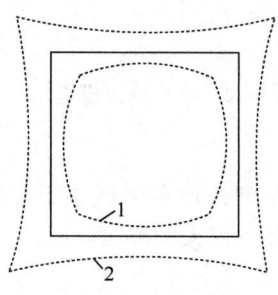

1—桶形畸变　2—枕形畸变

图 6-25　畸变产生的效果

② 偏心畸变

偏心畸变主要由光学系统光心与几何中心不一致造成的，即镜头器件的光学中心不能严格共线。这类畸变既含有径向畸变，又含有切线畸变。其数学模型为

$$\begin{aligned}\Delta_{dx} &= 2p_2xy + p_1(3x^2+y^2)\\ \Delta_{dy} &= 2p_1xy + p_2(x^2+3y^2)\end{aligned} \tag{6-65}$$

式中，$p_1$ 和 $p_2$ 为偏心畸变系数。

③ 薄棱镜畸变

薄棱镜畸变是由镜头设计缺陷加工安装误差所造成的，如镜头与相机像平面有很小的倾角等。相当于在光学系统中附加了一个薄棱镜，不仅会引起径向偏差，还会引起切向偏差。其数学模型为

$$\begin{aligned}\Delta_{px} &= s_1(x^2+y^2)\\ \Delta_{py} &= s_2(x^2+y^2)\end{aligned} \tag{6-66}$$

式中，$s_1$ 和 $s_2$ 为薄棱镜畸变系数。

综合上述各类畸变模型，镜头畸变可以用如下模型表示

$$\begin{aligned}\Delta_x(x,y) &= \Delta_{rx}(x,y)+\Delta_{dx}(x,y)+\Delta_{px}(x,y)\\ \Delta_y(x,y) &= \Delta_{ry}(x,y)+\Delta_{dy}(x,y)+\Delta_{py}(x,y)\end{aligned} \tag{6-67}$$

一般来说径向畸变已经足够描述非线性畸变。如果考虑镜头畸变需要对小孔成像模型进行修正，实际像素坐标 $(x^*,y^*)$ 与理想像素坐标 $(x',y')$ 之间的畸变偏差可写为

$$\begin{bmatrix} x' \\ y' \end{bmatrix} = \begin{bmatrix} x^* \\ y^* \end{bmatrix} + \begin{bmatrix} \Delta_{x^*} \\ \Delta_{y^*} \end{bmatrix} \quad (6\text{-}68)$$

**4．相机模型**

相机模型即描述空间点与其成像点之间关系的公式。根据所定义的世界坐标系、相机坐标系等几个坐标系之间的相互关联可以得到相机成像几何模型。

这里只考虑通用的相机模型，即世界坐标系、相机坐标系和像平面坐标系都不重合。此外，还考虑如下两个因素：第一，相机镜头的畸变误差，像平面上的成像位置与前述线性变换公式计算出的透视变换投影结果有偏差；第二，计算机中使用的图像坐标单位是存储器中离散像素的个数，所以像平面上的连续坐标还需要取整转换为离散坐标。

通用相机模型示意图如图 6-26 所示。

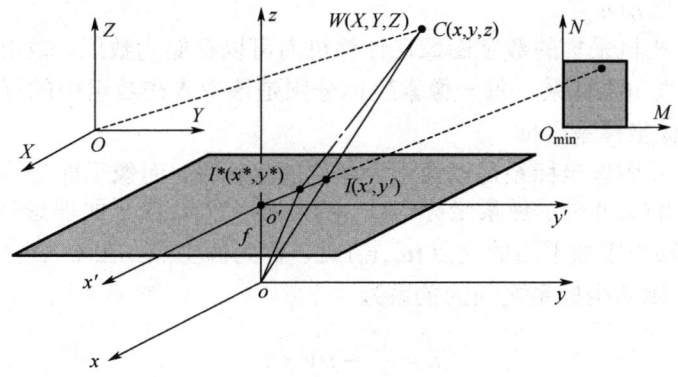

图 6-26　通用相机模型示意图

如图 6-26 所示，相机坐标系的原点 $O$ 位于相机的镜头中心，像平面坐标中心 $O'$ 位于光轴上，由小孔成像模型，$OO' = f$，$f$ 为焦距。从客观场景到数字图像的成像变换步骤如图 6-27 所示。

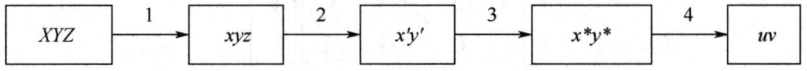

图 6-27　从客观场景到数字图像的成像变换步骤

（1）从世界坐标 $(X,Y,Z)$ 到相机三维坐标 $(x,y,z)$ 的变换可表示为

$$\begin{bmatrix} x \\ y \\ z \\ 1 \end{bmatrix} = \begin{bmatrix} \boldsymbol{R} & \boldsymbol{T} \\ \boldsymbol{0} & 1 \end{bmatrix} \begin{bmatrix} X \\ Y \\ Z \\ 1 \end{bmatrix} \quad (6\text{-}69)$$

式中，$\boldsymbol{R}$ 为 $3 \times 3$ 的旋转矩阵（两坐标系三组对应坐标轴间夹角的函数），$\boldsymbol{T}$ 为 $1 \times 3$ 的平移矢量。

（2）从相机三维坐标 $(x,y,z)$ 到无失真像平面理想坐标 $(x',y')$ 之间的变换有

$$\begin{aligned} x' &= f \frac{x}{z} \\ y' &= f \frac{y}{z} \end{aligned} \quad (6\text{-}70)$$

将式（6-70）用齐次坐标形式与矩阵表示为

$$\begin{bmatrix} x' \\ y' \\ 1 \end{bmatrix} = \begin{bmatrix} f/z & 0 & 0 & 0 \\ 0 & f/z & 0 & 0 \\ 0 & 0 & 1 & 0 \end{bmatrix} \begin{bmatrix} x \\ y \\ z \\ 1 \end{bmatrix} \quad (6\text{-}71)$$

（3）从无失真像平面理想坐标$(x',y')$到受镜头畸变影响而偏移的实际像平面坐标$(\hat{x},\hat{y})$的变换为

$$\hat{x} = x' - \Delta_{\hat{x}}$$
$$\hat{y} = y' - \Delta_{\hat{y}} \quad (6\text{-}72)$$

式中，$\Delta_{\hat{x}}$和$\Delta_{\hat{y}}$代表镜头畸变。

（4）从无失真像平面理想坐标$(x',y')$到像素坐标$(u,v)$的变换过程如下，图像坐标系与像平面坐标系如图 6-28 所示。

① 像素坐标：相机采集的数字图像在计算机内可以存储为数组，数组中每一个元素为像素。在图像上定义直角坐标系，每一像素坐标分别是该像素在数组中的行数和列数，所以是以像素为单位的图像坐标系坐标。

② 图像坐标系：图像坐标系是以像素为单位的坐标系，而像平面坐标系是连续坐标系或物理单位坐标系。用$(u,v)$表示像素坐标，$(x',y')$表示无失真像平面理想坐标，像平面坐标系原点定义在相机光轴与图像平面的交点$(u_0,v_0)$处，称为像主点。在$x'$轴$y'$轴方向上像素之间的距离为$S_x$和$S_y$。则两坐标系之间的关系为

$$u = \frac{x'}{S_x} + \mu y' + u_0$$
$$v = \frac{y'}{S_x} + v_0 \quad (6\text{-}73)$$

表示成矩阵形式为

$$\begin{bmatrix} u \\ v \\ 1 \end{bmatrix} = \begin{bmatrix} 1/S_x & \mu & u_0 \\ 0 & 1/S_y & v_0 \\ 0 & 0 & 1 \end{bmatrix} \begin{bmatrix} x' \\ y' \\ 1 \end{bmatrix} \quad (6\text{-}74)$$

由于相机制造及工艺等因素，像素点可能发生畸变，$\mu$定义为考虑像素点畸变的畸变因子，有时也称为图像不确定因子、倾斜因子等。矩阵 $S$ 称为内参数矩阵。

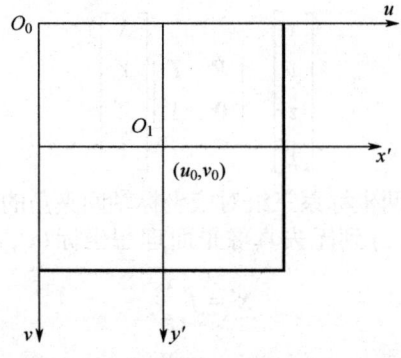

图 6-28 图像坐标系与像平面坐标系

综上所述，当世界坐标、相机坐标、像平面坐标、像素坐标都分开，且不考虑畸变影响

时，通用相机模型可表示为

$$z\begin{bmatrix}u\\v\\1\end{bmatrix}=\begin{bmatrix}1/S_x & 0 & u_0\\ 0 & 1/S_y & v_0\\ 0 & 0 & 1\end{bmatrix}\begin{bmatrix}f & 0 & 0 & 0\\ 0 & f & 0 & 0\\ 0 & 0 & 1 & 0\end{bmatrix}\begin{bmatrix}\boldsymbol{R} & \boldsymbol{T}\\ \boldsymbol{0} & 1\end{bmatrix}\begin{bmatrix}X\\Y\\Z\\1\end{bmatrix}$$

$$=\begin{bmatrix}f/S_x & 0 & u_0 & 0\\ 0 & f/S_y & v_0 & 0\\ 0 & 0 & 1 & 0\end{bmatrix}\begin{bmatrix}\boldsymbol{R} & \boldsymbol{T}\\ \boldsymbol{0} & 1\end{bmatrix}\begin{bmatrix}X\\Y\\Z\\1\end{bmatrix} \tag{6-75}$$

$$=\boldsymbol{M}_1\boldsymbol{M}_2\boldsymbol{W}_h=\boldsymbol{M}\boldsymbol{W}_h$$

$\boldsymbol{M}_1$ 只与相机内部结构有关，称为相机内部参数，主要包括 $x$ 方向尺度因子 $f/S_x$，$y$ 方向尺度因子 $f/S_y$，像主点在图像坐标系中的坐标 $(u_0,v_0)$，畸变因子 $\mu$。$\boldsymbol{M}_2$ 只与相机相对于世界坐标系的方位有关，称为相机外部参数。外部参数可以认为包括旋转矩阵 $\boldsymbol{R}$ 的 9 个参数和平移矩阵 $\boldsymbol{T}$ 的 3 个参数；也可以定义为 6 个，包括旋转矩阵的 3 个偏转角和平移矩阵的 3 个参数。$\boldsymbol{W}_h$ 为空间点在世界坐标系下的齐次坐标。相机标定过程如图 6-29 所示。

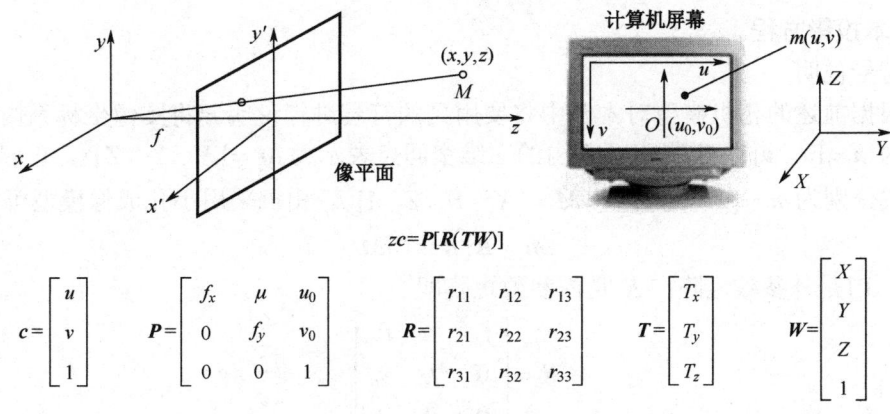

图 6-29  相机标定过程

上述相机模型为线性模型，如果已知相机的内外参数，即矩阵 $\boldsymbol{M}$ 已知，对任何空间点，知道其世界坐标，就可以求出其图像像素坐标系中该图像点的坐标。反过来，如果已知空间某点的图像坐标，即使已知其内外参数，空间坐标也不是唯一确定的，它对应空间的一条射线。当考虑相机镜头畸变时，相机模型为非线性模型，有

$$\begin{bmatrix}x'\\y'\end{bmatrix}=\begin{bmatrix}\hat{x}\\\hat{y}\end{bmatrix}+\begin{bmatrix}\varDelta_{\hat{x}}\\\varDelta_{\hat{y}}\end{bmatrix} \tag{6-76}$$

### 6.3.2  张正友相机标定法

张正友相机标定法是介于传统标定方法和自标定方法之间的一种方法，这种方法既避免了传统方法设备要求高，操作烦琐的缺点，又较自标定方法精度高。这种方法采用平面标定模板，只需标定模板的不同方向进行拍摄，不需要知道标定板的运动方式。

张正友相机标定法流程如图 6-30 所示。首先，建立平面网格标定模板，网格状模板上的网格交叉点就是标定控制点，其在网格标定模板上的坐标是已知的。这个坐标是世界坐标系

的坐标。建立标定模板后,从不同角度拍摄模板,得到多幅标定图像。其次,标定模板进行图像处理,从图像中获取标定控制点。接下来,根据控制点的模板坐标和图像坐标估计相机参数解析解。最后,通过最小方差求出偏转系数,再通过非线性规划求出迭代结果。

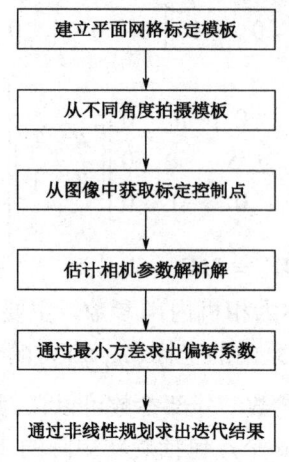

图 6-30 张正友相机标定法流程

**1. 基本投影方程**

(1) 符号说明

首先根据前述的相机模型对本节中将要用到的符号进行说明。将图像坐标系内的二维点矢量表示为 $\boldsymbol{m} = [u \quad v]^T$,世界坐标系内的三维空间点表示为 $\boldsymbol{M} = [X \quad Y \quad Z]^T$。它们的齐次矢量表示形式分别为 $\tilde{\boldsymbol{m}} = [u \quad v \quad 1]^T$,$\tilde{\boldsymbol{M}} = [X \quad Y \quad Z \quad 1]^T$。相机采用小孔成像模型可以得到

$$z\tilde{\boldsymbol{m}} = \boldsymbol{K}[\boldsymbol{R} \quad \boldsymbol{T}]\tilde{\boldsymbol{M}} \tag{6-77}$$

式中,$[\boldsymbol{R} \quad \boldsymbol{T}]$ 是外参数矩阵;$\boldsymbol{K}$ 是内参数矩阵即

$$\boldsymbol{K} = \begin{bmatrix} f_u & \mu & u_0 \\ 0 & f_v & v_0 \\ 0 & 0 & 1 \end{bmatrix} \tag{6-78}$$

式中,$(u_0, v_0)$ 为像主点坐标;$f_u$,$f_v$ 分别为 $u$、$v$ 轴的尺度因子;$\mu$ 为畸变因子。

(2) 标定模板平面和图像的单应性

令标定模板平面的 $Z$ 坐标为零(世界坐标系),其中旋转矩阵可以表示为 $\boldsymbol{R} = [\boldsymbol{r}_1 \quad \boldsymbol{r}_2 \quad \boldsymbol{r}_3]^T$,$\boldsymbol{T}$ 为相机平移矢量,则有

$$s \begin{bmatrix} u \\ v \\ 1 \end{bmatrix} = \boldsymbol{K}[\boldsymbol{r}_1 \quad \boldsymbol{r}_2 \quad \boldsymbol{r}_3 \quad \boldsymbol{T}] \begin{bmatrix} x_w \\ y_w \\ z_w \\ 1 \end{bmatrix} = \boldsymbol{K}[\boldsymbol{r}_1 \quad \boldsymbol{r}_2 \quad \boldsymbol{T}] \begin{bmatrix} x_w \\ y_w \\ 1 \end{bmatrix} \tag{6-79}$$

令 $\boldsymbol{M}' = [x \quad y \quad 1]^T$,则有

$$\begin{aligned} s\tilde{\boldsymbol{m}} &= \boldsymbol{H}\boldsymbol{M}' \\ \boldsymbol{H} &= \boldsymbol{K}[\boldsymbol{r}_1 \quad \boldsymbol{r}_2 \quad \boldsymbol{T}] \end{aligned} \tag{6-80}$$

式中,$\boldsymbol{H}$ 为单应矩阵。

(3) 对内参数的约束

给定标定模板平面和摄取图像后,单应性可以估计出来。单应性矩阵 $\boldsymbol{H} = [\boldsymbol{h}_1 \quad \boldsymbol{h}_2 \quad \boldsymbol{h}_3]$,

从式（6-80）中可以得到
$$[h_1 \quad h_2 \quad h_3] = \lambda K[r_1 \quad r_2 \quad T] \tag{6-81}$$
式中，$\lambda$ 为任意比例因子。利用 $r_1$，$r_2$ 的正交关系可以得到
$$h_1^T K^{-T} K^{-1} h_2 = 0 \tag{6-82}$$
$$h_1^T K^{-T} K^{-1} h_1 = h_2^T K^{-T} K^{-1} h_2 \tag{6-83}$$

如果没有上述从实际需要或内在隐含的条件中得到的约束，进一步计算是不可能的。因为有 8 个自由度，6 个内参数，但只能得到 2 个约束方程。其中的 $K^{-T} K^{-1}$ 明显是描述了 1 个二次曲线。下面将会给出几何解释。

（4）几何解释

不难得到在相机坐标系中描述的模板平面的方程，即
$$[r_3^T \quad r_3^T T] \begin{bmatrix} x_w \\ y_w \\ z_w \\ W \end{bmatrix} = 0 \tag{6-84}$$

式中，$W = 0$，表示在无穷远处的平面；否则 $W = 1$。由射影几何的知识可知这个平面与无穷远处的平面交于一条直线，所以利用旋转矩阵的正交性可以得到
$$\begin{bmatrix} r_1 \\ 0 \end{bmatrix}, \begin{bmatrix} r_2 \\ 0 \end{bmatrix}$$
是这条直线上的点，这条直线的方程可以写为
$$X_\infty = a \begin{bmatrix} r_1 \\ 0 \end{bmatrix} + b \begin{bmatrix} r_2 \\ 0 \end{bmatrix} = \begin{bmatrix} ar_1 + br_2 \\ 0 \end{bmatrix} \tag{6-85}$$

现在，计算上面直线和二次曲线的交点。定义 $X_\infty$ 为一个圆极点且满足 $X^T X_\infty = 0$ 则可以得到
$$(ar_1 + br_2)^T (ar_1 + br_2) = 0 \tag{6-86}$$
交点在图像平面上的投影为
$$\overline{m_\infty} = K(r_1 \pm ir_2) = h_1 \pm ih_2 \tag{6-87}$$
很明显，这是上面所提到的二次曲线上的点，这样可以得到约束
$$(h_1 \pm ih_2)^T K^{-T} K^{-1} (h_1 \pm ih_2) = 0 \tag{6-88}$$

**2．标定参数的求解**

在标定参数求解过程中，首先得到解析解，然后利用基于最大似然的非线性方法进行优化，最后将求解考虑镜头的畸变的标定结果。

（1）解析解

首先令

$$B = K^{-T} K^{-1} = \begin{bmatrix} B_{11} & B_{12} & B_{13} \\ B_{12} & B_{22} & B_{23} \\ B_{13} & B_{23} & B_{33} \end{bmatrix} = \begin{bmatrix} \dfrac{1}{f_u^2} & -\dfrac{\gamma}{f_u^2 f_v} & \dfrac{v_0 \gamma - u_0 f_v}{f_u^2 f_v} \\ -\dfrac{\gamma}{f_u^2 f_v} & \dfrac{\gamma^2}{f_u^2 f_v} + \dfrac{1}{f_v^2} & -\dfrac{\gamma(v_0 \gamma - u_0 f_v)}{f_u^2 f_v} - \dfrac{v_0}{f_v^2} \\ \dfrac{v_0 \gamma - u_0 f_v}{f_u^2 f_v} & -\dfrac{\gamma(v_0 \gamma - u_0 f_v)}{f_u^2 f_v} - \dfrac{v_0}{f_v^2} & \dfrac{(v_0 \gamma - u_0 f_v)^2}{f_u^2 f_v^2} + \dfrac{v_0^2}{f_v^2} + 1 \end{bmatrix}$$
$$\tag{6-89}$$

注意到 $B$ 是对称的,所以有
$$b = \begin{bmatrix} B_{11} & B_{12} & B_{22} & B_{13} & B_{23} & B_{33} \end{bmatrix} \tag{6-90}$$

令 $h_i$ 是矩阵 $H$ 的第 $i$ 列,可以得到
$$h_i^T B h_j = v_{ij}^T b \tag{6-91}$$

其中
$$v_{ij} = [h_{i1}h_{j1} \quad h_{i1}h_{j2}+h_{i2}h_{j1} \quad h_{i3}h_{j1}+h_{i1}h_{j3} \quad h_{i2}h_{j2} \quad h_{i2}h_{j3}+h_{i3}h_{j2} \quad h_{i3}h_{j3}]^T \tag{6-92}$$

通过上一节所述的约束条件,可以将式(6-91)写成
$$\begin{bmatrix} v_{12}^T \\ (v_{11}-v_{22})^T \end{bmatrix} b = 0 \tag{6-93}$$

如果有 $n$ 幅模板平面的图像则可以得到
$$Vb = 0 \tag{6-94}$$

式中,$V$ 是 $2\times 6$ 矩阵。当 $n>2$ 时,可以得到 $b$ 的唯一解,并根据 $b$ 来求解相机的内参数矩阵 $K$,有

$$\begin{aligned} B &= \lambda K^{-T} K^{-1} \\ v_0 &= (B_{12}B_{13}-B_{11}B_{23})/(B_{11}B_{22}-B_{12}^2) \\ \lambda &= B_{33} - \left[B_{13}^2 + v_0(B_{12}B_{13}-B_{11}B_{23})\right]/B_{11} \\ f_u &= \sqrt{\lambda/B_{11}} \\ f_v &= \sqrt{\lambda B_{11}/(B_{11}B_{22}-B_{12}^2)} \\ \gamma &= -B_{12}f_u^2 f_v/\lambda \\ u_0 &= \gamma v_0/f_v - B_{13}f_u^2/\lambda \end{aligned} \tag{6-95}$$

只要内参数一定,则外参数就可以很容易得到
$$\begin{aligned} r_1 &= \lambda K^{-1} h_1 \\ r_2 &= \lambda K^{-1} h_2 \\ r_3 &= r_1 \times r_2 \\ t &= \lambda K^{-1} h_3 \end{aligned} \tag{6-96}$$

(2)最大似然估计

上面的求解相机内外参数的方法是基于最小距离的,但这在物理上是没有什么意义的。可以拍摄具有 $m$ 个特征点的 $n$ 张模板图像,每个点都有独立同分布的噪声。则最大似然解可以通过求解下列式的最小值得到。

$$\sum_{i=1}^{n}\sum_{j=1}^{m} \| m_{ij} - \overline{m}(K, R_i, T_i, M_j) \|^2 \tag{6-97}$$

式中,$\overline{m}=(K, R_i, T_i, M_j)$ 是点 $M_j$ 的投影。式(6-97)是一个非线性优化的问题,可以利用 LM 优化算法(梯度下降法和高斯-牛顿法的结合)解决。不过这需要很好的初始值,这些需要初始化的值包括内参数矩阵 $K$,旋转矩阵 $R_i$ 和平移矩阵 $T_i$(其中 $i=1,2,\cdots,n$)。这些参数可以通过上面提到的方法求得。

(3)非线性优化算法

根据相机模型,将已知物体空间特征点投影到像平面上,得到该特征点基于相机模型的理想图像坐标 $(U_i, V_i)$。理想图像坐标与相机实际探测到的图像坐标 $(u_i, v_i)$ 存在偏差。在这种

情况下，需要用非线性优化使这种偏差达到最小，从而获得使偏差最小时的参数为相机参数的估计值。优化的目标函数用解析式表示为

$$F(\boldsymbol{x}) = \sum_{i}^{m} f_i^2(\boldsymbol{x}) \qquad (6\text{-}98)$$

其中

$$f_i^2(\boldsymbol{x}) = (U_i - u_i)^2 + (V_i - v_i)^2 \qquad (6\text{-}99)$$

因此非线性优化的过程就是使式（6-99）极小化的过程，即

$$\min F(\boldsymbol{x}) = \sum_{i}^{m} f_i^2(\boldsymbol{x}) \qquad (6\text{-}100)$$

式中，$\boldsymbol{x} = [x_1 \ x_2 \ \cdots \ x_n]^T$，且一般 $m > n$。式（6-100）极小化问题的解决要采用递归搜索，因此目标函数 $F(\boldsymbol{x})$ 的极小化过程的计算量非常大。可采用许多非线性优化算法，其中 LM 优化算法的速度最快。

（4）径向扭曲畸变估计

这里讨论两种类型的径向扭曲。实验证明，在某些应用中，线性模型不能准确地描述成像几何关系，尤其在使用广角镜头时，在远离图像中心处会有较大的畸变。张正友相机标定法只考虑了径向畸变，其非线性描述可用如下公式表示

$$\begin{aligned}\overline{x} &= x(1 + k_1 \rho^2) \\ \overline{y} &= y(1 + k_2 \rho^2) \\ \rho^2 &= x^2 + y^2 \end{aligned} \qquad (6\text{-}101)$$

解决上述径向畸变的主要方法是直接利用 LM 优化算法对式（6-101）进行优化，即

$$\sum_{i=1}^{n}\sum_{j=1}^{m} \| \boldsymbol{m}_{ij} - \overline{\boldsymbol{m}}(\boldsymbol{K}, \boldsymbol{R}_i, \boldsymbol{T}_i, \boldsymbol{M}_j, k_1, k_2) \|^2 \qquad (6\text{-}102)$$

这里 $\overline{\boldsymbol{m}}(A, k_1, k_2, \boldsymbol{R}_i, t_i, \boldsymbol{M}_j)$ 是 $\boldsymbol{M}_j$ 经过 $k_1$，$k_2$ 扭曲后投影的点，假设 $k_1$，$k_2$ 的初始值为 0，其他步骤同上。

### 3. 张正友相机标定法的 MATLAB 实现

MATLAB 自带相机标定应用程序，有 Camera Calibrator 和 Stereo Camera Calibrator 两类相机标定应用程序。两种标定应用程序如图 6-31 所示，其中 Camera Calibrator 用于单目相机标定，Stereo Camera Calibrator 用于双目相机标定。其操作简单、直观，能够获得相机的内外参数以及畸变参数等。下面主要介绍单目相机标定应用程序使用方法，双目标定应用程序与之类似。

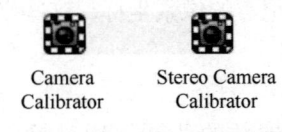

图 6-31　两种标定应用程序

（1）二维标定板制作

棋盘格实物图如图 6-32 所示。标定板通常由多个大小一致的小方格组成，每个方格的四个角上都有易于检测的标记点。这些标记点是用来确定相机视角和位置的关键参照点。制作标定板时，需要注意方格的大小、标记点的形状和颜色等，以确保在各种光照和角度下都能清晰地拍摄到这些标记点。

图 6-32　棋盘格实物图

（2）图像采集

在完成标定板的制作后，需要从不同角度、不同距离、不同姿态拍摄多张标定板的照片。这些照片将用于后续的角点检测和相机参数估计。为了确保结果的准确性，需要确保拍摄的照片清晰度高、对比度适中，并且能够覆盖相机的各种视角和焦距。

（3）角点检测

角点检测是相机标定中的重要步骤，它涉及使用图像处理技术自动识别标定板上的标记点。

第一步：运行 Camera Calibrator 标定程序对单相机进行标定。Camera Calibrator 操作界面如图 6-33 所示。

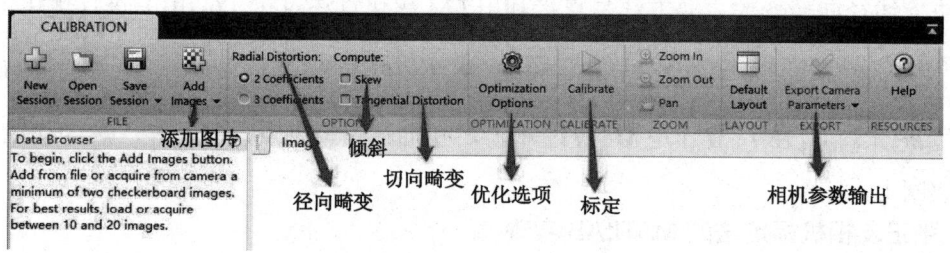

图 6-33　Camera Calibrator 操作界面

第二步：单击"Add Images"（添加图片），输入已经拍摄好的棋盘格图片，并设置真实的"Size of checkerboard square"，加载后自动提取出角点信息。MATLAB 提取的角点信息如图 6-34 所示。

通过角点检测，可以获取每个标记点的像素坐标，这些坐标将用于后续的相机参数估计。

（4）相机参数估计

相机参数估计包括内参数和外参数的估计。通过输入角点坐标和对应的真实世界坐标（如果已知），可以自动估计出相机的内外参数。

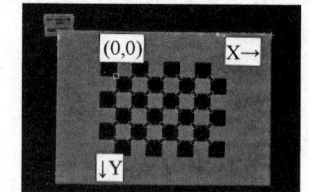

图 6-34　MATLAB 提取的角点信息

第三步：单击"Calibrate"（标定）进行标定，之后单击"Export Camera Parameters"相机参数输出工作区会显示标定结果。Camera Calibrator 应用程序相机标定参数输出如图 6-35 所示。

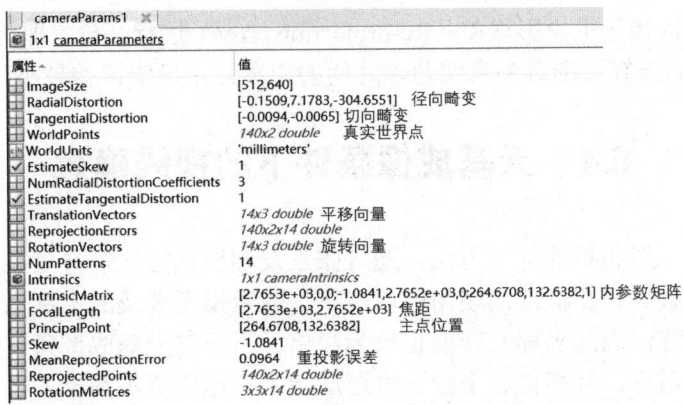

图 6-35  Camera Calibrator 应用程序相机标定参数输出

（5）标定结果和评判标准

相机标定后显示界面会显示相机与标定板之间的位置关系。相机与标定板之间标定的位置关系如图 6-36 所示。相机标定的准确度评价如图 6-37 所示。

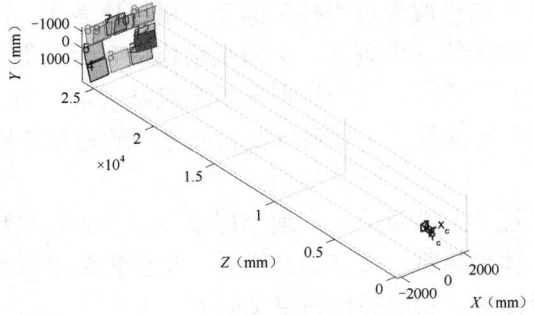

图 6-36  相机与标定板之间标定的位置关系

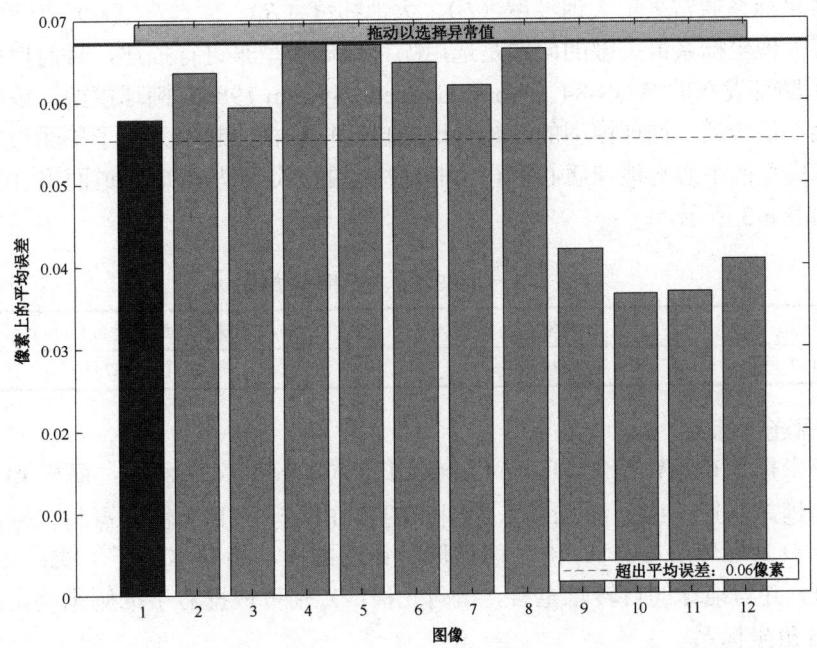

图 6-37  相机标定的准确度评价

其中,准确度依赖于重投影误差(Re-projection error)进行评价。即将已知的 3D 点投影到 2D 图像中,然后计算投影点和真实角点之间的距离。重投影误差越小,标定结果越准确。

## 6.4 天基成像条件下的视线确定

上一节讨论了一般相机的标定方法,通过张正友相机标定法等典型标定方法,可得到相机的内参数和外参数。在相机地面使用的情况下,成像模型涉及的坐标系较少,仅有世界坐标系、相机坐标系等,因此坐标系转换也较为简单。由于在天基成像条件下,相机所处位置和待成像物体距离遥远,且相机、平台、轨道运行、目标位置等都有各自不同的坐标系,因此天基成像条件下的相机标校涉及的成像过程更为复杂。且一般天基成像为远场成像,通常只关注相机视线,称为视线确定。

### 6.4.1 天基光学传感器成像几何模型与误差来源

**1. 成像几何模型**

成像模型是对空间观测相机成像过程抽象的数学模型化表示,准确的严格成像几何模型是对观测图像高精度视线测量的前提条件。空间观测相机观测成像的过程就是将三维物空间的点投影到二维像平面的点的过程,这一过程本质上就是一系列坐标转换的集合。因此,首先对空间观测相机成像过程所涉及的坐标系以及它们之间的相互转换关系进行介绍。

(1)坐标系定义

空间观测相机成像过程主要涉及地心大地坐标系、地心固连坐标系、地心惯性坐标系、卫星轨道坐标系、卫星本体坐标系、传感器坐标系、指向机构坐标系、焦平面坐标系、像平面坐标系等九种常用的坐标系,它们各自的定义如下:

① 地心大地坐标系

地心大地坐标系通常采用大地经度($L$)、大地纬度($B$)、大地高($H$)来表示物空间的地理位置。地心大地坐标系最关键的问题是选用哪种地球模型来进行描述,目前使用最广泛的是 1984 年美国国防部发布的 WGS-84(World Geodetic System 1984)椭球模型,该模型与真实的地球形状与大小最接近,椭球模型的短轴与地球自转轴重合,起始大地子午面与起始天文子午面重合,椭球模型的中心与地球质心重合,椭球模型的赤道面与地球赤道面重合。WGS-84 主要模型参数如表 6-3 所示。

表 6-3 WGS-84 主要模型参数

| 长半径 $a$(m) | 扁率 $f$ | 地球自转角速度 $\omega_e$(rad/s) |
|---|---|---|
| 6378137 | 1:298.257 | $7.2921151467 \times 10^{-5}$ |

② 地心固连坐标系

地心固连坐标系 $O-X_f Y_f Z_f$(Earth Centered Fix Coordinate System,简称 ECF 坐标系),ECF 坐标系与地球固连,ECF 坐标系示意图如图 6-38 所示,其坐标原点与三轴的定义如下:

坐标原点 $O$ 为地球质心;$X_f$ 轴在地球瞬时赤道面内,指向本初子午线;$Z_f$ 轴与地球瞬时赤道面垂直,并与地球的自转轴重合,指向北极;$Y_f$ 轴可依据右手准则来确定,使 $X_f$,$Y_f$,$Z_f$ 构成右手直角坐标系。

③ 地心惯性坐标系

地心惯性坐标系 $O-X_iY_iZ_i$（Earth Centered Inertial Coordinate System，简称 ECI 坐标系），常用的 ECI 坐标系是 J2000 坐标系，ECI 坐标系示意图如图 6-39 所示，其坐标原点与三轴的定义如下：

坐标原点 $O$ 为地球质心；$X_i$ 轴为地球质心与参考时刻 $t_r$ 的春分点在瞬时赤道面上投影的连线，指向春分点投影；$Z_i$ 轴与地球瞬时赤道面垂直，并与地球的自转轴重合，指向北极；$Y_i$ 轴可依据右手准则来确定，使 $X_i$，$Y_i$，$Z_i$ 构成右手直角坐标系。

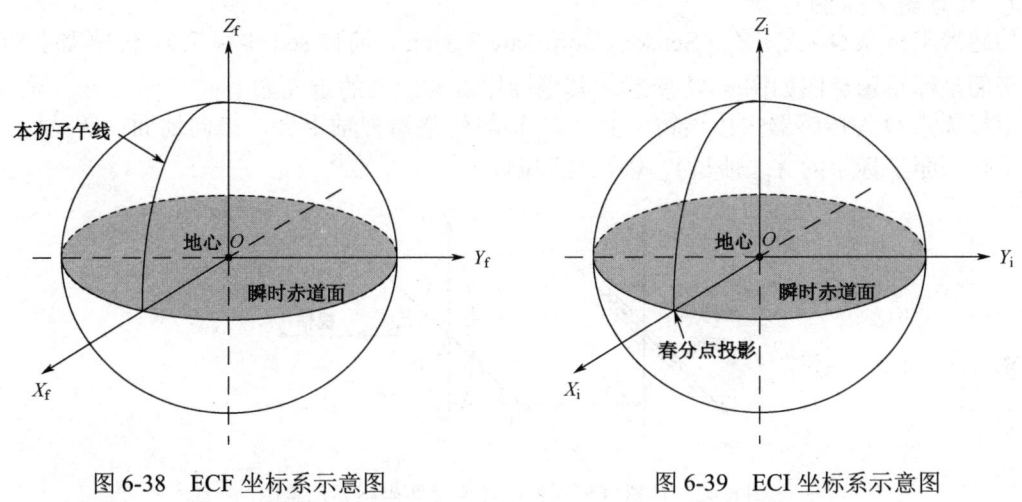

图 6-38  ECF 坐标系示意图　　　　图 6-39  ECI 坐标系示意图

④ 卫星轨道坐标系

卫星轨道坐标系 $O-X_oY_oZ_o$（Satellite Orbit Coordinate System，简称 ORB 坐标系），ORB 坐标系示意图如图 6-40 所示，该坐标系是卫星姿态的参考坐标系，其坐标系原点与三轴的定义如下：

坐标原点 $O$ 为卫星当前所处位置点，将卫星视为质点，不考虑其大小与形状；$Z_o$ 轴为卫星与地球质心的连线，指向地球质心；$X_o$ 轴为卫星轨道面内原点 $O$ 处的切线，指向卫星前进的方向；$Y_o$ 轴可依据右手准则来确定，使 $X_o$，$Y_o$，$Z_o$ 构成右手直角坐标系。

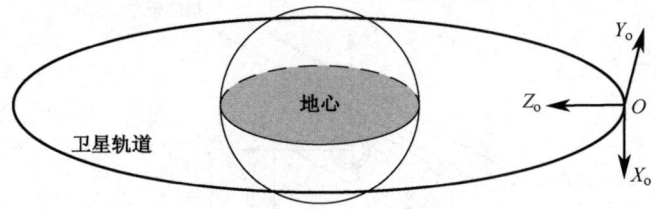

图 6-40  ORB 坐标系示意图

⑤ 卫星本体坐标系

卫星本体坐标系 $O-X_bY_bZ_b$（Satellite Body Coordinate System，简称 body 坐标系），又称卫星质心坐标系，卫星本体坐标系示意图如图 6-41 所示，其坐标原点与三轴的定义如下：

坐标原点 $O$ 为卫星质心；$X_b$ 轴为滚动轴，指向卫星前进方向；$Z_b$ 轴为偏航轴，指向地心；$Y_b$ 轴为俯仰轴，且与 $X_b$、$Z_b$ 构成右手直角坐标系。

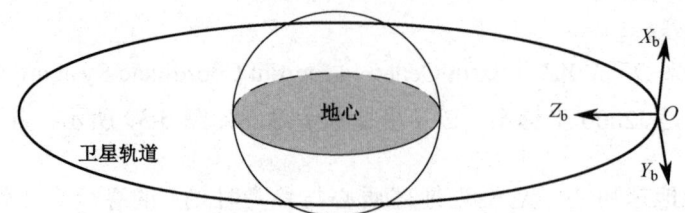

图 6-41  卫星本体坐标系示意图

⑥ 传感器坐标系

传感器坐标系 $O-X_sY_sZ_s$（Sensor Coordinate System，简称 sen 坐标系），传感器坐标系以及焦平面坐标系示意图如图 6-42 所示，其坐标原点与三轴的定义如下：

坐标原点 $O$ 为传感器主体透镜中心；$Z_s$ 轴与传感器视轴重合，指向地面；$X_s$ 轴与 $Y_s$ 轴平行于焦平面坐标系的 $X_{foc}$ 轴与 $Y_{foc}$ 轴，且同向。

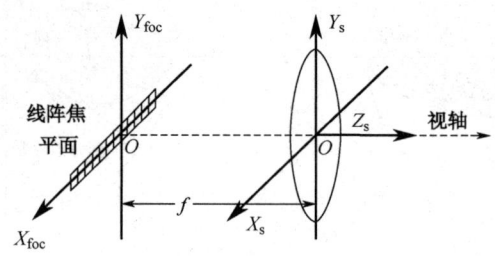

图 6-42  传感器坐标系以及焦平面坐标系示意图

⑦ 指向机构坐标系

指向机构坐标系 $O-X_pY_pZ_p$（Pointing Coordinate System，简称 pointing 坐标系），指向机构坐标系示意图如图 6-43 所示，其坐标原点与三轴的定义如下：

坐标原点 $O$ 为指向机构旋转轴中心；$Z_p$ 轴与焦平面坐标系的 $Y_{foc}$ 轴平行，指向地面；$X_p$ 轴为指向机构旋转轴，理论上与焦平面坐标系的 $X_{foc}$ 轴平行，同向；$Y_p$ 轴可依据右手准则来确定，使 $X_p$，$Y_p$，$Z_p$ 构成右手直角坐标系。

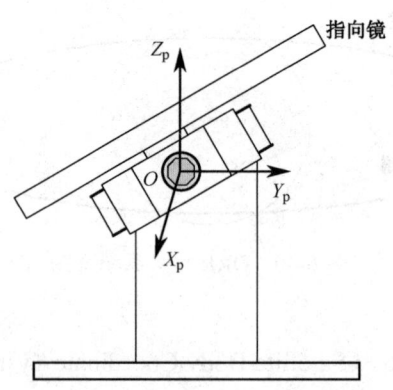

图 6-43  指向机构坐标系示意图

⑧ 焦平面坐标系

焦平面坐标系 $O-X_{foc}Y_{foc}$（Focal Plane Coordinate System，简称 foc 坐标系），传感器坐标系以及焦平面坐标系示意图如图 6-42 所示，$f$ 为焦距，其坐标原点与两轴的定义如下：

坐标原点 $O$ 为线阵焦平面中心；$X_{foc}$ 轴为线阵焦平面探测元的排列方向；$Y_{foc}$ 轴为垂直线阵焦平面探测元的排列方向。

⑨ 像平面坐标系

像平面坐标系 $O-X_{img}Y_{img}$（Image Plane Coordinate System，简称 img 坐标系），像平面坐标系示意图如图 6-44 所示，其坐标系原点与两轴的定义如下：

坐标原点 $O$ 为图像的左上角；$X_{img}$ 轴平行于图像的行方向，从左到右为正；$Y_{img}$ 轴平行于图像的列方向，从上到下为正。

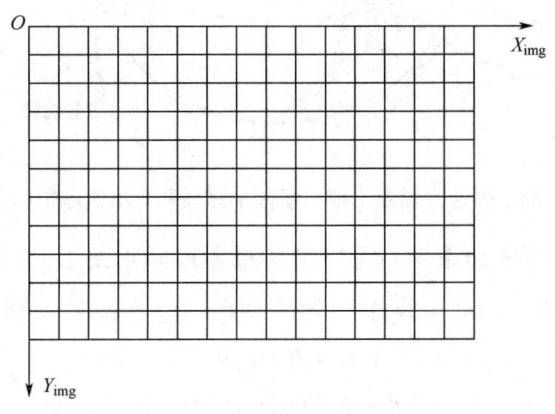

图 6-44 像平面坐标系示意图

（2）坐标系转换

在光学预警探测系统中，成像过程十分复杂，很难将像平面坐标与目标状态直接联系起来，其中包含了诸多的中间过程，整个成像过程本质上是一系列投影过程的组合，每一个投影过程代表了一次坐标系转换。在合适的坐标系下表示合适的量一方面有助于表达的简洁性，另一方面有助于理解整个物理过程。例如，轨道卫星的传感器对目标的视线测量适合在卫星轨道坐标系下描述，弹道导弹目标运动模型适合在地心固连坐标系或者地心惯性坐标系下描述。因此参量演变的每一步都可能会用到不同的坐标系，这一系列坐标系的转换就表征了参量演变的整个过程。

坐标系转换的作用和实质是将一个坐标系下表示的几何关系转换到另一个坐标系下来表示，以便于理解和后续处理。在惯性空间，坐标系间的转换主要通过旋转和平移来实现，实现转换的方式是对原坐标系中的位置矢量进行相应的矩阵运算，将得到在新的坐标系下的位置矢量表示。在定位与跟踪处理中，时常需要在不同的坐标系中建立运动模型和观测模型。例如，估计弹道导弹目标空间位置时，在地心固连坐标系或者地心惯性坐标系下建立目标运动模型，在像平面坐标系下建立观测模型。

① 地心固连坐标系到地心惯性坐标系的转换

地心固连坐标系、地心惯性坐标系和卫星轨道坐标系的关系如图 6-45 所示。

如图 6-45 所示，ECI 坐标系绕 $Z_i$ 轴旋转 $\alpha_G$ 后即转到 ECF 坐标系中，$\alpha_G$ 又称为格林尼治赤经角。由于地球的自转，$\alpha_G$ 是随时间不断变化的。

$$\alpha_G = \alpha_{Gr} + \omega_E(t-t_r) \tag{6-103}$$

式中，$\alpha_{Gr}$ 表示参考时刻 $t_r$ 的格林尼治赤经角，需要按照天文学的太阳星历表或者近似拟合公式进行计算；$\omega_E \approx 7.292\,116 \times 10^{-5}\,\text{rad/s}$，表示地球的自转角速度。

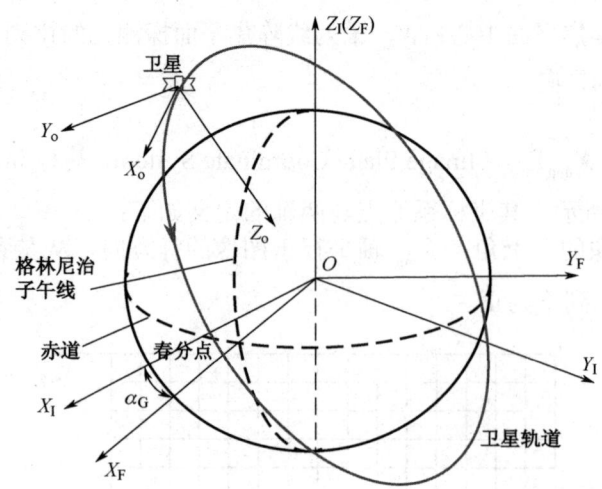

图 6-45 地心固连坐标系、地心惯性坐标系和卫星轨道坐标系的关系

在参考时刻 $t_r$,记目标在 ECF 坐标系中的位置为 $\boldsymbol{r}_F = (r_{xf}, r_{yf}, r_{zf})^T$,速度为 $\dot{\boldsymbol{r}}_f = (\dot{r}_{xf}, \dot{r}_{yf}, \dot{r}_{zf})^T$,在 ECI 坐标系中的位置为 $\boldsymbol{r}_I = (r_{xi}, r_{yi}, r_{zi})^T$,速度为 $\dot{\boldsymbol{r}}_I = (\dot{r}_{xi}, \dot{r}_{yi}, \dot{r}_{zi})^T$,则

$$\boldsymbol{r}_f = \boldsymbol{R}_z(\alpha_G)\boldsymbol{r}_i \tag{6-104}$$

$$\dot{\boldsymbol{r}}_f = \dot{\boldsymbol{r}}_i - \omega_E(r_{yi}, r_{xi}, 0)^T \tag{6-105}$$

下文中为了简便起见,若不是特别说明,将去掉下标"i",即目标在 ECI 坐标系中的位置矢量记为 $\boldsymbol{r} = (r_x, r_y, r_z)^T$。

② 地心惯性坐标系到卫星轨道坐标系的转换

假设某时刻目标在 ECI 坐标系中的位置矢量为 $\boldsymbol{r}$,卫星在 ECI 坐标系中的位置矢量为 $\boldsymbol{r}_s$,则将目标位置 $\boldsymbol{r}$ 从 ECI 坐标系转换到卫星轨道坐标系,需要经过坐标系旋转和坐标原点平移两个基本步骤,具体如下:

首先,将 ECI 坐标系旋转,得到以地心为中心、与卫星轨道坐标系平行的临时坐标系,目标在该临时坐标系中的位置矢量为

$$\boldsymbol{r}'_o = \boldsymbol{R}_z(u)\boldsymbol{R}_x(i)\boldsymbol{R}_z(\Omega)\boldsymbol{r} \triangleq \boldsymbol{R}^{\text{orbit}}_{\text{ECI}}\boldsymbol{r} \tag{6-106}$$

式中,$i$ 为轨道倾角;$\Omega$ 为升交点赤经;$u = \omega + \theta$ 为纬度辐角($\omega$ 为近地点辐角,$\theta$ 为真近点角)。

其次,经过简单的旋转和平移,即得到卫星轨道坐标系,目标在卫星轨道坐标系中的位置矢量 $\boldsymbol{r}_o$ 为

$$\boldsymbol{r}_o = \boldsymbol{B}\boldsymbol{r}'_o + \boldsymbol{c} = \boldsymbol{B}\boldsymbol{R}^{\text{orbit}}_{\text{ECI}}\boldsymbol{r} + \boldsymbol{c} \tag{6-107}$$

式中,$\boldsymbol{B} = \begin{pmatrix} 0 & 1 & 0 \\ 0 & 0 & -1 \\ -1 & 0 & 0 \end{pmatrix}$,为坐标轴调整矩阵;$\boldsymbol{c} = (0, 0, -\|\boldsymbol{r}_s\|)^T$,$\|\cdot\|$ 为矢量长度。

③ 卫星轨道坐标系到卫星本体坐标系的转换

卫星轨道坐标系和卫星本体坐标系的关系如图 6-46 所示。

如图 6-46 所示,目标在卫星轨道坐标系下的位置矢量 $\boldsymbol{r}_o$,依次绕 $Z_o$ 轴、$Y_o$ 轴和 $X_o$ 轴旋转一定的姿态角,即得到其在星体坐标系下的位置矢量 $\boldsymbol{r}_s$

$$\boldsymbol{r}_s = \boldsymbol{R}_x(\psi)\boldsymbol{R}_y(\gamma)\boldsymbol{R}_z(\phi)\boldsymbol{r}_o \triangleq \boldsymbol{R}^{\text{sat}}_{\text{orbit}}\boldsymbol{r}_o \tag{6-108}$$

式中,$\psi$、$\gamma$、$\phi$ 分别表示卫星的滚动角、俯仰角和偏航角。

④ 卫星本体坐标系到传感器坐标系的转换

传感器坐标系与卫星本体坐标系的关系如图 6-47 所示。

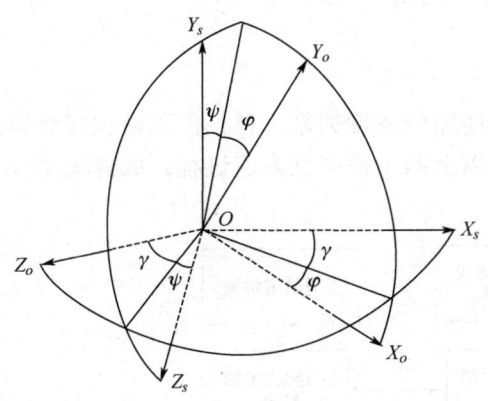
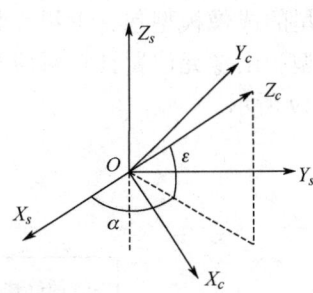

图 6-46　卫星轨道坐标系和卫星本体坐标系的关系　　图 6-47　传感器坐标系与卫星本体坐标系的关系

如图 6-47 所示，目标在卫星本体坐标系下的位置矢量 $r_s$，先绕 $Z_s$ 轴旋转一定的方位角 $\alpha$，然后绕 $Y_s$ 轴旋转一定的俯仰角 $\varepsilon$，即得到其在传感器坐标系下的位置矢量 $r_c$。

$$r_c = R_y(\pi/2 - \varepsilon) R_z(\alpha) r_s \triangleq R_{\text{sat}}^{\text{cam}} r_s \tag{6-109}$$

⑤ 传感器坐标系到像平面坐标系的转换

传感器像平面示意图如图 6-48 所示。

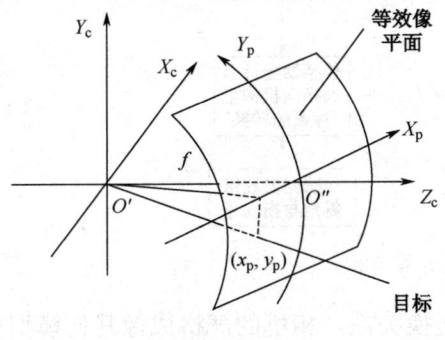
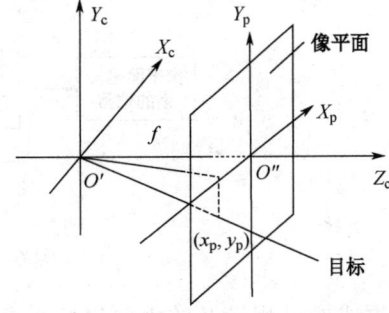

（a）扫描型传感器　　　　　　　　　　　（b）凝视型传感器

图 6-48　传感器像平面示意图

如图 6-48 所示，将目标在传感器坐标系下的位置矢量 $r_c = [x_c, y_c, z_c]$ 映射到像平面，然后除以像元尺寸并就近取整，得到最终的像平面测量位置 $r_p$。根据 6.4.1 节建立的像平面坐标系可知，扫描型传感器像平面可以用一个圆柱面来描述，凝视型传感器像平面可以用一个平面来描述，因此，两者从传感器坐标系转换到像平面坐标系的关系是不相同的。记传感器的像元分辨率为 $f_{\text{IFOV}}$（单位为微弧度），则对于扫描型传感器，有

$$r_p = f_{\text{扫描}}(r_c) = \left( \left[ \frac{\tan^{-1}(x_c / \sqrt{y_c^2 + z_c^2})}{f_{\text{IFOV}}} \right], \left[ \frac{\tan^{-1}(y_c / z_c)}{f_{\text{IFOV}}} \right] \right)^{\text{T}} \tag{6-110}$$

对于凝视型传感器，有

$$r_p = f_{凝视}(r_c) = \left( \left[ \frac{\tan^{-1}(x_c/z_c)}{f_{\text{IFOV}}} \right], \left[ \frac{\tan^{-1}(y_c/z_c)}{f_{\text{IFOV}}} \right] \right)^T \quad (6\text{-}111)$$

式中，$[\cdot]$ 表示就近取整。

（3）传感器成像几何模型

卫星的成像模型包含卫星和相机整个成像链路的成像关系，包括由入射视线计算成像位置的模型和由像元位置计算对应视线的模型，以上两个模型互为逆过程。成像模型计算流程如图6-49所示。

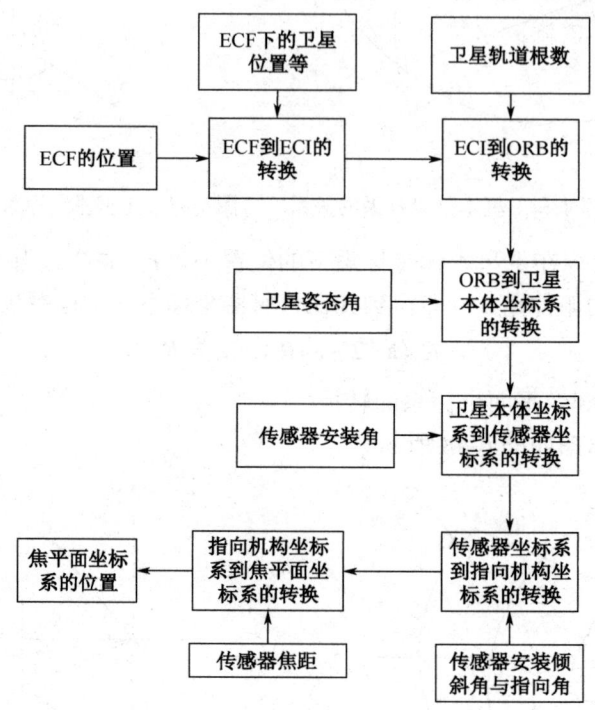

图 6-49 成像模型计算流程

根据成像过程涉及的主要坐标系之间的相互转换关系，相机的严格成像几何模型可以表示为如下形式。

$$\begin{bmatrix} x_f - X_f \\ y_f - Y_f \\ z_f - Z_f \end{bmatrix} = k \boldsymbol{R}_{\text{ECI}}^{\text{ECF}} \boldsymbol{R}_{\text{ORB}}^{\text{ECI}} \boldsymbol{R}_{\text{body}}^{\text{ORB}} \boldsymbol{R}_{\text{sen}}^{\text{body}} \boldsymbol{R}_{\text{pointing}}^{\text{sen}} \boldsymbol{R}_{\text{foc}}^{\text{pointing}} \begin{bmatrix} x_{\text{foc}} \\ y_{\text{foc}} \\ -f \end{bmatrix} \quad (6\text{-}112)$$

式中，$(x_f, y_f, z_f)^T$ 表示 ECF 坐标系下的目标的位置；$(X_f, Y_f, Z_f)^T$ 表示 ECF 坐标系下卫星的位置；$k$ 表示成像比例因子；$x_{\text{foc}}$、$y_{\text{foc}}$ 分别表示焦平面坐标系下成像点的行列坐标；$f$ 表示传感器焦距；$\boldsymbol{R}_{\text{ECI}}^{\text{ECF}}$ 表示 ECI 坐标系到 ECF 坐标系的旋转矩阵；$\boldsymbol{R}_{\text{ORB}}^{\text{ECI}}$ 为卫星轨道坐标系到 ECI 坐标系的旋转矩阵；$\boldsymbol{R}_{\text{body}}^{\text{ORB}}$ 为卫星本体坐标系到卫星轨道坐标系的旋转矩阵；$\boldsymbol{R}_{\text{sen}}^{\text{body}}$ 为传感器坐标系到卫星本体坐标系的旋转矩阵；$\boldsymbol{R}_{\text{pointing}}^{\text{sen}}$ 为指向机构坐标系到传感器坐标系的旋转矩阵；$\boldsymbol{R}_{\text{foc}}^{\text{pointing}}$ 为焦平面坐标系到指向机构坐标系的旋转矩阵。

**2. 影响视线的误差分析**

空间观测相机成像过程十分复杂，使用它的严格成像几何模型来进行校正处理会涉及多次坐标系转换以及大量的测量参数和系统参数。这些参数中往往包含一定的误差，会影响视线测量的精度。这些影响视线测量精度的误差按其周期特性分为两大类：一类是长周期误差，主要包括光学畸变误差、热变形误差、安装误差等，它们一般是固定不变或者变化缓慢、周期较长的误差；另一类是短周期误差，主要包括轨道误差、姿态误差、姿态抖动误差、指向误差等，它们一般是高斯随机噪声或者变化较快、周期较短的误差。下面分析这两类误差的特性以及它们对视线测量精度的影响。

（1）长周期误差

① 光学畸变误差

由于制造工艺水平的限制，相机光学成像系统的主镜、反射镜等光学器件往往会与理想情况存在一定的差异，而这些差异会导致观测图像产生畸变。但是只要相机装配完成之后，其光学系统的畸变也就固定下来了，一般在地面实验室环境中就可以对其进行测定，然后给出相应的标定函数。相机随卫星入轨后，有专门温控系统（比如制冷机等）来维持其工作环境的最佳恒定温度。因而在轨工作中，光学畸变误差一般是固定不变或随时间变化缓慢的长周期误差。光学畸变误差的影响示意图如图 6-50 所示。

(a) 理想情况　　　　　　　　　　(b) 光学畸变

图 6-50　光学畸变误差的影响示意图

② 热变形误差

所有在轨卫星都会经历冷热循环的太空环境。太阳照射引起的受热不均会导致卫星各部分存在较大的温差，从而造成热变形误差，热变形误差成因示意图如图 6-51 所示。热变形误差是影响相机成像过程的最大误差，它的变化周期一般与卫星轨道周期相同。热变形误差存在于卫星三个轴系方向上，且一般在受太阳直射的方向上最大。一般近地轨道卫星的轨道周期在小时量级，地球同步轨道卫星的轨道周期在天量级，因而热变形误差属于长周期变化误差。

③ 安装误差

受装配工艺水平的限制，卫星各个部件之间很难做到理想装配，往往存在安装误差。在本书中，安装误差既包括相机安装在卫星上的安装误差，又包括指向镜转轴与探测元线列的不平行安装误差，线列探测元安装误差示意图如图 6-52 所示。在卫星发射以及入轨的过程中，受到外界干扰力矩以及自身的推力力矩的影响，卫星不可避免产生振动，也会导致各个部件存在安装误差。但当卫星在轨运行后，安装误差一般是固定不变的长周期误差。

图 6-51　热变形误差成因示意图

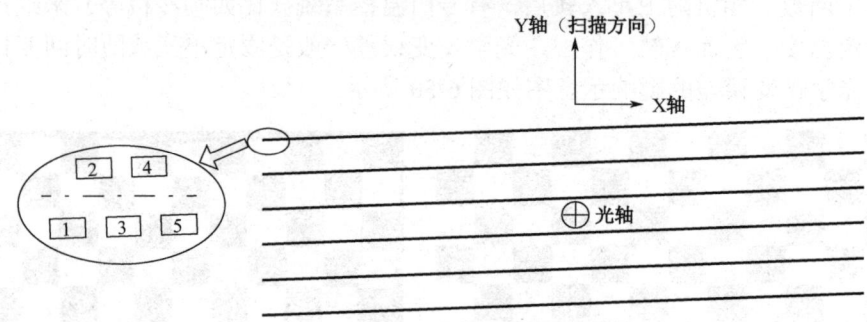

图 6-52　线列探测元安装误差示意图

（2）短周期误差

① 轨道误差

卫星轨道数据表示卫星在 ECI 空间中的绝对位置，是必不可少的成像参数，由它可以确定相机与观测对象的观测几何以及 ECI 坐标系到 ORB 坐标系的转换矩阵。受限于地面测定轨仪器的测量精度或导航数据的精度，测量所得的卫星位置、速度等参数与真实的位置、速度之间存在误差，轨道误差示意图如图 6-53 所示。随着测量的次数的变化，这一误差在不停变化，表现为随机误差的特性。

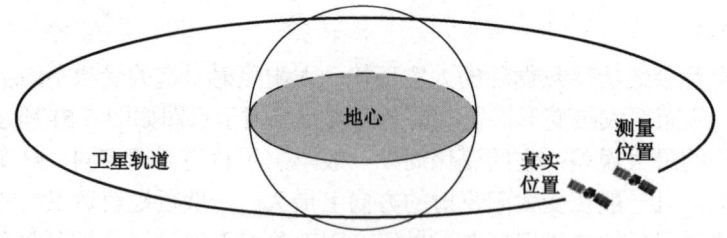

图 6-53　轨道误差示意图

② 姿态误差

卫星姿态数据表示卫星在轨运行期间，卫星本体坐标系与 ORB 坐标系三轴的夹角，是必不可少的成像参数，由它可以确定 ORB 坐标系到卫星本体坐标系的转换矩阵。一般卫星姿态测量系统由星敏感器和陀螺等测量传感器组成，受限于测量传感器的测量特性与精度，获得的测量姿态与真实姿态之间存在误差，且这一误差随着测量次数变化，呈现出随机误差的特性。

③ 姿态抖动误差

由于卫星结构的复杂化与观测任务的多样化，大多数的对地观测卫星都会存在姿态抖动，姿态抖动主要由卫星的力学结构、本体热变化、轨道保持以及姿态控制操作等因素导致。常用的星敏感器、陀螺等测量传感器的测量频率较低，无法对高频的姿态抖动进行有效测量。因而，姿态抖动误差也是一个需要校正的重要误差，姿态抖动误差影响实测图如图 6-54 所示，观测图像存在较明显的周期性纹理。

图 6-54　姿态抖动误差影响实测图

④ 指向误差

指向数据表示指向镜绕中心转轴转动的角度，是必不可少的成像参数，由它可以确定传感器坐标系到指向机构坐标系的转换矩阵。码盘一般用来测量指向镜转动的角度，但是码盘存在测量误差，故测量的指向数据也包含了测量误差。指向误差示意图如图 6-55 所示，且这一误差一般表现为随机误差。

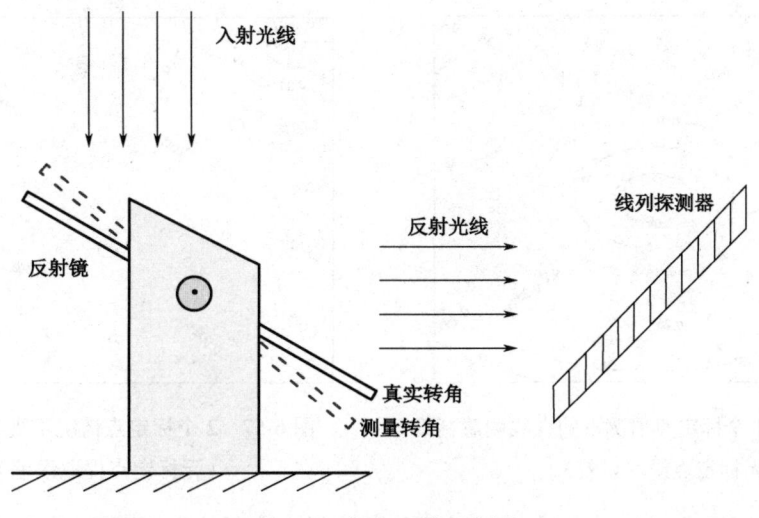

图 6-55　指向误差示意图

## 6.4.2 视线误差参数估计原理与方法

以对地面观测为例，反映地球上坐标点 $(x_f, y_f, z_f)$ 经过天基光学成像传感器，最终成像于像平面的 $(x_{foc}, y_{foc})$ 坐标

$$(x_f, y_f, z_f)' = F(x_{foc}, y_{foc}) \tag{6-113}$$

式中，$F$ 表示传感器全链路成像模型的坐标转换关系。根据上一节中误差因素的分析，实际情况中 $F$ 并不能准确获知，而是包含了多项未知的误差参数，考虑误差情况下的成像模型为

$$(x_f, y_f, z_f)' = F(e)(x_{foc}, y_{foc}) \tag{6-114}$$

式中，$e$ 为成像链路中的未知几何误差参数。视线误差参数估计方法是根据对已知几何位置的标定点进行观测，并提取其像平面位置，从而解算出误差参数。

视线测量的计算步骤如下。

步骤1：提取标定点的成像位置 $(x_{foc}, y_{foc})$。

步骤2：根据标定点成像位置 $(x_{foc}, y_{foc})$ 和标定点坐标 $(x_f, y_f, z_f)$ 以及卫星和相机的相关成像参数，按照式（6-114），解算误差参数 $e$。

步骤3：利用解算得到的误差参数 $e$，根据成像模型的逆过程，计算每个像元对应的视线。

在天基光学成像系统中，可用的几何标定点类型主要有地面标定点和恒星标定点。地面标定点包括岛屿、海岸线、湖泊等自然场景或人造标定点。在高轨大视场成像卫星中，还可利用地球轮廓作为标定点。

在包含误差参数的视线计算方程中，误差中包含的参数个数取决于相机结构和误差特性，一般每一个坐标转换环节中的误差可以用三个角度参数来表示。假设相机成像链路中有三个构件或安装部位易产生误差，每个构件或安装部位的误差可以用三个维度的角度误差表示，每个维度角度都是高斯分布的随机变量，方差大小分别为 1 像元、0.5 像元、0.5 像元。

标定点必须满足一定的数量要求，才能准确求解出误差参数。仅有 1 个标定点情况下的视线测量精度（无标定点提取误差）如图 6-56 所示，2 个标定点情况下视线测量精度（无标定点提取误差）如图 6-57 所示，分别展示了不同的特征点数量对视线测量精度的影响。

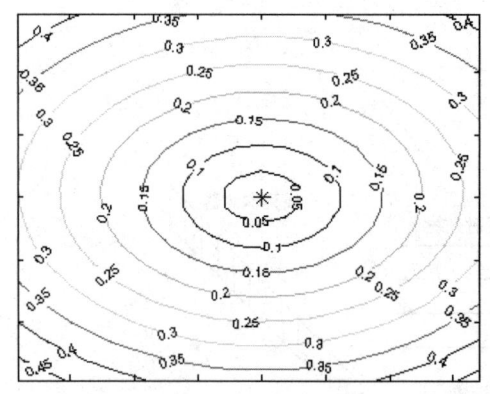
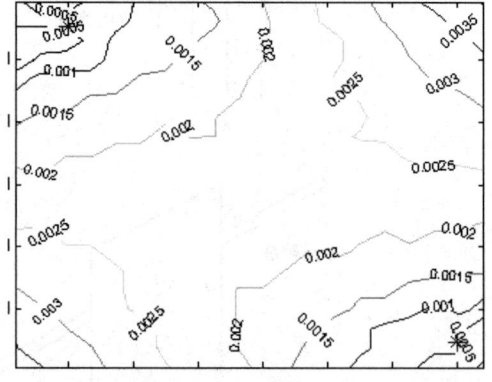

图 6-56　仅有 1 个标定点情况下的视线测量精度（无标定点提取误差）　　图 6-57　2 个标定点情况下视线测量精度（无标定点提取误差）

如图 6-56 所示，仅有 1 个标定点的时候并不能保证全图的视线测量精度，在标定点附近的视线测量精度较高，在远离标定点的区域视线测量误差逐步扩大，全视场最大视线测量误差达到 0.4864 像元。如图 6-57 所示，展示了有 2 个标定点且分布于视场两个对角位置的视线测量

精度，视线测量误差全视场最大为 0.0040 像元，可以保证全视场取得较高的视线测量精度。

除了标定点的数量，标定点的分布也会影响视线测量精度。4 个标定点位于中心情况下的视线测量精度（标定点提取误差为 0.42 像元）如图 6-58 所示，4 个标定点分散于视场四角情况下的视线测量精度（标定点提取误差为 0.42 像元）如图 6-59 所示，展示了标定点数量相同，但是分布不同时的视线测量精度。

如图 6-58 所示，4 个标定点分布较近时，视场边缘视线测量精度较差，最大视线测量误差达到了 3.3192 像元，远大于标定点提取误差。如图 6-59 所示，4 个标定点分布在视场 4 个角点，全视场内视线测量都能达到较高的精度，最大视线测量误差仅为 0.3785 像元，与标定点提取误差相当。

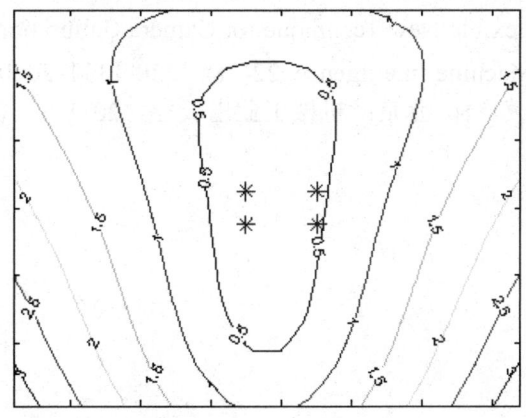

图 6-58 4 个标定点位于中心情况下的视线测量精度（标定点提取误差为 0.42 像元）

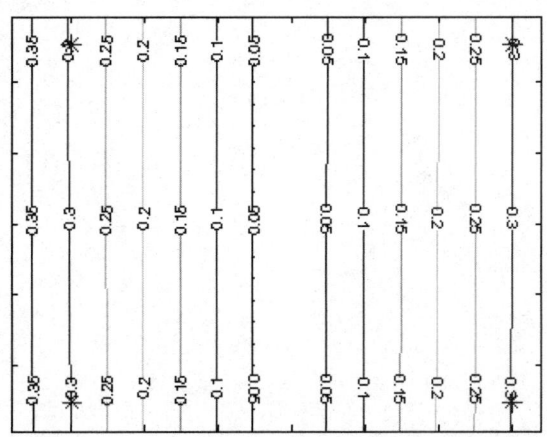

图 6-59 4 个标定点分散于视场四角情况下的视线测量精度（标定点提取误差为 0.42 像元）

## 习题

1. 相机成像过程中，辐射畸变的主要来源有哪些，主要表现是什么？
2. 相机辐射定标中，用于辐射标定的辐射源有哪些种类？
3. 相机成像辐射非均匀校正方法有哪两类，各有什么优缺点？
4. 相机探测器盲元有哪些种类，各类盲元的基本定义是什么？

5．在天基光学成像系统中，影响视线的误差有哪些？哪些是长周期误差，哪些是短周期误差？两类误差的表现有什么差异？

6．在天基光学成像系统中，视线测量对标定物有哪些要求？在同样数量和提取精度的情况下，标定物如何分布有利于提高视线测量精度？

## 参考文献

[1] 中华人民共和国国家质量监督检验检疫总局，中国国家标准化管理委员会．GB/T 17444-1998 红外焦平面阵列特性参数测试技术规范[S]．北京：中国标准出版社，1998．

[2] Zhengyou Zhang. A Flexible New Technique for Camera Calibration[J]，IEEE Transactions on Pattern Analysis and Machine Intelligence, 22(11), 1330-1334. 2000.

[3] 迟健男．视觉测量技术[M]．北京：机械工业出版社，2011．

# 第 7 章 目标检测技术

光电成像与探测具有广泛的民事和军事用途,例如安防监控、遥感侦察、天文观测、预警探测等,目标检测是以上应用的核心技术之一。目标检测指在一定空域或图像范围内,且不知道是否存在真实目标的前提下,通过信号处理的方式排除杂波干扰,判断是否存在目标,并将真实目标提取出来。

弱小目标检测是一类特殊的目标检测问题,"弱"体现在目标信号弱、信噪比低或图像对比度低,"小"指的是目标尺寸小,形状结构、纹理等特征弱,部分情况下目标尺寸甚至小于成像系统分辨率,表现为点或斑目标,完全没有形状和纹理特征。弱小目标检测是远距离目标探测中常见的技术问题,在要地监视、遥感侦察、预警探测等应用中尤为重要。本章将以弱小目标检测为典型应用背景,分析目标检测相关技术。

首先,分析光电成像与探测中的目标信号特性,对光电成像与探测信号特征的深入了解是实现有效目标检测的前提和基础,不同的光电成像与探测信号特征需要采用不同的目标检测方法相匹配,才能更好地实现对目标的发现。其次,介绍点目标检测的基本处理框架,目前比较典型的有先检测后跟踪和先跟踪后检测两类。最后,在先检测后跟踪的处理框架下,介绍处理过程中的各项基本原理和方法,主要包括:背景抑制技术,分别从空域与时域角度讨论相关背景抑制方法;门限分割技术,重点对恒虚警的门限检测方法进行介绍,并对目标检测性能进行分析。

## 7.1 光电成像与探测信号特性

光电成像与探测传感器实现了从观测环境到成像平面的映射,观测图像信号是目标检测的待处理信号,其信号特性包括目标的信号特性和背景的信号特性。这些信号特性来自第 3 章介绍的目标和背景自身的物理属性,然而经过光电系统成像之后,反映出的图像信号特性将以完全不同的形式呈现,需要重新加以分析。此外,还增加了成像系统自身带来的噪声、干扰等成分,这些特性直接影响目标检测技术的使用和效果。

### 7.1.1 目标信号特性

以目标预警探测应用为例,弹道导弹、临近空间飞行器、空中目标等预警目标的实际形状尺寸具有明显差异。导弹尾焰在其发射初期,直径维持在几十米到几百米,最大可能达到千米级,而当弹道导弹进入中段后,其尾焰熄灭,弹头分离,弹头截面积在几平方米左右;临近空间飞行器分助推段与巡航段,不同阶段其高温辐射区域大小不同,其助推段可能与弹道尾焰类似,巡航段以自身辐射为主,截面积约几十平方米;空中目标的尺寸大小从几十平方米至几百平方米不等。

不同目标成像信号的几何形状特性不仅与实际目标辐射源的形状和辐射特征有关,还与光学探测系统的空间分辨率有着密切联系。对于天基光学监视,由于星载平台距离远,其对目标源的空间分辨率主要由探测距离与系统角分辨率两部分的乘积决定。

在光电成像与探测中，如果目标能量面积小于空间分辨率或与空间分辨率相当，目标在像平面一般呈现为点状，可以称为点目标；如果目标面积大于空间分辨率 25 倍以上，可以称为斑目标；在考虑到目标飞行可能存在尾焰时，也存在线目标的情况。点目标示意图如图 7-1 所示，斑目标示意图如图 7-2 所示，线目标示意图如图 7-3 所示。

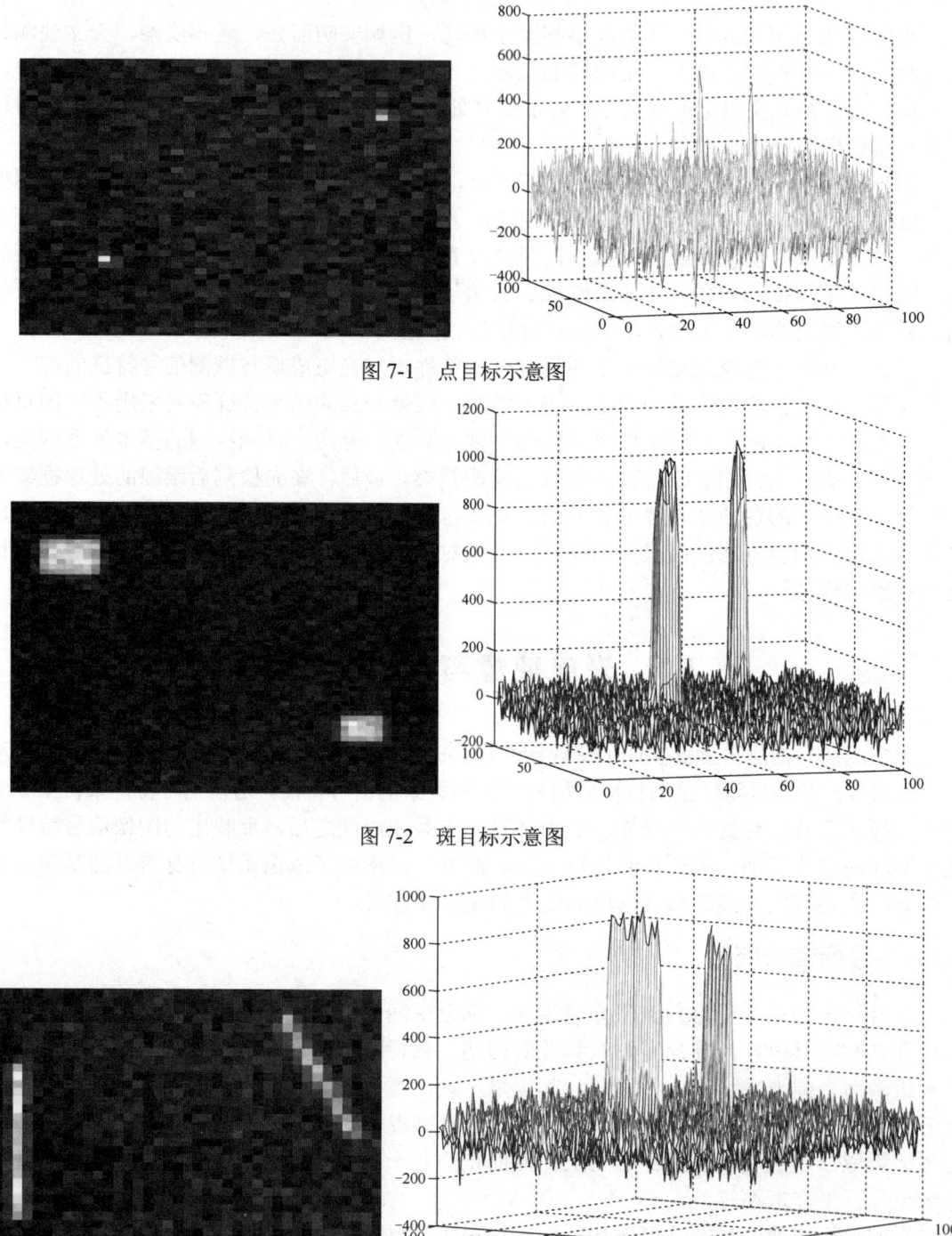

图 7-1  点目标示意图

图 7-2  斑目标示意图

图 7-3  线目标示意图

在通常情况下,点目标是目标预警探测中最常见的目标信号类型,本章后续内容主要对点目标检测技术进行讨论。对于点目标来说,由于大气传输、光学系统等造成的点扩散(Point Spread Function,PSF)效应,点目标的辐射能量会分布在以其投影中心为圆心的周围几个像素中。一般情况下,相机的点扩散效应常采用如下高斯 PSF 模型描述。

$$h(x,y) = \begin{cases} \dfrac{1}{2\pi\sigma^2} \int_{x-\frac{1}{2}}^{x+\frac{1}{2}} \int_{y-\frac{1}{2}}^{y+\frac{1}{2}} \exp\left(-\dfrac{(x-x_0)^2+(y-y_0)^2}{2\sigma^2}\right) \mathrm{d}x\mathrm{d}y & (x,y) \in C \\ 0 & \text{其他} \end{cases} \quad (7\text{-}1)$$

式中,$(x_0, y_0)$ 为目标投影中心位置;$C$ 是 PSF 的圆形支持域,即目标能量的分布范围;$\sigma$ 为高斯 PSF 分布的标准差,它反映了目标能量点扩散效应的范围,也称为 PSF 半径或扩散半径。高斯 PSF 示意图如图 7-4 所示。

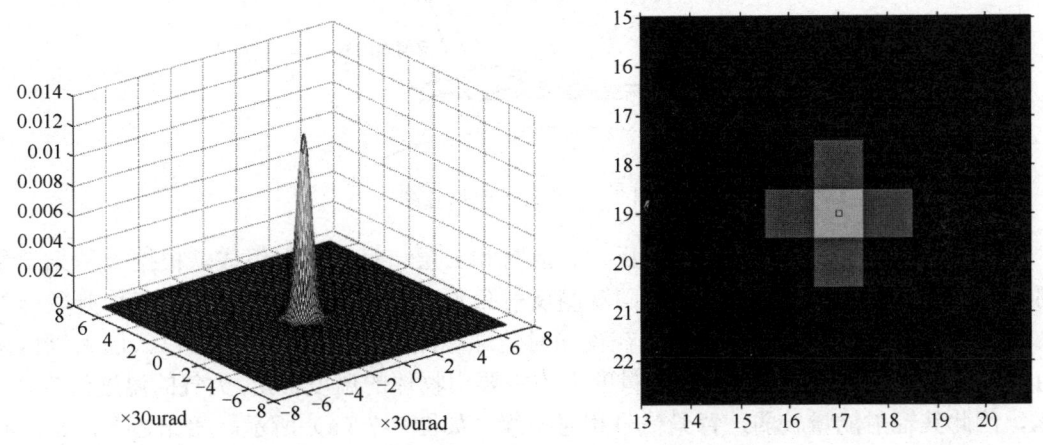

图 7-4　高斯 PSF 示意图

当目标落在像平面不同的位置时,由于跨像元效应,点目标信号还会表现出不同的形态特性。目标位置与像平面形态示意图如图 7-5 所示。当目标恰好落在像元中心时,如图 7-5(a)所示,目标大部分能量落在该像元中,目标能量向周围像元的弥散较少;当目标落在像元角落时,如图 7-5(b)所示,目标能量向周围像元的弥散开始增加;当目标恰好落在像元顶点时,如图 7-5(c)所示,目标能量被四个探测像元能量平分。

总体来看,对于目标探测图像,由于点扩散效应与跨像元效应的存在,目标信号在形态、能量强度等方面存在一定差异,这是目标检测需要注意的情况。

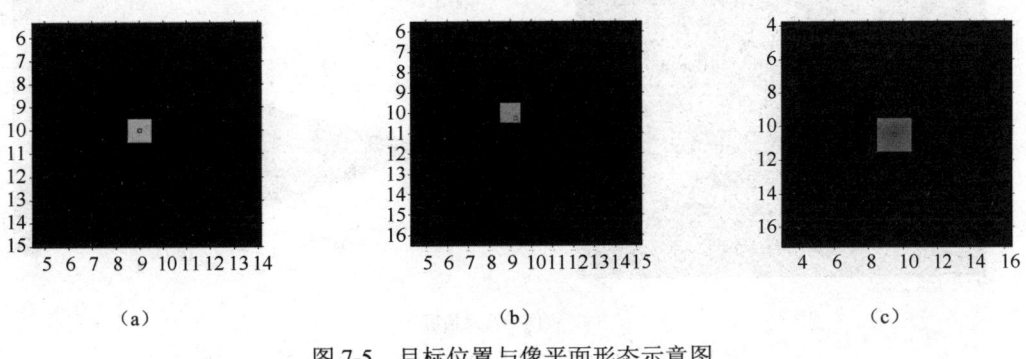

(a)　　　　　　　　　　　(b)　　　　　　　　　　　(c)

图 7-5　目标位置与像平面形态示意图

## 7.1.2 背景信号分析

采用天基平台的目标探测系统观测背景主要包括地球背景、深空背景等多种情况。例如，天基红外导弹预警在以地球为背景的观测条件下，采用大气吸收波段进行观测，绝大部分地面辐射已被水蒸气和二氧化碳等大气气体吸收，因此观测背景主要由结构性云层和大气辐射组成，地物背景难以有效探测，背景相对简单，易于目标检测。背景成像示意图如图 7-6 所示。

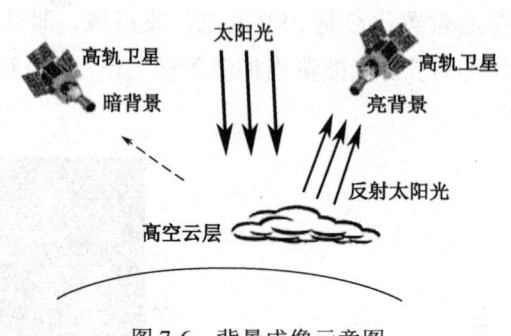

图 7-6 背景成像示意图

云层红外辐射由云层对太阳光的反射、散射和云层自身的辐射组成。根据天基光学预警探测特点，受太阳光照等影响，在不同观测反射角下，背景辐射差异较大。三种典型场景下背景辐射差异示意图如图 7-7 所示。在夜间对地球观测时，背景信号主要以云层大气自身辐射为主。根据普朗克辐射定律，辐射能量的大小主要由物体的温度决定，大气的温度约为 250~300K，因此其辐射能量较弱，背景信号相对平缓，如图 7-7（a）所示。相比之下，在日间对地球观测时，背景信号主要以云层对太阳的反射、散射为主。太阳辐射可近似视为 5900K 的黑体辐射，其温度高，辐射强，到达大气层的总辐照度约为 $1.35 \times 10^3 \text{W/m}^2$。在少云场景中，由于少量云层的存在，太阳存在一定的漫反射，背景具有一定起伏，整体辐射强度适中，如图 7-7（b）所示。如果高空云层对太阳光成强镜面反射，考虑到空间分辨影响，其辐射能量可能高达百万瓦每平方米，甚至超过目标信号的强度，如图 7-7（c）所示。在散射情况下，可以简单理解为部分反射太阳光，其反射的角度与云层的特性相关。

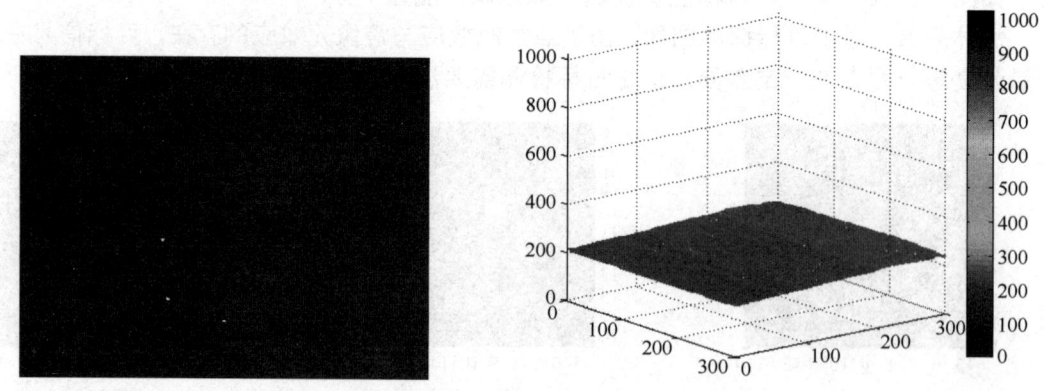

（a）夜间暗背景情况

图 7-7 三种典型场景下背景辐射差异示意图

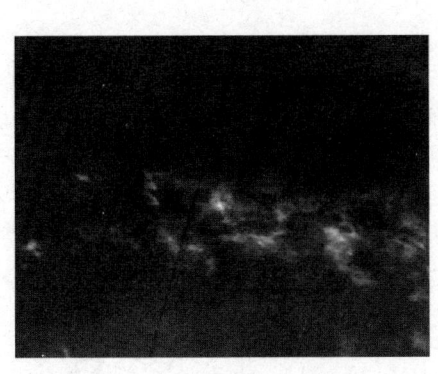 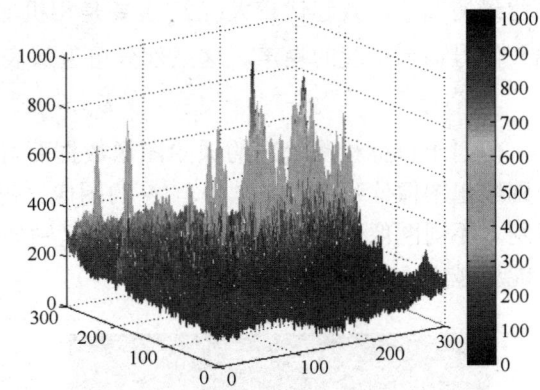

(b) 日间漫反射背景情况

 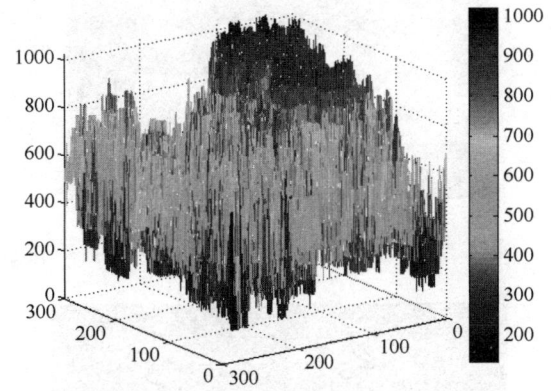

(c) 日间强镜面反射情况

图 7-7 三种典型场景下背景辐射差异示意图（续）

总体来看，对于天基光学预警探测图像，不同的观测角度和天气，背景信号的强度与形态具有较大差异，特别是对于强镜面反射情况，强烈的背景信号起伏很容易造成目标信号的淹没，这也是目标检测需要关注的问题。

### 7.1.3 图像信噪比

在点目标检测领域，评价图像质量是否可以较好实现目标发现的主要指标是图像信噪比。图像信噪比指的是图像上单个像元获得的目标辐射能量 $E_T$ 与图像噪声起伏标准差 $E_\sigma$ 之比。其中，图像噪声包括背景杂波本身的起伏、相机噪声以及相机对杂波调制引起的额外干扰等。

当点目标经过红外传感器，探测器能接收到的能量 $E_T$ 主要如下式所示。

$$E_T = \eta_1 \eta_2 E \frac{\pi D^2}{4l^2} \tau_1 \tag{7-2}$$

式中，$l$ 为目标到相机入瞳的距离；$\tau_1$ 为传输过程中的能量衰减情况，当目标位于大气层之内时，$\tau_1$ 为大气的透过率，而当目标位于大气层之外时，$\tau_1$ 等于 1；$D$ 为相机的入瞳口径；$\eta_1$ 为能量集中度，主要为点扩散效应使目标能量在图像上引起的扩散程度；$\eta_2$ 为跨像元效应，即目标落在像平面位置不同引起目标能量的分散。

图像噪声起伏产生的原因有多方面，主要有以下三个部分：$E_1$ 表示由相机读出电路、放大器等引起的噪声；$E_2$ 表示背景杂波本身的起伏引起的噪声，在暗背景情况下，其起伏较小，强背景情况下，其起伏较大；$E_3$ 主要是相机非均匀性、空间分辨对背景杂波、杂散光等外界输入信号调制引起的噪声。这三部分可近似表达为

$$E_\sigma \approx \sqrt{E_1^2 + E_2^2 + E_3^2} \tag{7-3}$$

但对于目标检测处理的原始图像数据而言，各种噪声综合一起，难以区分其原因。下面分别给出图像信噪比为 5、10、15 的图像，可以直观感受到不同图像信噪比下目标与背景的区别。不同图像信噪比下目标与背景的区别如图 7-8 所示，图像信噪比越高，目标所在像素点能量越大，越能发现其与背景的差异。

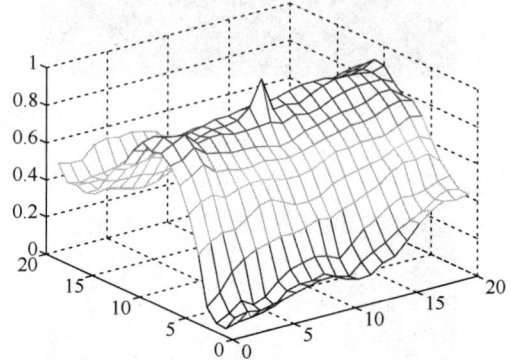

（a）图像信噪比为 5

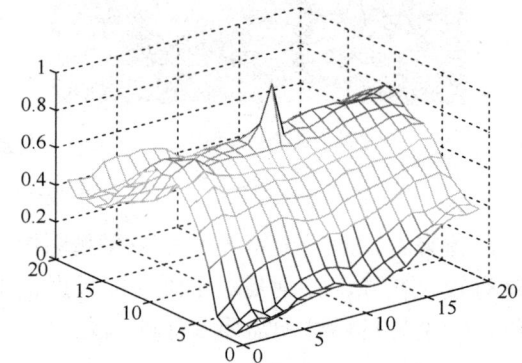

（b）图像信噪比为 10

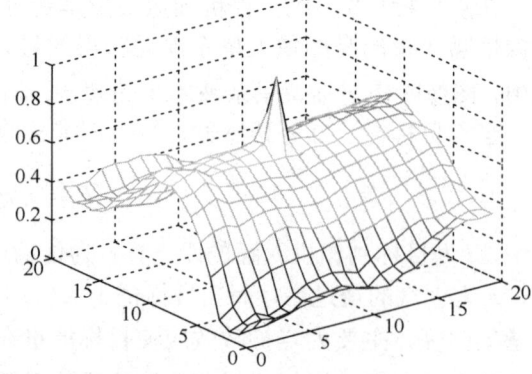

（c）图像信噪比为 15

图 7-8　不同图像信噪比下目标与背景的区别

## 7.2 点目标检测基本过程

对于运动小目标检测问题,目标形状与能量大小、目标灰度变化在时间上的连续性、目标运动轨迹的连续性等都是目标检测的关键。目标检测技术根据上述目标特性的使用顺序不同,主要可以分为两大类。第一类,根据目标形状、强度等特性,先通过单帧图像检测出备选目标,然后再根据目标运动的连续性来确认目标及其运动轨迹,实现对目标的发现,即所谓的先检测后跟踪(Detect Before Track,DBT)技术。第二类,首先根据目标的运动连续性特征,通过累积所有可能的运动轨迹上目标灰度值,再根据目标的短时灰度特性判别各条轨迹的后验概率密度,从而检测出真实的目标,即所谓的先跟踪后检测(Track Before Detect,TBD)技术。本章重点对经典的先检测后跟踪技术进行说明。

### 7.2.1 先检测后跟踪技术

先检测后跟踪技术可以划分成两个独立的问题进行研究,即信号处理与数据处理。信号处理的标准方法主要是利用目标灰度与背景灰度特性的不同来实现目标与背景的分割,通过对探测器的数据进行滤波,尽可能抑制背景中杂波与噪声,并对每帧图像数据进行固定或自适应阈值处理,提取超过检测阈值的像素点作为目标的观测值。在跟踪算法中,将观测值与航迹进行相关性分析,以实现目标航迹的起始、确认与终结。在检测领域讨论这一问题时,最终的目标是实现对有无目标的高可靠判断。通常,一旦实现了对目标航迹的起始,即认为完成目标检测。因此,目标检测过程主要包括背景抑制、门限分割、航迹起始等步骤。DBT算法原理框图如图7-9所示。

图 7-9 DBT 算法原理框图

**1. 背景抑制**

背景抑制是 DBT 算法中的关键技术步骤。该技术首先通过不同的方法实现对背景图像的估计,随后将这一估计与探测图像进行差分处理,旨在提取并剔除背景信息,从而获取目标图像。常用的背景估计方法主要是基于各种空域、时域滤波器的方法。空域滤波器侧重于利用背景信号通常占据图像低频成分,而目标信号则主要表现为高频分量这一特性来分离目标与背景;相比之下,时域滤波器则主要利用目标快速运动与背景基本保持静态的显著差异来分离目标与背景。在下一节中将重点介绍,主要有均值滤波器、中值滤波器和匹配滤波器以及它们的一些组合改进形式。

近年来发展的一系列重要的数学工具如数学形态学、小波变换、分形理论和神经网络也广泛应用于小目标的检测。数学形态学用于图像处理与识别,可以描述图像的基本结构与特征,比较适用于低信噪比下的快速速度的点目标。小波变换通过频率选择和多尺度分解,可以实现背景抑制、噪声去除以及目标增强。此外,选择基于小波分解的能量特征来作为区分纹理背景和人造目标的特征量,在实际应用中具有较好的适应性。人工神经网络技术发展迅速,人们开始探讨用神经网络的方法来解决低信噪比条件下运动点目标的检测问题。其中提出了一种基于 Hopfield 型神经网络的方法,用于高杂波环境中检测直线运动的弱目标,但由于该方法对图像序列投影、样本正交等条件有着较为严格的要求,在实际情况下往往难以满足。

**2. 门限分割**

门限分割方法包括全局门限分割与局部门限分割等，主要根据背景抑制后的图像统计特性，分析确定合适的门限值。然后对图像中每一个像素与门限值进行比较判断，从而挑选出可能的目标疑似点。从数理统计理论来说，这就是一个统计检验的过程，也是最基本的随机信号检测过程。

门限分割确定方法有很多，主要包括点目标的门限分割与面目标的门限分割两大类。面目标门限分割方法通常包括阈值分割有双峰法、最大类间方差法、迭代法等。点目标的门限分割基本是采用恒虚警率的方法，该方法可以根据不同应用背景灵活地确定门限值。本章重点对恒虚警率的门限分割方法与目标检测性能进行分析。

**3. 航迹起始**

航迹起始主要是在门限分割的基础上进行，对于疑似目标点，需要利用目标在像平面上的运动光滑性和连续性，以及噪声随机性、背景缓变性来区分目标点和噪声点。通过多帧关联，最终实现对目标轨迹的起始，即确认目标存在，并对目标进行持续跟踪。航迹起始也是目标跟踪的首要步骤。目前，现有的航迹起始方法多应用于雷达跟踪与光学探测系统中，按照对测量数据的处理方式可以分为顺序数据处理技术和批处理技术。具体方法将在下一章重点介绍。

## 7.2.2 先跟踪后检测技术

先跟踪后检测技术可以有效解决弱小目标的检测与跟踪问题，TBD 技术本身只是一种数据与信号处理的思想，依赖于具体的实现方法，TBD 技术的发展就是其实现技术的发展。迄今为止，已出现了众多 TBD 的实现方法，主要包括基于批处理和基于递推的两类算法。其中，基于批处理实现的 TBD 算法有基于多级假设检验、动态规划、高阶相关算法和三维匹配滤波等方法，而基于递推的 TBD 算法主要包括基于粒子滤波和基于概率假设密度滤波等方法。

基于多级假设检验的算法，将所有可能的目标轨迹以树的形式组织起来，通过每帧更新的数据，对树进行管理和裁剪，同时利用序贯概率比检验（Truncated Sequential Probability Ratio Test，TSPRT）进行判断。多级假设检验方法原理简单，便于工程应用，但在低信噪比情况下，为了减少漏检，候选轨迹起始点非常多，可能导致后面的树权急剧增多，出现组合爆炸，使得计算量迅速增大，关联复杂，严重影响了算法的性能。

基于动态规划的算法，将弱目标的轨迹搜索问题转换为多阶段决策优化问题，在各个阶段要求选择某个变量的值，使得全过程按给定的准则达到最优，以单步最优逼近全局最优。基于动态规划的 TBD 算法原理清晰，且易于硬件实现，在有一定的先验信息场景下，得到了广泛的应用，在工程上取得了不少成果。

高阶相关算法利用目标轨迹上点的时空相关性，通过计算序列图像帧间的高阶相关性，可以在有噪声的三维图像中检测出直线或曲线轨迹。该算法类似于多假设跟踪算法，当航迹段达到一定长度时，确认航迹，否则作为噪声滤除。高阶相关算法针对二值图像进行处理，没有充分考虑到目标的灰度信息，若阈值过高，则漏检率过高；若阈值过低，则运算量大。

基于三维匹配滤波算法的基本思想是针对目标所有可能的运动情况，设计相应的多个三维匹配滤波器，对每个滤波器的滤波输出结果进行统计，选出使输出信噪比最高的滤波器，从该滤波器所对应的运动状态确定出目标在图像中的位置和运动轨迹。

此类基于批处理的算法实现方式多样，思路各不相同，但都没有真正引入跟踪的思想，更偏于对弱目标检测的实现。而基于递推的算法完整地引入跟踪的思想，建立目标的运动模型和观测模型，实时递推跟踪，并同时估计目标状态和目标数，目前主要包括基于粒子滤波和基于概率假设密度滤波的 TBD 算法。

基于粒子滤波（Particle Filter，PF）的 TBD 算法是近些年的研究热点，在目标跟踪领域具有重要地位。在无计算资源约束的情况下，PF 算法与动态规划辅助（Dynamic Programming Assisted，DPA）算法、假设检验多目标跟踪（Hypothesis-based Probabilistic Multi-Hypothesis Tracking，H-PMHT）算法等其他 TBD 算法相比，能够获得更好的检测和跟踪性能。在 Rayleigh 色噪声环境下，PF 算法对非线性和非高斯噪声环境具有很强的适应能力，能够在复杂环境中保持较高的跟踪精度和稳定性。为提高对机动目标的处理能力，多模型粒子滤波（Multi-Modal Particle Filter，MM-PF）算法被提出。由于 PF 算法是一种单目标方法，MM-PF 算法通过构建目标数量的马尔可夫链和多元复合假设检验，将 PF 算法应用到两个目标的检测跟踪中，其中第二个目标是由第一个目标分裂产生。但这种处理方法存在着明显的问题：在目标数目未知的情况下，无法进行处理；并且当目标数量过大时，会导致转移矩阵过大和假设检验数过多，从而增加处理难度。

近几年，随机有限集（Random Finite Set，RFS）理论在多目标跟踪问题中的应用逐渐受到学术界的关注。2003 年，概率假设密度（Probability Hypothesis Density，PHD）滤波器被引入。PHD 作为多目标后验概率密度的一阶统计矩，能够递推地传递目标状态的分布信息，并且能够在无须复杂数据关联的情况下，实现多目标数量和状态估计。PHD 滤波器一经提出便成为研究热点，随后又发展出了粒子滤波实现（Sequential Monte Carlo PHD，SMC-PHD）和高斯混合实现（Gaussian Mixture PHD，GM-PHD）。研究表明，与传统方法如多假设跟踪（Multiple Hypothesis Tracking，MHT）、联合概率数据关联（Joint Probabilistic Data Association，JPDA）相比，PHD 滤波器具有更优的多目标跟踪性能，不仅能够避免数据关联，还能解决计算爆炸，实现未知目标数的多目标跟踪问题，尤其适用于杂波密集，目标数量随时间变化的多目标场景。概率假设密度滤波多目标贝叶斯跟踪方法已在声呐、雷达、光学等领域的目标检测跟踪中得到了广泛的应用。

## 7.3 红外图像背景抑制技术

在复杂背景图像中，由于目标仅占一个或几个像素，可检测信号相对较弱，目标甚至会被大量复杂的噪声（杂波）所淹没，这给检测任务带来了较大阻碍。背景抑制的目的就是为了抑制图像中的起伏背景以及不相关的高斯噪声点，提高图像的信噪比。背景抑制问题解决得好坏将直接影响到后面的目标检测算法的性能和整个系统的可靠性。因此，背景抑制是系统中必不可少的一个步骤。

背景抑制的基本原理是根据背景杂波的特性，从输入的图像数据中估计出背景图像，然后与原始图像数据作差，把背景部分去除。背景抑制流程如图 7-10 所示。

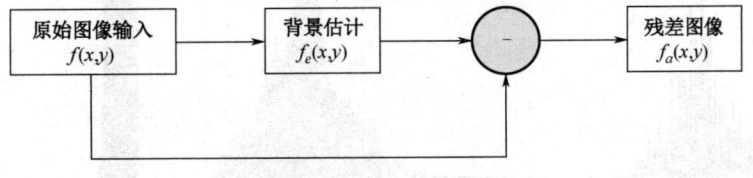

图 7-10 背景抑制流程

对于背景估计主要包括空域背景抑制和时域背景抑制两大类方法，空域背景抑制方法主要利用背景在空间上是缓变相关的这一特性，当前像素的背景是可以用领域的信息进行估计的这一基本原理进行的；时域背景抑制主要利用背景是缓慢运动的，当前时刻的像素背景是可以利用以前时刻的背景进行估计的这一基本原理进行。下面对此两类常用方法分别进行说明。

## 7.3.1 空域背景抑制方法

对于点目标检测图像，目标常常在图像中表现为奇异点，是图像的高频部分，背景是缓变相关的，是图像的低频成分，因此空域背景抑制方法主要是利用目标与背景在频域的区别进行的，单帧图像背景抑制方法主要有空域均值滤波、空域中值滤波、形态学滤波等。

**1. 空域均值滤波**

图像背景在空域一般具有较强的相关性，目标像素因其灰度值较高，在背景中体现为局部奇异点，因此可以通过选择低通滤波模板方法估计图像背景，原图与估计出的图像背景差分便可达到抑制背景、突出目标的目的，这个过程可以表示如下。

$$f_a(x,y) = f(x,y) - h(x,y) * f(x,y) \quad (7\text{-}4)$$

式中，$f$ 表示原图像函数；$h$ 表示低通滤波器；$f_a$ 表示滤波结果。均值滤波选择常用的均匀模板作为低通滤波模板估计背景，可以用如下简化公式表示。

$$f_a(x,y) = f(x,y) - \sum_{i-(\sqrt{N}-1)/2}^{i+(\sqrt{N}-1)/2} \sum_{j-(\sqrt{N}-1)/2}^{j+(\sqrt{N}-1)/2} f(x+i,y+j)/N \quad (7\text{-}5)$$

对小目标检测可以采用 $N=9$ 的均匀模板，均值滤波的适用范围很广，对提高信噪比，去除背景都有一定效果。空域均值滤波检测流程如图 7-11 所示。

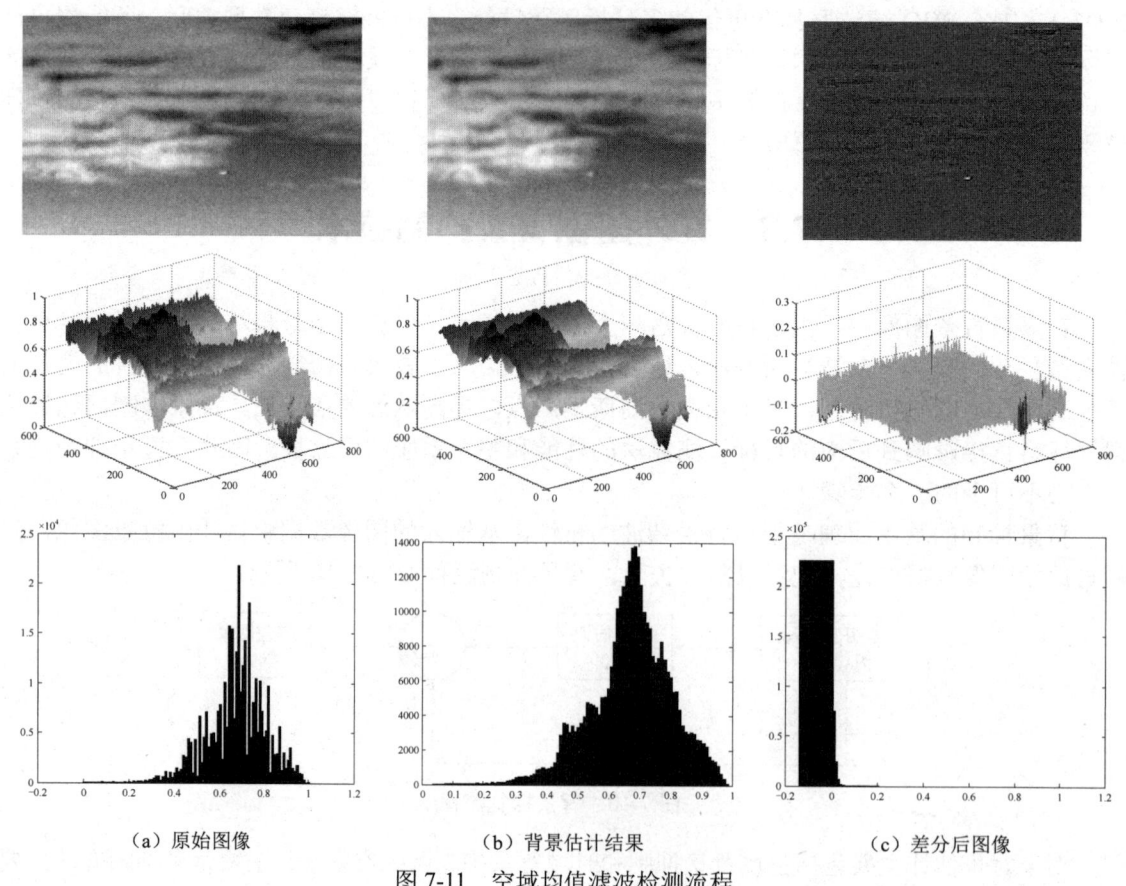

(a) 原始图像　　　　　　(b) 背景估计结果　　　　　　(c) 差分后图像

图 7-11　空域均值滤波检测流程

## 2. 空域中值滤波

空域中值滤波是一种典型的非线性滤波技术。它采用滑动滤波窗口技术，对滤波窗口内的所有像素按灰度值大小进行排序，若序列长度为奇数，则选择序列的中间值作为滤波器的输出；若序列长度为偶数，则选择序列中间两个元素的均值作为滤波器的输出。在进行空域中值滤波处理时，若图像中较亮或较暗的物体的面积小于滤波窗口的一半，则会被滤除，而面积较大的物体则几乎完整无缺地保留下来。因此，根据目标大小选择合适的滤波窗口可以有效滤除目标，实现背景预测。空域中值滤波能够有效衰减随机噪声，但容易模糊掉窄边界等细节信息，当图像中存在较多的细节信息时容易造成较高的虚警率。

最大空域中值滤波是空域中值滤波的一个有效改进，并在弱小目标检测领域取得了较好的应用效果。与空域中值滤波相比，最大空域中值滤波可以更好地保护背景边缘信息，虚警率明显降低，但算法计算量有一定增加。滤波窗口的选择对检测效果的影响十分显著，应尽量选择较大的滤波窗口，但窗口过大也会降低对背景杂波的抑制效果。

下面以 5×5 滤波窗口为例，说明最大空域中值滤波的处理过程。最大空域中值滤波示意图如图 7-12 所示。

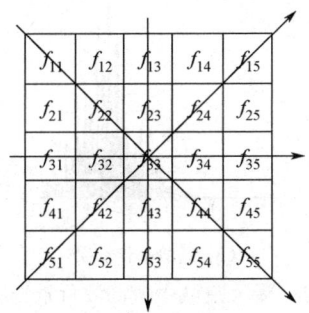

图 7-12 最大空域中值滤波示意图

（1）求图 7-12 中 0°、45°、90°、135°四个方向的中值。

$$\begin{aligned} z_1 &= \text{median}(f_{31}, f_{32}, f_{33}, f_{34}, f_{35}) \\ z_2 &= \text{median}(f_{13}, f_{23}, f_{33}, f_{43}, f_{53}) \\ z_3 &= \text{median}(f_{51}, f_{42}, f_{33}, f_{24}, f_{15}) \\ z_4 &= \text{median}(f_{11}, f_{22}, f_{33}, f_{44}, f_{55}) \end{aligned} \quad (7\text{-}6)$$

（2）取这四个方向中值的最大值作为当前检测点的输出。

$$f_{\max-\text{median}}(i,j) = \max(z_1, z_2, z_3, z_4) \quad (7\text{-}7)$$

图 7-13 给出了最大空域中值滤波背景抑制过程，其中滤波窗口大小为 7×7。可以看出，最大空域中值滤波对背景边缘保留较好，背景预测效果较好。

## 3. 形态学滤波

形态学滤波包括两个基本的运算：膨胀和腐蚀。它们最初定义于二值图像，现已扩展到灰度图像。膨胀运算是一种"扩展"变换，将与物体接触的背景点合并到该物体中，使边界向外部扩张，可以填补物体中的空洞；腐蚀运算是一种"收缩"变换，使物体的边界向内部收缩，可以消除图像中细小的噪声区域。

设 $f(i,j)$ 为输入图像，$b(i,j)$ 为结构元素，则用结构元素 $b$ 对图像 $f$ 进行灰度膨胀的数学表达式为

$$d(i,j) = f \oplus b = \max\{f(i-s, j-t) + b(s,t) \mid i-s, j-t \in D_f; s, t \in D_b\} \quad (7\text{-}8)$$

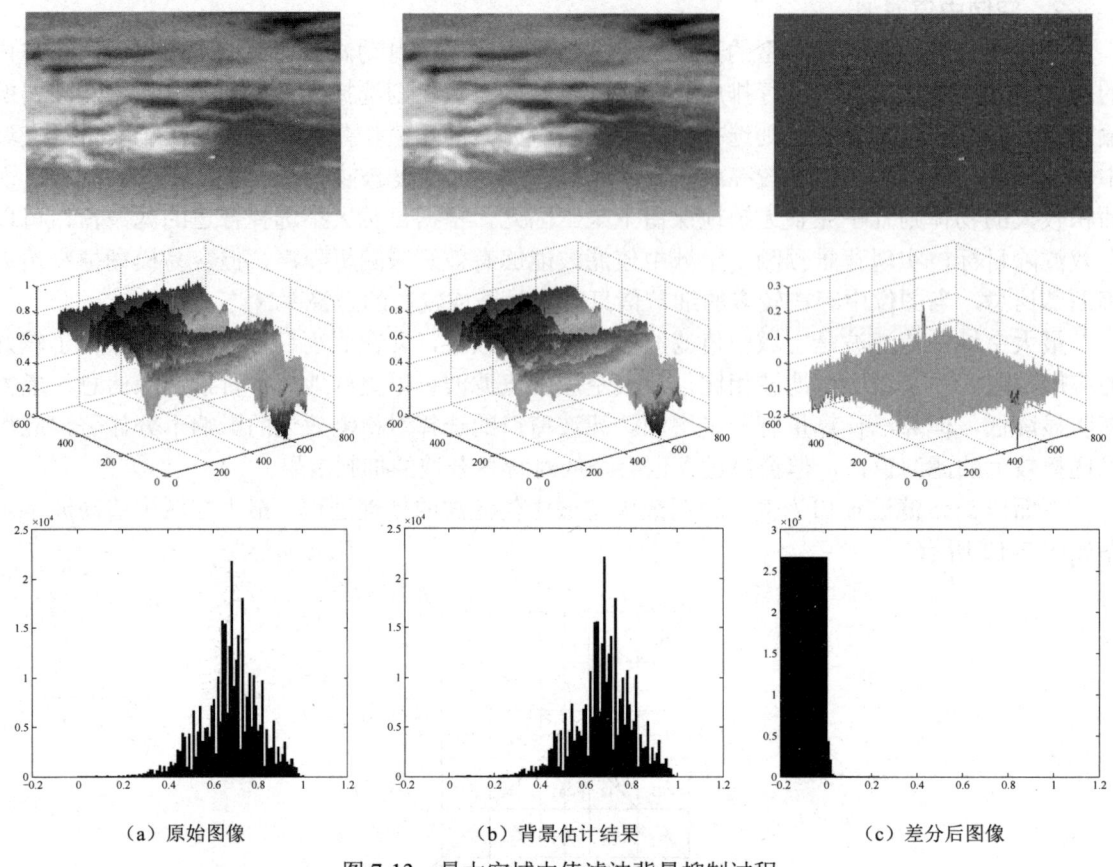

(a) 原始图像　　　　　　　(b) 背景估计结果　　　　　　　(c) 差分后图像

图 7-13　最大空域中值滤波背景抑制过程

用结构元素 $b$ 对图像 $f$ 进行灰度腐蚀的数学表达式为

$$e(i,j) = f \otimes b = \min\{f(i+s, j+t) - b(s,t) \mid i+s, j+t \in D_f; s, t \in D_b\} \quad (7\text{-}9)$$

式中，$D_f$ 和 $D_b$ 分别为 $f$ 和 $b$ 的定义域；$i-s$，$i+s$，$j-t$，$j+t$ 必须在 $f$ 的定义域 $D_f$ 内，$s$ 和 $t$ 必须在 $b$ 的定义域 $D_b$ 内。

利用结构元素 $b$ 对图像 $f$ 先进行腐蚀然后再膨胀的操作过程称为开运算，即

$$f \cdot b = (f \otimes b) \oplus b \quad (7\text{-}10)$$

利用结构元素 $b$ 对图像 $f$ 先进行膨胀然后再腐蚀的操作过程称为闭运算，即

$$f \cdot b = (f \oplus b) \otimes b \quad (7\text{-}11)$$

开运算可以消除图像中的细小突出和连接两个物体的纤细小桥，能够平滑物体的边界。闭运算可以填补物体内的细小空洞、连接邻近物体，也能够平滑物体的边界。与开运算不同的是，闭运算一般会将狭窄的缺口连接起来形成细长的弯口，并填充比结构元素小的洞。

图像与其开运算的差称为 Top-hat 滤波。Top-hat 滤波利用开运算对图像的背景进行预测，然后与原图像相减实现目标检测。结构元素的选择对 Top-hat 滤波的检测效果影响很大。由于开运算能够消除图像中不能包含结构元素的部分，因此，需要选择大于目标面积的结构元素进行弱小目标检测，但过大的结构元素也会造成较高的虚警率。Top-hat 背景抑制流程如图 7-14 所示。

图 7-14 给出了 Top-hat 滤波进行目标检测的过程，其中结构元素为 $5 \times 5$ 的正方形。可以看出，Top-hat 滤波消除了许多边缘细节，背景预测效果较差。

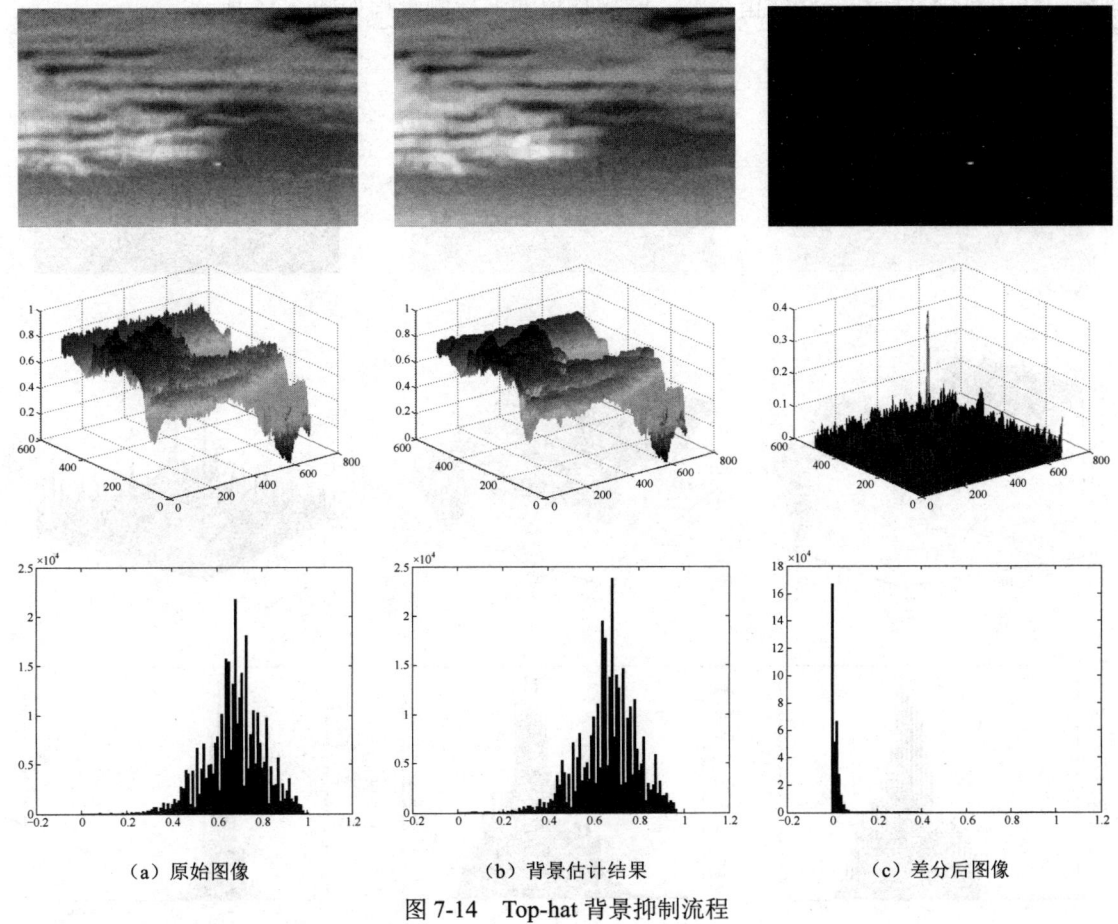

（a）原始图像　　　　　　　　　（b）背景估计结果　　　　　　　　（c）差分后图像

图 7-14　Top-hat 背景抑制流程

## 7.3.2　时域背景抑制原理

时域背景抑制算法基于相邻帧间没有相对运动或相对运动较少，同一区域的背景在短时平稳保持基本不变的原理。因此，当前帧的背景图像可以由历史帧的对应位置的图像估计得到。时域背景抑制算法与空域背景抑制方法最大区别在于，它主要利用历史帧的数据来进行背景抑制。对历史帧数据利用的方式不同，也就相应地产生了不同方法，典型的时域背景抑制方法包括时域均值滤波、时域中值滤波等方法。

### 1．时域均值滤波

对序列图像的时域目标检测是根据图像的所有像素点在时域上的起伏特性，对弱小目标进行检测。这种方法充分利用图像序列每个像素点的信息，能够检测出低信噪比的目标。与空域中的均值滤波相同，时域中的均值滤波是将滑动窗口的均值作为窗口中心像素点的预测值，时域上的均值滤波器为

$$y(x,y;k) = \frac{1}{2N+1} \sum_{r=-N}^{N} f(x,y;k+r) \qquad (7\text{-}12)$$

式中，$f(x,y;k+r)$ 表示图像中位于 $(x,y)$ 位置处的像素在第 $k+r$ 帧中的灰度值；$y(x,y;k)$ 为输出图像中该像素处时域均值滤波的灰度均值；$k$ 为红外序列图像中对应帧的帧号；$r \in [-N, N]$ 表示图像序列中图像相对当前帧位置；$2N+1$ 表示时域均值滤波窗口的宽度。

将原始图像的时域廓线减去均值滤波器的输出即可得到时域廓线的残差，在得到的残差

时域廓线中包含目标和一些残留杂波。时域均值滤波检测流程如图 7-15 所示。

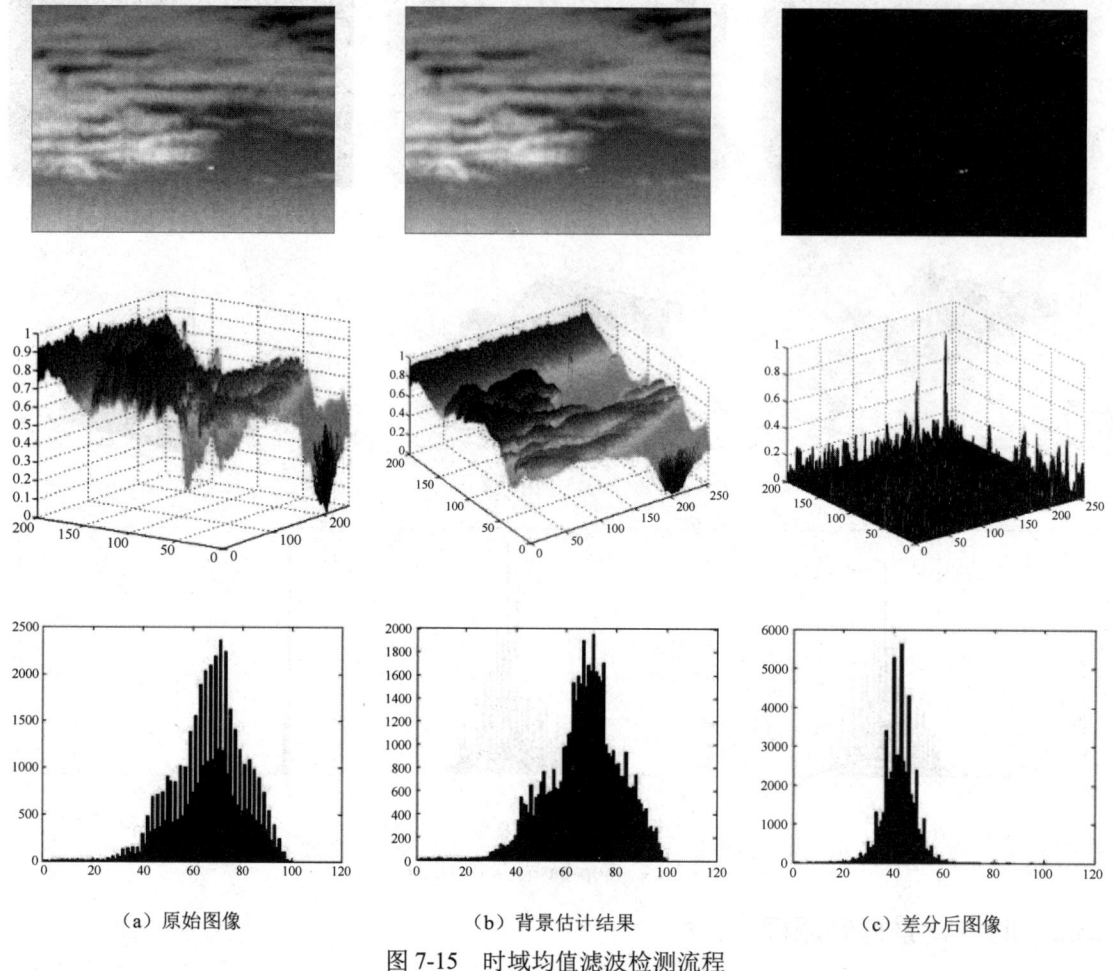

（a）原始图像　　　　　　　（b）背景估计结果　　　　　　　（c）差分后图像

图 7-15　时域均值滤波检测流程

由背景预测图像可以看出，场景起伏较大的云层背景区域得到了很好的保持，但是相比原云层背景变得模糊；由残差图像可以看出，大部分背景被高效抑制，目标增强效果明显，部分云层边缘离散点残留。

### 2. 时域中值滤波

时域中值滤波与均值滤波相似，选取滑动窗，在时域廓线上进行平移，将窗口内的中值作为时域廓线检测的基准线。时域廓线上的中值滤波器为

$$y(x,y;k) = \underset{-N \leqslant r \leqslant N}{\mathrm{median}}[f(x,y;k+r)] \quad (7\text{-}13)$$

式中，$f(x,y;k+r)$ 表示图像中位于 $(x,y)$ 位置处像素在第 $k+r$ 帧中的灰度值；$y(x,y;k)$ 为输出图像中该像素处时域中值滤波的灰度中值；$k$ 为红外序列图像中对应帧的帧号；$r \in [-N,N]$ 表示图像序列中图像相对当前帧位置。

时域中值滤波背景抑制流程如图 7-16 所示。

由背景预测图像可以看出，场景起伏较大的云背景区域得到了很好的保持，相比时域均值滤波，云层边缘得到了较好的保留；由残差图像，可以看出，绝大部分背景被高效抑制，目标增强效果明显。

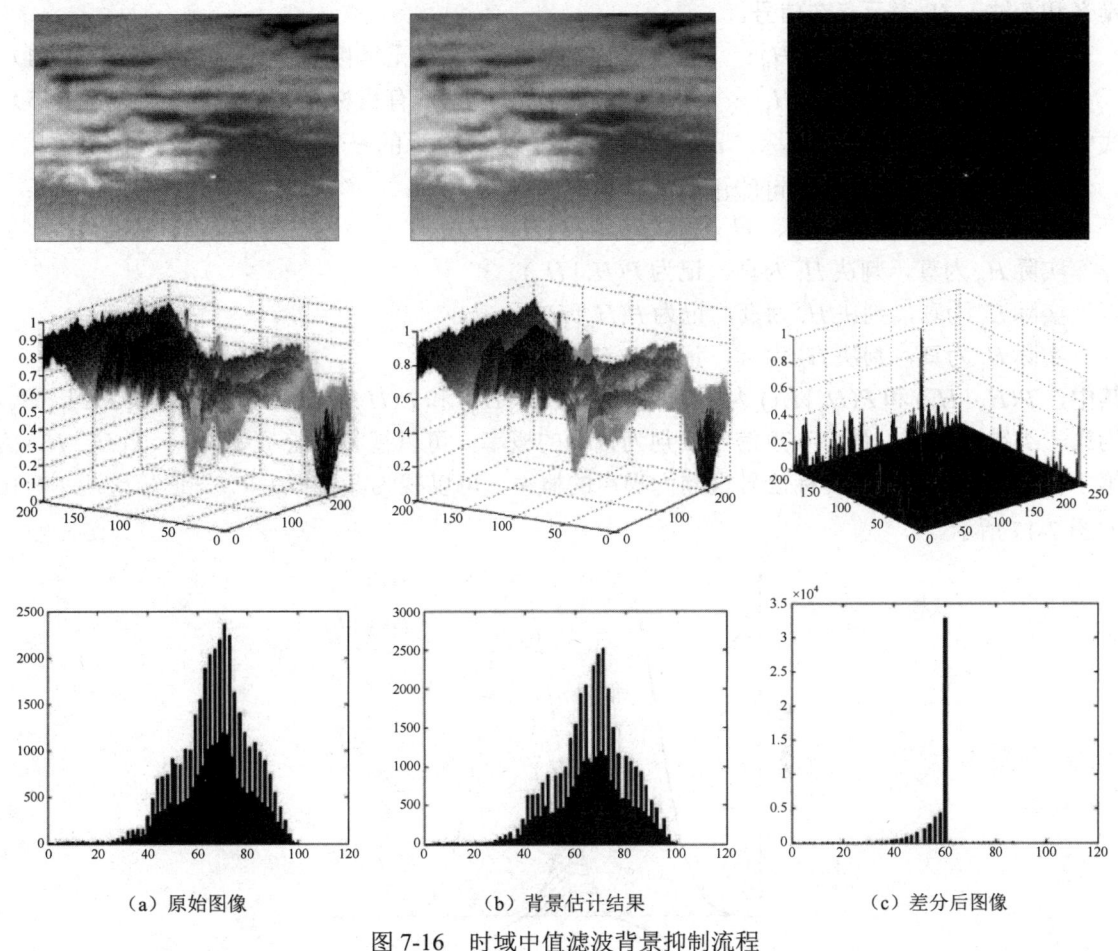

(a) 原始图像　　　　　　　(b) 背景估计结果　　　　　　(c) 差分后图像

图 7-16　时域中值滤波背景抑制流程

## 7.4　门限分割与性能统计

### 7.4.1　恒虚警检测

对图像进行自适应背景抑制后，留下来的主要是高频分量。通常来说，背景自适应抑制后，图像中像素值越大，是目标的概率也就越大。尽管这个假设在很多时候会引起误判，但此时首要任务是检测出所有可能的目标，因此允许一定程度误判，并计划通过后续的轨迹检测技术进行误判消除。虽然允许一定的虚警，但是虚警的数量必须是可控的，因此引入恒虚警检测的概念。

### 7.4.2　基于恒虚警的门限分割

为了获得可预知且稳定的检测性能，系统设计者往往倾向于设计具有恒定虚警概率的系统。为了达到这个目的，实际干扰必须从数据中进行实时估计，从而可相应调整检测门限以获得恒定的虚警概率（Probability of False Alarm，PFA）。可以保持恒定虚警概率的检波处理器被称为恒虚警率检测器（Constant False Alarm Rate，CFAR）。

通常把检测问题视为在两种假设 $H_0$ 和 $H_1$ 中进行二元假设检验的判决，其中 $H_0$ 表示只有噪音和杂波，$H_1$ 表示存在信号。

$$H_0: \quad x(k) = n(k) \quad \text{无目标} \quad (7\text{-}14)$$
$$H_1: \quad x(k) = s(k) + n(k) \quad \text{有目标} \quad (7\text{-}15)$$

式中，$s(k)$ 是强度为 $A$ 的目标；$n(k)$ 是均值为 $B$ 方差为 $\sigma^2$ 的噪音和残留杂波。

对这一假设检验的判决可能出现的结果有四种：

实际 $H_0$ 为真，判决 $H_0$、$H_1$ 为真，记为 $P(H_0|H_0)$；

实际 $H_0$ 为真，判决 $H_1$ 为真，记为 $P(H_1|H_0)$；

实际 $H_1$ 为真，判决 $H_1$ 为真，记为 $P(H_1|H_1)$；

实际 $H_1$ 为真，判决 $H_0$ 为真，记为 $P(H_0|H_1)$；

其中，$P(H_0|H_0)$ 和 $P(H_1|H_1)$ 为正确判决；$P(H_1|H_0)$ 和 $P(H_0|H_1)$ 为错误判决。$P(H_1|H_0)$ 为第一类错误概率，是将噪声信号误判为目标的概率，可以视为虚警概率 $P_{FA}$；$P(H_0|H_1)$ 为第二类错误概率，是将目标信号误判为噪声的概率，可以视为漏警概率 $P_M$。信号检测示意图如图 7-17 所示。

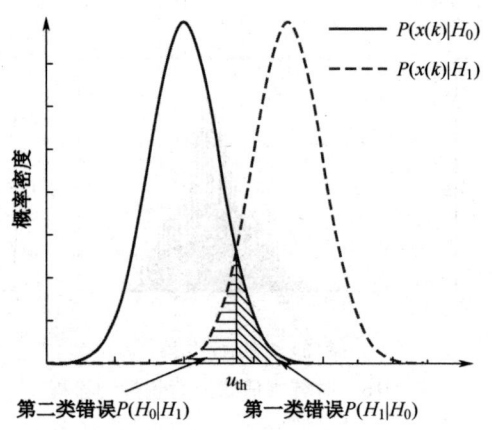

图 7-17 信号检测示意图

在实际的目标自动检测系统中，总是希望错误判决的概率越小越好，但两类错误显然是相互矛盾的两面，每一类错误发生的概率取决于不同的判决准则的设计，因此根据系统的要求和已知的先验条件，选择合理的判决准则是非常重要的。

在许多问题尤其是目标自动检测问题中，用来进行判决的相对代价实际上是很难分配的。两类假设的先验概率也是很难确定的。为解决这些问题，奈曼（Neyman）和皮尔逊（Perason）提出了奈曼-皮尔逊（NP）准则。

目标自动检测问题的最优决策规则是使虚警概率 $P_{FA}$ 和漏警概率 $P_M$ 同时达到最小，但它们之间是相互矛盾的。如果认为一直没有目标，可以使 $P_{FA}$ 为 0，但这会使 $P_M$ 为 1，因为所有的目标都遗漏了；相反，如果把所有点迹都视为目标，$P_M$ 为 0，但 $P_{FA}$ 变为 1，会把每一次虚警都作为目标。NP 准则使用折中的方法，设 $e_0$ 为可以接受的错误报警能力，当在约束条件 $P_{FA} < e_0$ 下，使检测概率 $P_D$ 最大，这等价于使 $P_M$ 最小（$P_D = 1 - P_M$）。对于给定的虚警率 $P_{FA}$，为了使 $P_D$ 最大，采用拉格朗日乘子，构造如下目标函数。

$$\begin{aligned} F &= P_D + \lambda(P_{FA} - e_0) \\ &= \int_{R_1} p(s(k)|H_1)\mathrm{d}s(k) + \lambda\left(\int_{R_0} p(s(k)|H_0)\mathrm{d}s(k) - e_0\right) \end{aligned} \quad (7\text{-}16)$$

$$= -\lambda e_0 + \int_{R_1} [p(s(k)|H_1) + \lambda p(s(k)|H_0)] \mathrm{d}s(k)$$

式中，令 $R_1 = \{s(k): 判 H_1\}$ 为判定域，$R_0 = \{s(k): 判 H_0\}$ 表示它的补集。

为了使 $F$ 最大，需要使式（7-16）中积分部分的值为正的部分归到 $R_1$ 中，即如果 $s(k)$ 满足下面的条件，将判决为 $H_1$。

$$p(s(k)|H_1) + \lambda p(s(k)|H_0) > 0 \tag{7-17}$$

这样，可以得到奈曼-皮尔逊准则下的似然比判决准则。

$$l(s(k)) = \frac{p(s(k)|H_1)}{p(s(k)|H_0)} > -\lambda \tag{7-18}$$

式中，$-\lambda$ 为似然比判决的阈值，由 $P_{\mathrm{FA}} = e_0$ 求出。

假设杂波干扰 $y_c$ 和目标 $y_t$ 都服从高斯分布，杂波的均值为 $m_c$，目标的均值为 $m_t$，两者具有相同的方差 $\beta^2$（在真实场景中，杂波的数量远远大于目标的数量。杂波的方差容易统计，而目标的方差很难统计。在实际工程应用中，有时为了简化计算，可以认为目标的方差与杂波的方差近似相等，这样两者便具有相同的方差 $\beta^2$）。

$$y_c \sim N(m_c, \beta^2) \tag{7-19}$$
$$y_t \sim N(m_t, \beta^2) \tag{7-20}$$

那么可以定义

$$H_1: y \sim N(m_t, \beta^2) \tag{7-21}$$
$$H_0: y \sim N(m_c, \beta^2) \tag{7-22}$$

则

$$p(y|H_1) = \frac{1}{\sqrt{2\pi\beta^2}} \exp\left\{-\frac{1}{2}\left(\frac{y-m_t}{\beta}\right)^2\right\} \tag{7-23}$$

$$p(y|H_0) = \frac{1}{\sqrt{2\pi\beta^2}} \exp\left\{-\frac{1}{2}\left(\frac{y-m_c}{\beta}\right)^2\right\} \tag{7-24}$$

依据式（7-18）的似然比判决准则，有

$$l(y) = \frac{p(y|H_1)}{p(y|H_0)} = \frac{\dfrac{1}{\sqrt{2\pi\beta^2}} \exp\left\{-\dfrac{1}{2}\left(\dfrac{y-m_t}{\beta}\right)^2\right\}}{\dfrac{1}{\sqrt{2\pi\beta^2}} \exp\left\{-\dfrac{1}{2}\left(\dfrac{y-m_c}{\beta}\right)^2\right\}}$$

$$= \exp\left\{-\frac{1}{2}\left(\frac{y-m_t}{\beta}\right)^2 + \frac{1}{2}\left(\frac{y-m_c}{\beta}\right)^2\right\} \tag{7-25}$$

$$\ln l(y) = -\frac{1}{2}\left(\frac{y-m_t}{\beta}\right)^2 + \frac{1}{2}\left(\frac{y-m_c}{\beta}\right)^2 \tag{7-26}$$

为了简单起见，采用对数似然比，整理得到决策准则如下。

$$y \underset{H_0}{\overset{H_1}{\gtrless}} \frac{\beta^2}{m_t - m_c} \ln(1-\lambda) + \frac{(m_t + m_c)}{2} \tag{7-27}$$

设 $T = \dfrac{\beta^2}{m_t - m_c} \ln(1-\lambda) + \dfrac{(m_t + m_c)}{2}$，$T$ 为检测门限，则

$$P_{\mathrm{FA}} = \int_T^{+\infty} \dfrac{1}{\sqrt{2\pi\beta^2}} \exp\left\{-\dfrac{1}{2}\left(\dfrac{y - m_c}{\beta}\right)^2\right\} \mathrm{d}y \qquad (7\text{-}28)$$

$$P_{\mathrm{D}} = \int_T^{+\infty} \dfrac{1}{\sqrt{2\pi\beta^2}} \exp\left\{-\dfrac{1}{2}\left(\dfrac{y - m_t}{\beta}\right)^2\right\} \mathrm{d}y \qquad (7\text{-}29)$$

$\Phi$ 为标准正态分布函数，$\Phi(r) = \int_{-\infty}^{r} \dfrac{1}{\sqrt{2\pi}} \exp\left(-\dfrac{1}{2}y^2\right) \mathrm{d}y$。

根据奈曼-皮尔逊准则，若要求一定的虚警概率 $P_{\mathrm{F}}$，则由上式得到检测门限 $T$ 为

$$T = \beta \times \Phi^{-1}(1 - P_{\mathrm{FA}}) + m_c \qquad (7\text{-}30)$$

根据实际要求确定不同的门限，如果要求一定的检测概率 $P_{\mathrm{D}}$，则门限表达式如下

$$T = \beta \times \Phi^{-1}(1 - P_{\mathrm{D}}) + m_t \qquad (7\text{-}31)$$

这就是检测门限与虚警率的关系。CFAR 处理器需要利用周围邻近单元的数据值，对待检测单元的平均干扰功率进行估计。此时估计包含两个参数，$m_c$ 和 $\beta^2$，$m_c$ 是邻近区域杂波干扰的均值，$\beta^2$ 是邻近区域杂波干扰的方差。

经过 CFAR 处理后，对相邻像素都大于阈值的区域取其中最大的像素作为目标质心坐标。可以看出在 CFAR 检测时，不管虚警率怎么控制，都会有些杂波被当作目标自动检测出来，这些虚警将通过数据关联的技术剔除。

### 7.4.3 检测性能统计分析

对于恒虚警的门限分割，由上一节可知，对于一个确定的门限，都可以理论推导其检测率与过门限率。为了能够更好地比较不同检测器的检测性能，人们在对信号检测问题的研究中，提出了接收机工作特性曲线（ROC 曲线）的概念，将不同检测门限下的目标虚警率与检测概率连成一条光滑的曲线，以此反映检测器的检测性能。

ROC 曲线如图 7-18 所示，ROC 曲线上每一点都表示该检测器在给定虚警率下的检测概率。可以看出 ROC 曲线均为经过（0,0）与（1,1）两点的上凸曲线，且均位于对角线之上，上凸越明显的 ROC 曲线在相同虚警率时的检测概率越高，检测性能也越好，ROC 曲线以此反映不同检测器的检测性能优劣。

对于同一检测器，图像信噪比可以表达为 $\mathrm{SNR}_T = \dfrac{M_t - M_c}{\beta}$，当目标具有不同信噪比时，给定虚警概率，即可以得到检测概率与信噪比间的关系曲线，也称检测器的检测性能曲线。检测性能曲线如图 7-19 所示。

对于给定检测器，图像信噪比是影响目标检测性能的根本原因。通过上图可以看出，在给定虚警率条件下，随着图像信噪比的增加，目标检测概率随之增加。

从数值统计的角度，对于门限分割后，剩下的点都可能认为是目标，通过对目标图像的统计，可以分别计算得到目标检测概率、过门限率等。对于背景抑制后的图像，理想情况下主要是以残差为主，分割结果如图 7-20 所示，然后采用恒虚警率进行分割，分别得到不同虚警率下的图像。

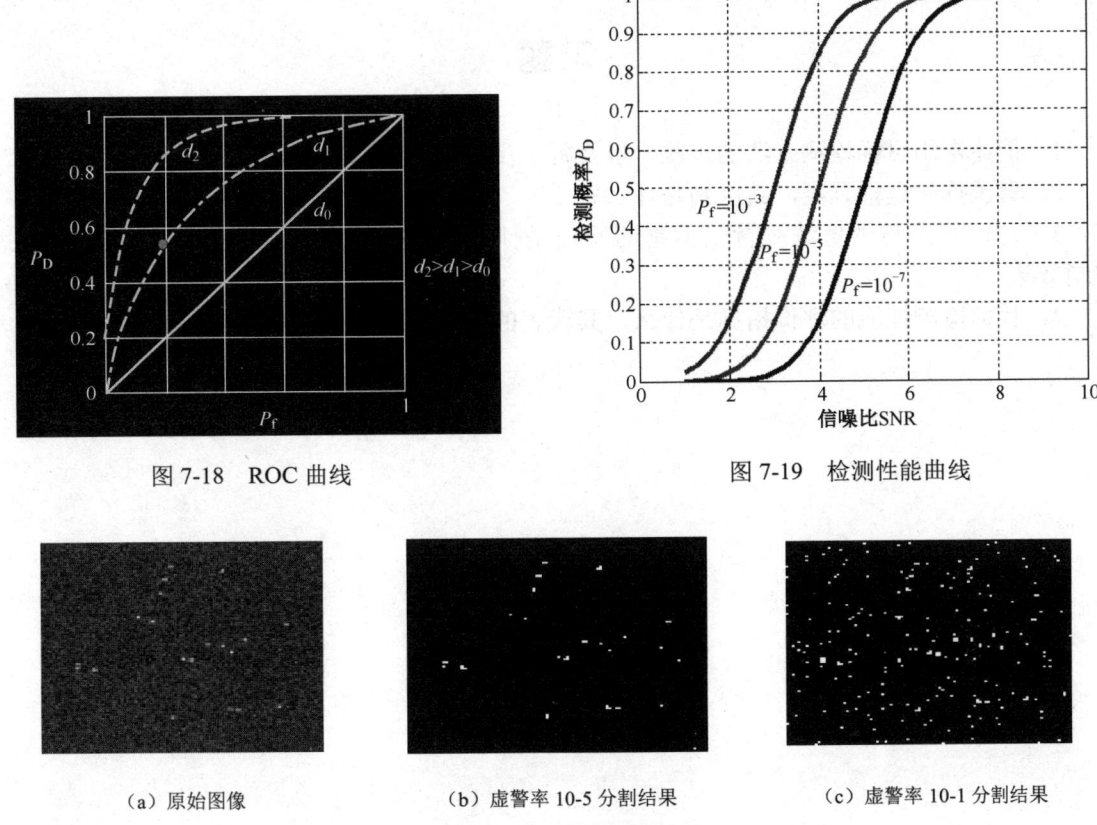

图 7-18  ROC 曲线

图 7-19  检测性能曲线

（a）原始图像  （b）虚警率 10-5 分割结果  （c）虚警率 10-1 分割结果

图 7-20  分割结果

检测概率 $P_D$，表示在有目标的情况下正确检测目标的概率，可以用检测出来的目标数与真实目标数之比进行统计计算。过门限率为 $P_f$ 表示在没有目标的情况下检测出目标的概率，可以采用检测出来的虚假点数与图像像元数总和之比进行统计计算。经过多次蒙特卡罗数值统计后，检测概率与图像信噪比关系如图 7-21 所示，展示了门限分割数值统计结果。

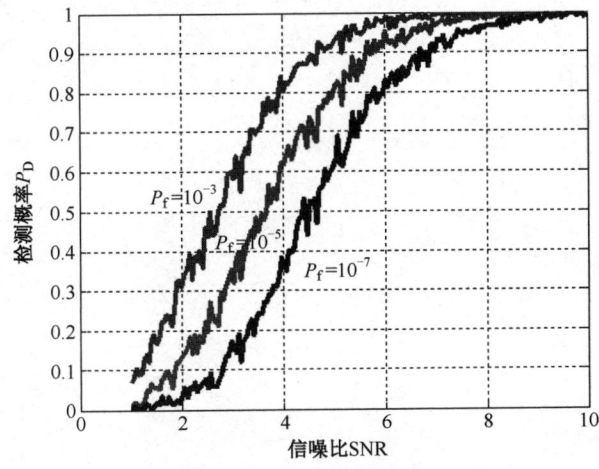

图 7-21  检测概率与图像信噪比关系

图像信噪比基本决定了目标检测概率与虚警率，在恒虚警的情况下，随着图像信噪比增加，检测概率也相应增加。

## 习题

1. 简述常用目标检测方法的步骤，以及每个步骤的意义与作用。
2. 背景抑制包括几类，其区别是什么？
3. 均值滤波与中值滤波背景抑制的原理是什么？举例说明均值滤波与中值滤波背景抑制效果。
4. 目标检测性能的评价指标是什么，其代表的意义是什么？

# 第8章 目标定位与跟踪技术

目标定位与跟踪技术是光电成像与探测系统信息处理的重要环节，它依据目标测量数据进一步提取目标的空间位置、速度等信息，并维持对目标的持续跟踪。光电成像与探测是被动探测手段，相对于雷达、激光等主动探测手段，光电成像与探测系统通常只能获取目标的方位信息，缺乏直接获取距离信息的能力，观测具有不完备性。因此，光电成像与探测中的目标定位与跟踪相对于使用主动探测手段的定位与跟踪技术更加复杂。其目标定位与跟踪基于目标观测数据，提供目标的位置及其运动规律，对于识别目标、引导防御或直接实施防御起着重要作用。

本章从目标定位原理与方法、运动目标跟踪技术以及光学成像与探测系统的目标跟踪三个方面来阐述光电成像与探测中的目标定位与跟踪技术的基本原理和常用技术手段，主要讲述如何有效提取像平面目标，计算得到实际物理空间的具体位置，进而对目标持续跟踪，让读者对目标定位和跟踪的基本概念和流程、涉及的关键技术和难点有一个清晰的认知。

首先，介绍观测模型，在此基础上阐述了目标定位基本原理，并给出了单观测平台空间定位方法和多观测平台空间定位方法，并对定位误差进行了描述和分析。其次，介绍运动目标的跟踪技术，并在目标定位基础上引入了目标的状态转移模型，试图利用历史数据来消除噪声获取更高的跟踪精度。最后，给出了目标定位与跟踪的具体应用案例。

## 8.1 目标定位原理与方法

光电成像与探测采取无源的探测方式，对目标提供的观测信息主要是观测传感器到目标的角度信息，或称视线测量，不能直接提供目标在空间的确切几何位置。因而需要通过附加的几何约束条件，或增加观测传感器，或利用观测传感器的运动规律等途径，在规定的几何空间建立观测量和目标位置的数学模型，运用数学计算，最终得出目标的位置，这个过程称为目标定位。要对目标进行定位，首先要明确生成观测量的数据模型，即目标的状态是如何被传感器所观测并输出观测量的，明确目标状态空间到观测空间的映射关系。对于光电成像与探测系统而言，观测量是目标位置相对于观测传感器的方位信息，但方位信息需要从目标在图像像平面上的位置经过一系列复杂的投影转换得到，该过程与具体的载荷结构、测量标校等有关，在此不进行展开，本章仅关注基于方位信息进行目标跟踪定位的原理和方法，利用定位算法处理传感器观测数据，对目标进行定位。

### 8.1.1 传感器观测模型

为方便后续的目标跟踪定位，需要建立起目标状态空间到观测空间的映射关系，称为传感器观测模型，传感器观测模型封装了目标位置到传感器测量的映射关系，一般可以写成如下形式。

$$z_k = h(x_k) + w_k \tag{8-1}$$

式中，$z_k$ 为第 $k$ 时刻的测量；$x_k$ 为第 $k$ 时刻的目标状态；$h(\cdot)$ 为目标状态到测量的映射关系，

$w_k$ 为测量噪声，这里的噪声是一个加性噪声，在复杂的测量系统里面，噪声的耦合方式可能更加复杂，在此不进行展开。

光电成像与探测对目标的观测量是目标位置相对于观测传感器的方位信息，方位信息一般在传感器的站心坐标系中进行表征，方位信息测量示意图如图 8-1 所示。

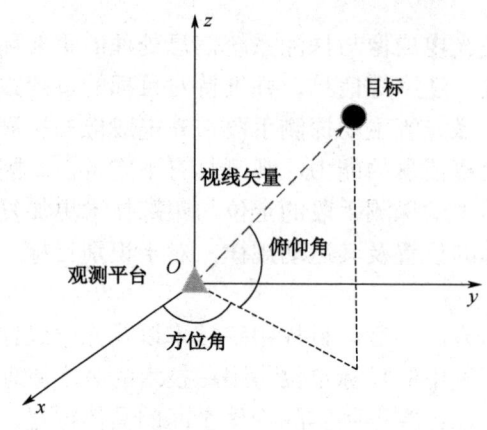

图 8-1　方位信息测量示意图

方位信息的表征有多种方式，常用的有如下两种方式，一种是用方位角和俯仰角来表征，另外一种是直接用方位矢量或称为视线矢量来表征，下面给出了两种表征方式的传感器观测模型。

用方位角和俯仰角表征方位信息，则传感器观测模型可以写成如下形式

$$z_k = \begin{bmatrix} a_k \\ e_k \end{bmatrix} = \begin{bmatrix} \arctan\left(\dfrac{v_{Iy}}{v_{Ix}}\right) \\ \arcsin\left(\dfrac{v_{Iz}}{\sqrt{v_{Ix}^2 + v_{Iy}^2 + v_{Iz}^2}}\right) \end{bmatrix} + w_k \tag{8-2}$$

式中，$z_k$ 为第 $k$ 时刻的测量；$a_k$ 为第 $k$ 时刻的方位角；$e_k$ 为第 $k$ 时刻的俯仰角；$v_{I,k} = \dfrac{r_k - r_{s,k}}{\| r_k - r_{s,k} \|} = [v_{Ix}, v_{Iy}, v_{Iz}]^T$ 为第 $k$ 时刻目标位置相对于传感器位置的方向矢量，也称之为视线矢量；$r_k$ 为第 $k$ 时刻目标位置；$r_{s,k}$ 表示第 $k$ 时刻传感器位置；$w_k$ 表示测量噪声，一般可以近似建模为高斯白噪声。

当然也可以直接用视线矢量来构建传感器观测模型，则

$$z_k = v_{I,k} = \frac{r_k - r_{s,k}}{\| r_k - r_{s,k} \|} = [v_{Ix}, v_{Iy}, v_{Iz}]^T + w_k \tag{8-3}$$

给定传感器观测模型，输入传感器位置、目标位置以及相关参数即可计算得到测量值，不同的传感器位置将会得到不同的测量值。

构建如下场景，场景中有一个目标按照预设的轨迹运动，被分别位于（117°E，22°N）、（118°E，22°N）的两个光学传感器进行探测，俯仰角和方位角的定位面如图 8-2 所示。

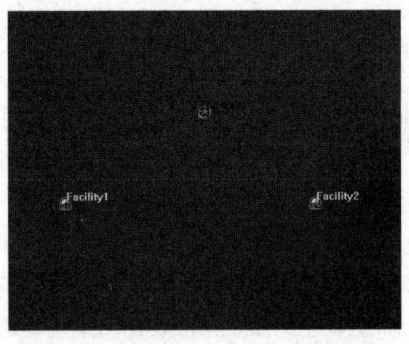

图 8-2 俯仰角和方位角的定位面

目标的实际飞行航迹和航向角变化如图 8-3 所示。

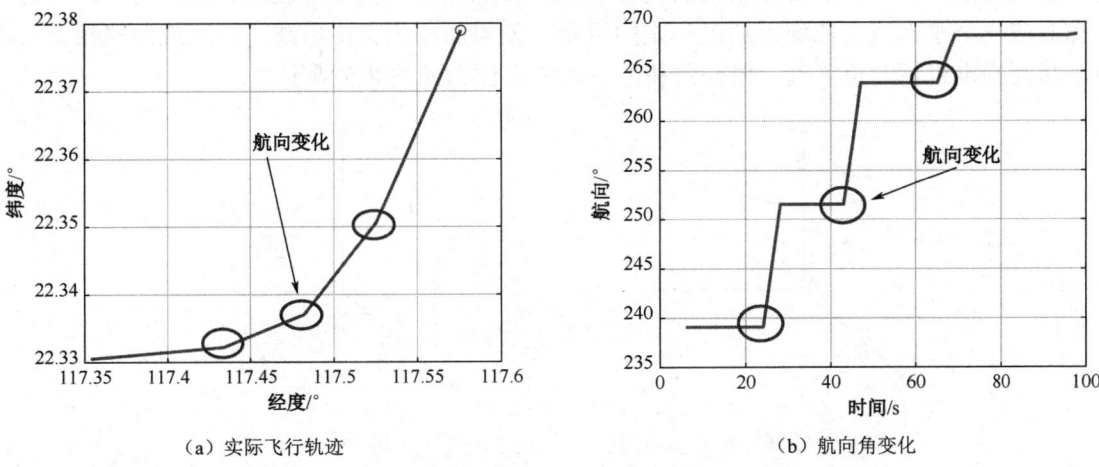

（a）实际飞行轨迹　　　　　　　　　　（b）航向角变化

图 8-3 目标的实际飞行航迹和航向角变化

不同观测站方位角-俯仰角平面轨迹如图 8-4 所示，图中开始位置为〇。

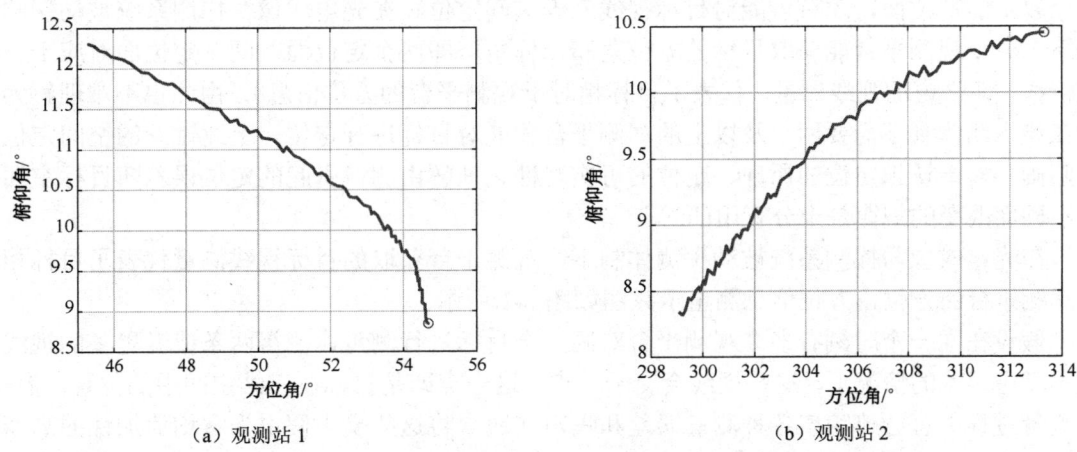

（a）观测站 1　　　　　　　　　　（b）观测站 2

图 8-4 不同观测站方位角-俯仰角平面轨迹

对比图 8-4 可知，目标在方位角-俯仰角平面的轨迹形态与观测平台和目标的相对位置有关，仅依靠单个平台的方位信息很难推演出目标的实际运动状态。

## 8.1.2 目标定位基本原理

本节将在 8.1.1 节的基础上介绍目标定位的基本原理，从简单的几何原理出发，介绍目标定位的非统计学方法以及最优化方法，并分析单观测平台和多观测平台下的定位方法，最后给出定位误差的描述及其分析过程和实例。

**1. 目标定位原理**

单个光电探测传感器或者多个分布设置的光电探测传感器在探测到目标（散射体或辐射体）并获得有关定位参数的基础上，利用适当的数据处理手段，可确定出目标在三维空间中的位置点，这就是探测定位系统对目标进行空间定位的过程。

从几何角度来看，确定空间的一个点，可以由三个或三个以上的曲面或者平面在三维空间内相交得出。观测站从目标获得的定位参数或者观测量，例如方位角、俯仰角等，在几何上都对应一个平面或者曲面，通过一定的组合，使得面面相交得出线，线线或面线相交得出点，从而确定目标的位置点。俯仰角和方位角的定位面如图 8-5 所示。

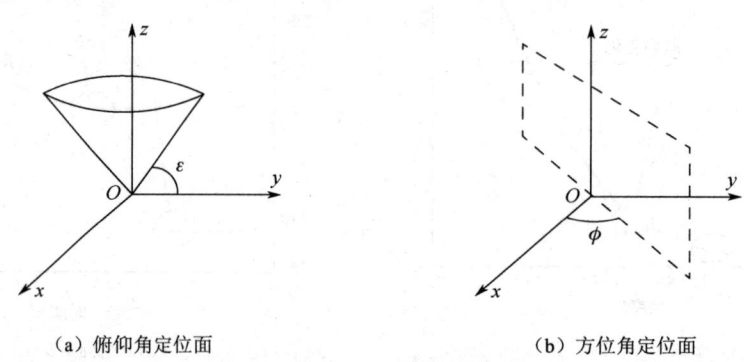

(a) 俯仰角定位面　　　　　　(b) 方位角定位面

图 8-5　俯仰角和方位角的定位面

根据以上的几何图形分析，可以看出要在三维空间中定位目标，至少应该要有三个或者三个以上的定位面，才有可能对目标视线三维空间定位。在光电成像与探测系统被动探测体制下，一个观测平台能获取目标的方位角和俯仰角，即两个定位面（两个定位面对应于一条定位线，即常说的视线测量，代表了目标相对于观测平台的方位信息），由此也不难理解为什么在该探测体制下需要两个及以上的观测平台才能对目标进行定位。上述讨论的空间定位几何基础，对于认识定位的原理、定位的可实现性、理解由测量引起的定位误差随目标空间位置不同而改变的规律是十分有用的。

在光电成像与探测系统被动探测体制下，观测平台获取的目标视线测量代表了目标相对于观测平台的方位，方位信息测量示意图如图 8-1 所示。

假设在同一个时刻有多个观测平台对同一个目标进行测量，测得两条或者更多的视线，在不考虑误差的情况下，这些视线会交于一点，这一点即是目标在三维空间中的位置。但是，在测量过程中总会伴随着各种测量误差和噪声（通常将这些噪声假定为零均值加性的高斯噪声），这些噪声使得视线可能不交于一点，噪声对定位的影响示意图如图 8-6 所示。

若各个观测平台观测到目标的视线没有像期望那样交于一点，那么它们会围绕目标的实际位置形成一定的几何形状。图 8-6 给出了二维情况下三条视线的实例，三条视线围绕目标实际位置形成了一个三角形。由视线围绕而成的几何形状包含着目标位置，从该几何形状中提取出目标的估计位置的方法有常规的非统计学方法以及统计最优化方法。

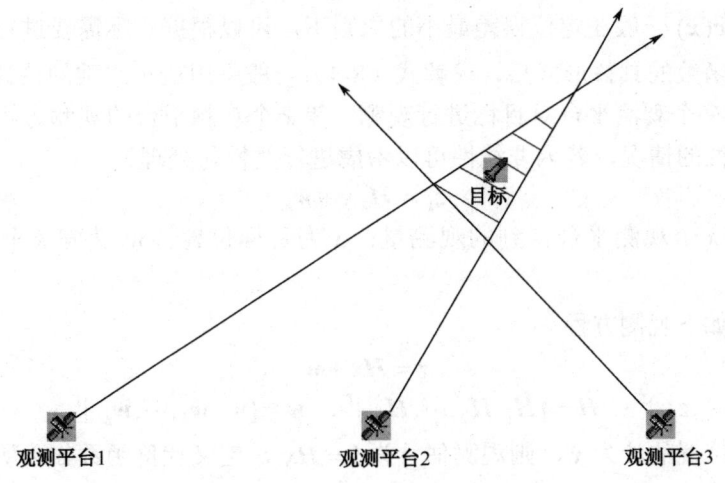

图 8-6 噪声对定位的影响示意图

(1) 非统计学方法

非统计学方法的本质是估计出视线围绕而成的几何形状的"中心点"作为目标的位置估计，不同的"中心点"的定义会得到不同的位置估计。以三条视线的情况为例，常用的"中心点"定义如图 8-7 所示。"中心点"可以是中线的交点，可以是角平分线的交点，可以是 Steiner 点（从三角形的三个顶点各引出一条直线，使得三条直线交于一点，且每两条直线之间的夹角都为 120°）。

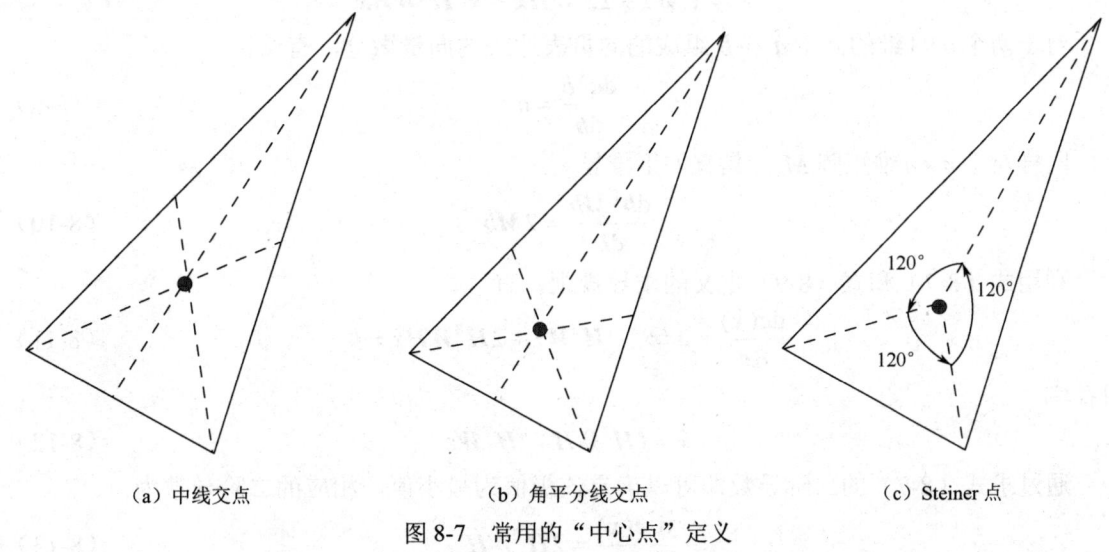

(a) 中线交点　　　　(b) 角平分线交点　　　　(c) Steiner 点

图 8-7 常用的"中心点"定义

对于视线围成的其他形状也可以定义类似的"中心点"作为目标的位置估计。非统计学方法直接基于视线形成的几何形状提取目标估计位置，不涉及噪声特性，该方法简单实用，但可能不是最优的位置估计。

(2) 统计最优化方法

统计最优化方法是通过使代价函数（代价函数是估计值和真实值的函数）最小，以此来求得目标的位置估计，即

$$\hat{x} = \min_{x} c(x) \tag{8-4}$$

式中，代价函数 $c(x)$ 一般在定位误差最小的原则下，可以根据实际需要进行选取。

在给定代价函数的具体形式后，求解式（8-4）一般采用最小二乘的估计方法。即假设在同一时刻总共有 $N$ 个观测平台对目标进行观测，第 $k$ 个观测平台的观测方程为（这里只考虑了观测方程为线性的情况，若为非线性可以考虑进行线性化处理）

$$z_k = H_k x + w_k \tag{8-5}$$

式中，$z_k$ 表示第 $k$ 个观测平台得到的观测量；$x$ 为目标位置；$w_k$ 为第 $k$ 个观测平台的测量噪声。

则可以得到如下观测方程

$$z = Hx + w \tag{8-6}$$

式中，$z = [z_1, z_2, \cdots, z_M]^T$；$H = [H_1, H_2, \cdots, H_M]^T$；$w = [w_1, w_2, \cdots, w_M]^T$。

假设目标的位置估计为 $\hat{x}$，则观测估计为 $\hat{z} = H\hat{x}$，定义代价函数如下所示。

$$c(\hat{x}) = (z - \hat{z})^T W (z - \hat{z}) \tag{8-7}$$

式中，$W$ 为加权矩阵。

对式（8-7）进行展开，可得

$$\begin{aligned} c(\hat{x}) &= (z - \hat{z})^T W (z - \hat{z}) \\ &= (z - H\hat{x})^T W (z - H\hat{x}) \\ &= (z^T - \hat{x}^T H^T) W (z - H\hat{x}) \\ &= (z^T W - \hat{x}^T H^T W)(z - H\hat{x}) \\ &= z^T W z - 2 z^T W H \hat{x} + \hat{x}^T H^T W H \hat{x} \end{aligned} \tag{8-8}$$

对于两个 $n \times 1$ 维的向量 $a$ 和 $b$ 组成的向量表达式的向量微分，有结论

$$\frac{\mathrm{d} a^T b}{\mathrm{d} b} = a \tag{8-9}$$

同样对于 $n \times n$ 维矩阵 $M$，具有如下推导

$$\frac{\mathrm{d} b^T M b}{\mathrm{d} b} = 2Mb \tag{8-10}$$

利用式（8-7）和式（8-9）定义的求导规则，有

$$\frac{\mathrm{d} c(\hat{x})}{\mathrm{d} \hat{x}} = 0 \Rightarrow -2H^T W z + 2H^T W H \hat{x} = 0 \tag{8-11}$$

则有

$$\hat{x} = (H^T W H)^{-1} H^T W z \tag{8-12}$$

通过求式（8-7）的二阶导数即可以确定该极值为最小值，相应的二阶导数为

$$\frac{\mathrm{d}^2 c(\hat{x})}{\mathrm{d} \hat{x}} = 2 H^T W H \tag{8-13}$$

由于 $W$ 是正定矩阵，则 $H^T W H > 0$，因此 $\hat{x}$ 是最小值。

**2. 单观测平台对目标的空间定位**

在光电成像与探测系统中观测量是目标相对于观测平台的视线矢量，目标视线矢量表征了目标相对于观测平台的方向信息。但在单观测平台条件下，只能获取目标的方向信息，而得不到目标相对于观测平台的距离信息，不满足定位计算条件，因而无法直接对目标进行定位。

但是在一些场景条件下，可以利用一些先验信息条件对目标位置进行额外的约束，再结

合目标方向信息来完成对目标的定位。例如基于高度约束的定位，对于已知飞行高度的目标，将飞行高度球面作为约束曲面，可以通过求视线矢量与飞行高度球面的交点来对目标进行定位。视线矢量与已知飞行高度球面交点示意图如图 8-8 所示。

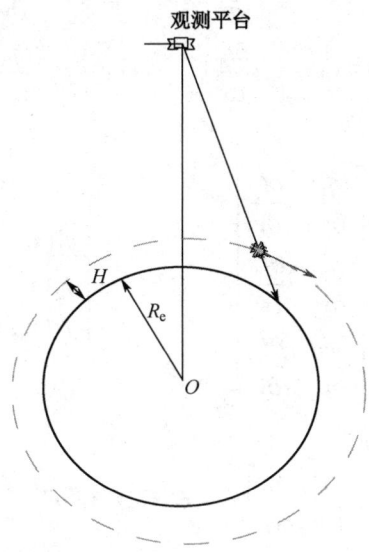

图 8-8  视线矢量与已知飞行高度球面交点示意图

若已知目标在地心惯性坐标系下的某一曲面 $g(x) = 0$ 上，且光电成像与探测系统观测到的单位目标视线矢量为 $v_I = [v_x, v_y, v_z]$，卫星位置为 $r_s = [x_s, y_s, z_s]$，设目标在地心惯性坐标系下的位置为 $r = [x, y, z]$，则

$$\begin{cases} g(r) = 0 \\ v_I = \dfrac{r - r_s}{\| r - r_s \|} \end{cases} \Rightarrow \begin{cases} g(r) = 0 \\ r - r_s = \| r - r_s \| v_I \end{cases} \Rightarrow \begin{cases} x^2 + y^2 + z^2 = H^2 \\ x - x_s = \sqrt{(x - x_s)^2 + (y - y_s)^2 + (z - z_s)^2}\, v_x \\ y - y_s = \sqrt{(x - x_s)^2 + (y - y_s)^2 + (z - z_s)^2}\, v_y \\ z - z_s = \sqrt{(x - x_s)^2 + (y - y_s)^2 + (z - z_s)^2}\, v_z \end{cases} \quad (8\text{-}14)$$

式中，$v_I$ 是对目标的视线测量，直接由目标和观测平台的位置矢量计算得到。在被动探测体制下，抓住观测量是目标相对于观测平台的方位信息这个本质，对式（8-14）进行求解即可得到目标的位置。

视线测量是传感器输出的测量信息，在 8.1.1 节给出了视线测量的测量方程，而约束信息也可以视为一个测量方程，式（8-14）是不考虑观测误差和约束误差的情况，本质上式（8-14）是一个非线性的方程组，求解非线性方程组主要有高斯-牛顿迭代法等。下面对高斯-牛顿迭代法做简要阐述。

设要求解的非线性超定方程组如下

$$\begin{cases} f_1(x, y) = 0 \\ f_2(x, y) = 0 \\ f_3(x, y) = 0 \end{cases} \quad (8\text{-}15)$$

式中，$x$，$y$ 为未知参数；$f_1$，$f_2$，$f_3$ 为可微函数。

高斯-牛顿迭代法求解非线性方程组的基本思想是将非线性方程组局部线性化，将上式在 $(x_0, y_0)$ 处线性展开，得到

$$\begin{cases} f_1(x_0,y_0) + (x-x_0)\frac{\partial f_1}{\partial x}|_{(x_0,y_0)} + (y-y_0)\frac{\partial f_1}{\partial y}|_{(x_0,y_0)} = 0 \\ f_2(x_0,y_0) + (x-x_0)\frac{\partial f_2}{\partial x}|_{(x_0,y_0)} + (y-y_0)\frac{\partial f_2}{\partial y}|_{(x_0,y_0)} = 0 \\ f_3(x_0,y_0) + (x-x_0)\frac{\partial f_3}{\partial x}|_{(x_0,y_0)} + (y-y_0)\frac{\partial f_3}{\partial y}|_{(x_0,y_0)} = 0 \end{cases} \quad (8\text{-}16)$$

令

$$\boldsymbol{G}_0 = \begin{bmatrix} \frac{\partial f_1}{\partial x} & \frac{\partial f_1}{\partial y} \\ \frac{\partial f_2}{\partial x} & \frac{\partial f_2}{\partial y} \\ \frac{\partial f_3}{\partial x} & \frac{\partial f_3}{\partial y} \end{bmatrix}_{(x_0,y_0)}, \boldsymbol{F}_0 = -\begin{bmatrix} f_1(x_0,y_0) \\ f_2(x_0,y_0) \\ f_3(x_0,y_0) \end{bmatrix} \quad (8\text{-}17)$$

则超定方程组的最小二乘解为

$$\begin{bmatrix} x-x_0 \\ y-y_0 \end{bmatrix} = -(\boldsymbol{G}_0^{\mathrm{T}}\boldsymbol{G}_0)^{-1}\boldsymbol{G}_0^{\mathrm{T}}\boldsymbol{F}_0 \quad (8\text{-}18)$$

则初始修正为

$$\begin{bmatrix} x_1 \\ y_1 \end{bmatrix} = \begin{bmatrix} x_0 \\ y_0 \end{bmatrix} - (\boldsymbol{G}_0^{\mathrm{T}}\boldsymbol{G}_0)^{-1}\boldsymbol{G}_0^{\mathrm{T}}\boldsymbol{F}_0 \quad (8\text{-}19)$$

则高斯-牛顿迭代为

$$\begin{bmatrix} x_{k+1} \\ y_{k+1} \end{bmatrix} = \begin{bmatrix} x_k \\ y_k \end{bmatrix} - (\boldsymbol{G}_k^{\mathrm{T}}\boldsymbol{G}_k)^{-1}\boldsymbol{G}_k^{\mathrm{T}}\boldsymbol{F}_k \quad (8\text{-}20)$$

利用高斯-牛顿迭代法即可求解式（8-14），估计出目标的位置。若考虑测量误差和约束误差，则式（8-14）改写为

$$\begin{cases} g(r) = c \\ \boldsymbol{v}_I = \dfrac{\boldsymbol{r}-\boldsymbol{r}_s}{\|\boldsymbol{r}-\boldsymbol{r}_s\|} + \boldsymbol{w} \end{cases} \Rightarrow \begin{cases} g(r) = c \\ \boldsymbol{r}-\boldsymbol{r}_s = \|\boldsymbol{r}-\boldsymbol{r}_s\|\boldsymbol{v}_I - \|\boldsymbol{r}-\boldsymbol{r}_s\|\boldsymbol{w} \end{cases}$$

$$\Rightarrow \begin{cases} x^2+y^2+z^2 = H^2+c \\ x-x_s = \sqrt{(x-x_s)^2+(y-y_s)^2+(z-z_s)^2}(v_x-w_x) \\ y-y_s = \sqrt{(x-x_s)^2+(y-y_s)^2+(z-z_s)^2}(v_y-w_y) \\ z-z_s = \sqrt{(x-x_s)^2+(y-y_s)^2+(z-z_s)^2}(v_z-w_z) \end{cases} \quad (8\text{-}21)$$

式中，$\boldsymbol{w}$ 为视线测量误差；$c$ 为高度约束误差。

则观测方程可以记为

$$\boldsymbol{z} = \begin{bmatrix} g(r) \\ \boldsymbol{v}_I \end{bmatrix} = \begin{bmatrix} 0 \\ \dfrac{\boldsymbol{r}-\boldsymbol{r}_s}{\|\boldsymbol{r}-\boldsymbol{r}_s\|} \end{bmatrix} + \begin{bmatrix} c \\ \boldsymbol{w} \end{bmatrix} \quad (8\text{-}22)$$

$$= \boldsymbol{H}(r) + \boldsymbol{B}$$

将式（8-22）线性化后即可对应式（8-16），可用最小二乘解法求得目标的估计位置。

### 3. 多观测平台对目标的空间定位

当在多观测平台对目标进行观测时,则可以得到多个关于目标的方位信息,在不利用先验信息的条件下也可以对目标进行定位,在后续的分析描述中,所有的关于目标、观测平台的坐标描述都是在同一坐标系下,即在同一个空间基准中讨论才有意义。

记目标位置为 $\boldsymbol{r}=[r_x,r_y,r_z]$,同时观测到目标的观测平台个数为 $N_s$($N_s \geq 2$),第 $j$ 个观测平台的位置为 $\boldsymbol{r}_{s,j}=[r_{sx,j},r_{sy,j},r_{sz,j}]$,目标像平面位置为 $\boldsymbol{r}_{p,j}=[x_{p,j},y_{p,j}]$,$j=1,2,\cdots,N_s$。目标定位即等价于根据 $\boldsymbol{r}_{s,j}$ 和 $\boldsymbol{r}_{p,j}$ 来求解 $\boldsymbol{r}$。

首先,求得第 $j$ 个观测平台的单位目标视线矢量 $\boldsymbol{v}_{I,j}=[v_{Ix,j},v_{Iy,j},v_{Iz,j}]$,$j=1,2,\cdots,N_s$。

其次,根据目标、观测平台的几何关系,将视线矢量作为观测量,不考虑视线测量误差时,观测方程为

$$\boldsymbol{v}_{I,j}=\frac{\boldsymbol{r}-\boldsymbol{r}_{s,j}}{\|\boldsymbol{r}-\boldsymbol{r}_{s,j}\|} \Rightarrow \boldsymbol{r}=\boldsymbol{r}_{s,j}+\|\boldsymbol{r}-\boldsymbol{r}_{s,j}\|\boldsymbol{v}_{I,j},\quad j=1,2,\cdots,N_s \tag{8-23}$$

式中,$\|\boldsymbol{r}-\boldsymbol{r}_{s,j}\|$ 表示第 $j$ 个观测平台与目标的距离,$\|\boldsymbol{r}-\boldsymbol{r}_{s,j}\|$ 和 $\boldsymbol{r}$ 均为未知参数。

对式(8-23)利用高斯-牛顿迭代法进行求解,即可得到目标的位置估计。在被动测角定位体制下,针对视线测量这种特殊情况,介绍另外一种解法,称为视线交叉定位法,也称为立体视觉方法。

将式(8-23)的各分量展开,

$$\begin{cases} r_x=r_{sx,j}+\|\boldsymbol{r}-\boldsymbol{r}_{s,j}\|v_{Ix,j} \\ r_y=r_{sy,j}+\|\boldsymbol{r}-\boldsymbol{r}_{s,j}\|v_{Iy,j},\quad j=1,2,\cdots,N_s \\ r_z=r_{sz,j}+\|\boldsymbol{r}-\boldsymbol{r}_{s,j}\|v_{Iz,j} \end{cases} \tag{8-24}$$

由式(8-24)的第三个分量表达式可知,$\|\boldsymbol{r}-\boldsymbol{r}_{s,j}\|=\dfrac{r_z-r_{sz,j}}{v_{Iz,j}}$,将其代入第一、第二个分量表达式,整理后可得

$$\begin{pmatrix} 1 & 0 & -v_{Ix,j}/v_{Iz,j} \\ 0 & 1 & -v_{Iy,j}/v_{Iz,j} \end{pmatrix}\begin{pmatrix} r_x \\ r_y \\ r_z \end{pmatrix}=\begin{pmatrix} r_{sx,j}-v_{Ix,j}r_{sz,j}/v_{Iz,j} \\ r_{sy,j}-v_{Iy,j}r_{sz,j}/v_{Iz,j} \end{pmatrix} \tag{8-25}$$

式(8-25)为观测平台的目标定位方程,将 $N_s$ 个观测平台的定位方程组合

$$\begin{pmatrix} 1 & 0 & -v_{Ix,1}/v_{Iz,1} \\ 0 & 1 & -v_{Iy,1}/v_{Iz,1} \\ \vdots & & \\ 1 & 0 & -v_{Ix,N_s}/v_{Iz,N_s} \\ 0 & 1 & -v_{Iy,N_s}/v_{Iz,N_s} \end{pmatrix}\begin{pmatrix} r_x \\ r_y \\ r_z \end{pmatrix}=\begin{pmatrix} r_{sx,1}-v_{Ix,1}r_{sz,1}/v_{Iz,1} \\ r_{sy,1}-v_{Iy,1}r_{sz,1}/v_{Iz,1} \\ \vdots \\ r_{sx,N_s}-v_{Ix,N_s}r_{sz,N_s}/v_{Iz,N_s} \\ r_{sy,N_s}-v_{Iy,N_s}r_{sz,N_s}/v_{Iz,N_s} \end{pmatrix} \tag{8-26}$$

将上式简写成矩阵形式

$$\boldsymbol{F}_{2N_s\times 3}\boldsymbol{r}_{3\times 1}=\boldsymbol{b}_{2N_s\times 1} \tag{8-27}$$

式中,$2N_s$ 为方程的数目;3 为未知数的数目。当 $N_s \geq 2$ 时,方程数目大于未知数的数目,可以采用最小二乘原理进行求解。

$$\hat{\boldsymbol{r}}=(\boldsymbol{F}\boldsymbol{F}^{\mathrm{T}})^{-1}\boldsymbol{F}^{\mathrm{T}}\boldsymbol{b} \tag{8-28}$$

考虑视线测量误差，则观测方程为

$$v_{I,j} = \frac{r - r_{s,j}}{\|r - r_{s,j}\|} + w, \quad j = 1, 2, \cdots, N_s \tag{8-29}$$

式中，$w$ 为视线测量误差。

利用最优化方法进行求解即可得到目标位置估计。

### 8.1.3 定位误差的描述与分析

在光电成像与探测系统中，无论单观测平台还是多观测平台，视线测量总存在一定的随机误差，这称为测量误差。此外，观测平台的位置和姿态角等定位所需的信息或参数本身也存在误差，可称为参数误差，这些误差将会影响定位结果，形成定位误差。光电成像与探测系统一般不能如雷达那样从距离和方位测量中直接获得目标定位结果，且定位结果与测量量和系统参数之间存在着非线性的关系，因而定位误差不仅与测量误差的大小有关，还与定位平台及目标间的几何布局等多种因素有关，呈现出复杂的情况，因而需要研究如何描述定位精度，并得出定位误差与观测条件的定量关系。

**1. 定位误差的描述**

在实际应用中，需要对定位误差值以及误差分布的区域有更加直观的认识，本节对统计误差椭圆、圆概率误差、定位误差的几何稀释等常用的定位误差描述工具进行介绍。

以一个常见的平面内双观测平台定位场景为例，由于实际测量过程中得到的角度 $\theta_1$ 和 $\theta_2$ 必然存在误差，假定分别具有测角误差 $\delta_{\theta_1}$ 和 $\delta_{\theta_2}$，这样两个观测站视线矢量的交点就分布在一个不确定的模糊区域。双站测向交叉定位原理及误差示意图如图 8-9 所示。该区域的形状比较接近"风筝"，该风筝形状的区域即为定位误差分布的区域，其面积大小反映了定位误差的大小。因而四边形不确定区的形状和面积可以作为一种简单的定位误差描述指标。显然，除测角误差外，两条测量视线的夹角和观测平台的距离等均对定位误差产生影响。

从统计的角度来说，测量（测向）系统的随机噪声产生测量（测向）误差，这个测量误差引起定位误差，定位点在真实位置周围随机散布。一般测向误差的分布可以用零均值正态分布来近似，那么定位点的随机散布近似呈椭圆形状，该椭圆称为统计误差椭圆。该椭圆的大小和形状说明了定位的误差情况。其长轴和短轴越大，则椭圆越大，定位质量越差（误差越大）。

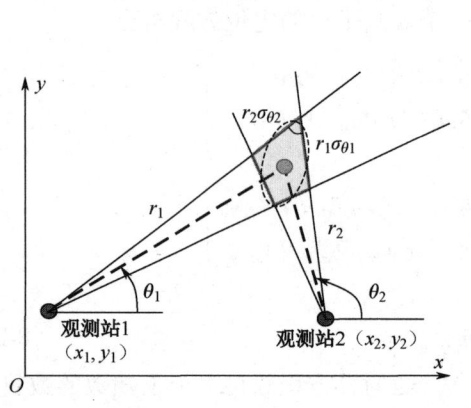

(a) 测向交叉定位的风筝形误差区域

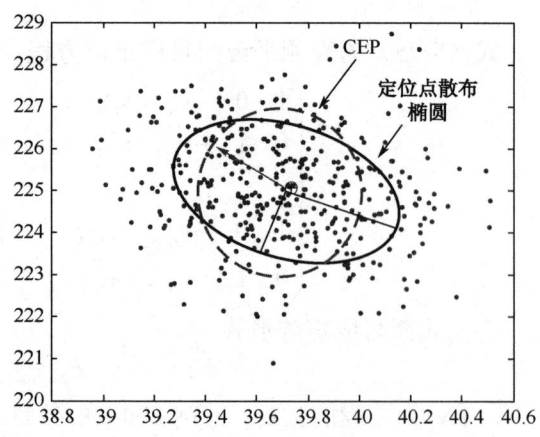

(b) 定位点散布椭圆和圆概率误差（CEP）

图 8-9 双站测向交叉定位原理及误差示意图

在实际使用过程中，描述这样一个斜椭圆需要长轴、短轴和方向等多个参数，使用起来不方便，所以在无源定位和弹着点的误差分析中，还经常使用定位误差圆来描述定位误差。

圆概率误差（Circular Error Probable，CEP）是指以定位估计点的均值为圆心，且定位估计点落入其中的概率为 0.5 的圆的半径，其概念是从炮兵射击演化而来的。也就是说，如果重复定位 100 次，那么理论上定位点平均有 50 次会落入该误差圆内，有 50 次会落在圆外。

由于误差实际的分布形状是椭圆，因此 CEP 实际上是一种近似的说法。在误差不大于 10%的情况下，CEP 可近似表示为

$$\text{CEP} \approx 0.75\sqrt{\sigma_x^2 + \sigma_y^2} \tag{8-30}$$

式中，$\sigma_x$ 和 $\sigma_y$ 分别为 $x$ 和 $y$ 方向的定位标准差。

上述讨论都是对于二维平面定位来说的，而对于三维空间而言，描述误差就不是圆了，而是一个误差球，称之为球概率误差（Spherical Error Probable，SEP）。

另外，由于目标的位置不同，相同的测角误差在不同位置所交的区域也不同。因此，如果观测站的站址固定，定位误差还是目标位置 $(x, y)$ 的函数，为了更好地描述这种关系，可以定义一个名词称为"定位误差的几何稀释"（Geometrical Dilution of Precision，GDOP），用下式表示

二维情况 $$\text{GDOP}(x, y) = \sqrt{\sigma_x^2 + \sigma_y^2} \tag{8-31}$$

三维情况 $$\text{GDOP}(x, y, z) = \sqrt{\sigma_x^2 + \sigma_y^2 + \sigma_z^2} \tag{8-32}$$

式中，$\sigma_x$、$\sigma_y$ 和 $\sigma_z$ 分别为 $x$、$y$ 和 $z$ 方向的定位标准差。

**2．定位误差分析**

观测模型是目标状态和观测量之间的映射关系，目标定位就是利用观测量对目标状态进行反解算的过程，本质上是求观测方程逆映射的过程。观测量的测量误差通过这个逆映射会反映到目标的定位误差上，明确测量误差如何影响定位误差的过程就是定位误差分析。考虑如下线性测量方程。

$$z = Hx + w \tag{8-33}$$

式中，$z = [z_1, z_2, \cdots, z_N]$ 为 $N$ 个观测平台的测量集合，在光学观测条件下通常是视线测量；$H = [H_1, H_2, \cdots, H_N]$ 为 $N$ 个观测平台的状态获取矩阵集合；$w = [w_1, w_2, \cdots, w_N]$ 为 $N$ 个观测平台的测量噪声集合。

定位的过程就是已知 $z$ 来求取 $x$ 的过程，通过最小二乘估计法，可以得到目标的状态如下。

$$\hat{x} = (H^T W H)^{-1} H^T W z \tag{8-34}$$

式中，$W$ 为权重矩阵。

若测量噪声为均值为 0，协方差为 $R$ 的高斯分布，即 $w \sim N(0, R)$，则

$$\begin{aligned} E(\hat{x}) &= E\{(H^T W H)^{-1} H^T W z\} \\ &= (H^T W H)^{-1} H^T W E(z) \\ &= (H^T W H)^{-1} H^T W H x \\ &= x \end{aligned} \tag{8-35}$$

式中，$E(\cdot)$ 为期望算子。

从式（8-35）可以看出该估计是无偏估计，估计的协方差表征估计误差的大小，该估计的协方差计算如下。

$$\begin{aligned}
P &= E\{[\hat{x}-E(\hat{x})][\hat{x}-E(\hat{x})]^{\mathrm{T}}\} \\
&= E\{(\hat{x}-x)(\hat{x}-x)^{\mathrm{T}}\} \\
&= E\{[(H^{\mathrm{T}}WH)^{-1}H^{\mathrm{T}}Wz-x)][(H^{\mathrm{T}}WH)^{-1}H^{\mathrm{T}}Wz-x]^{\mathrm{T}}\} \\
&= E\{[(H^{\mathrm{T}}WH)^{-1}H^{\mathrm{T}}Ww][(H^{\mathrm{T}}WH)^{-1}H^{\mathrm{T}}Ww]^{\mathrm{T}}\} \\
&= [(H^{\mathrm{T}}WH)^{-1}H^{\mathrm{T}}W]E(ww^{\mathrm{T}})[(H^{\mathrm{T}}WH)^{-1}H^{\mathrm{T}}W]^{\mathrm{T}} \\
&= [(H^{\mathrm{T}}WH)^{-1}H^{\mathrm{T}}W]R[(H^{\mathrm{T}}WH)^{-1}H^{\mathrm{T}}W]^{\mathrm{T}}
\end{aligned} \tag{8-36}$$

协方差矩阵 $P$ 反映了估计误差的大小，但还是不够直观，为了使估计误差更加量化直观，可以用"定位误差的几何稀释"（Geometrical Dilution Of Precision，GDOP）来量化表征估计误差，定义如下。

$$\mathrm{GDOP} = [\mathrm{trace}(P)]^{1/2} \tag{8-37}$$

式中，$\mathrm{trace}(\cdot)$ 表示计算矩阵的迹，是在各定位维度上的误差方差和。因此，可以认为 GDOP 是定位误差的均方根表示。

上面给出了定位误差分析的一般过程，但最终的定位误差是由测量误差和参量误差引起的。有时候需要分析不同的因素对定位误差的影响，例如在光电成像与探测系统中，平台位置误差和姿态误差等不同因素对定位误差的影响。需要将定位误差拆分成几部分，每一部分代表某一种因素造成的定位误差。考虑如下测量系统，

$$z = h(x,q) \tag{8-38}$$

式中，$q$ 为参数变量（例如光学探测系统中平台姿态）。

对式（8-38）求全微分得

$$\mathrm{d}z = H\mathrm{d}x + G\mathrm{d}q \Rightarrow H\mathrm{d}x = \mathrm{d}z - G\mathrm{d}q \tag{8-39}$$

式中，$H = \dfrac{\partial h(x,q)}{\partial x}$；$G = \dfrac{\partial h(x,q)}{\partial q}$；$\mathrm{d}x$ 表征了位置误差的大小；$\mathrm{d}q$ 为参数变量的误差；$\mathrm{d}z$ 表示由位置误差和参量误差引起的测量误差。

考虑 $N$ 个观测平台，

$$\begin{bmatrix} H_1 \\ H_2 \\ \vdots \\ H_N \end{bmatrix} \mathrm{d}x = \begin{bmatrix} \mathrm{d}z_1 \\ \mathrm{d}z_2 \\ \vdots \\ \mathrm{d}z_N \end{bmatrix} - \begin{bmatrix} G_1 \mathrm{d}q_1 \\ G_2 \mathrm{d}q_2 \\ \vdots \\ G_N \mathrm{d}q_N \end{bmatrix} \tag{8-40}$$

记 $\Lambda_H = [H_1, H_2, \cdots, H_N]^{\mathrm{T}}$，上式两边同时乘以 $\Lambda_H^{\mathrm{T}}$，得

$$\Lambda_H^{\mathrm{T}}\Lambda_H \mathrm{d}x = \Lambda_H^{\mathrm{T}} \begin{bmatrix} \mathrm{d}z_1 \\ \mathrm{d}z_2 \\ \vdots \\ \mathrm{d}z_N \end{bmatrix} - \Lambda_H^{\mathrm{T}} \begin{bmatrix} G_1 \mathrm{d}q_1 \\ G_2 \mathrm{d}q_2 \\ \vdots \\ G_N \mathrm{d}q_N \end{bmatrix} \tag{8-41}$$

若 $\Lambda_H^{\mathrm{T}}\Lambda_H$ 可逆（若不可逆，则用伪逆代替），则

$$\mathrm{d}x = (\Lambda_H^{\mathrm{T}}\Lambda_H)^{-1}\Lambda_H^{\mathrm{T}} \begin{bmatrix} \mathrm{d}z_1 \\ \mathrm{d}z_2 \\ \vdots \\ \mathrm{d}z_N \end{bmatrix} - (\Lambda_H^{\mathrm{T}}\Lambda_H)^{-1}\Lambda_H^{\mathrm{T}} \begin{bmatrix} G_1 \mathrm{d}q_1 \\ G_2 \mathrm{d}q_2 \\ \vdots \\ G_N \mathrm{d}q_N \end{bmatrix} \tag{8-42}$$

式（8-42）反映了各部分误差和定位误差的关系，进一步可以得到定位误差的期望 $E(\mathrm{d}\boldsymbol{x})$，以及方差 $E(\mathrm{d}\boldsymbol{x}\mathrm{d}\boldsymbol{x}^{\mathrm{T}})$。

### 3. 定位误差分析实例

下面结合光电成像与探测系统具体的传感器观测模型，分析定位误差的合成形式。影响目标定位精度的误差源较多，如平台位置误差、平台姿态角误差、传感器指向误差和像平面位置误差等，直接分析定位精度的难度较大。平台姿态角误差、传感器指向误差和像平面位置误差均可以合成到视线测量误差中。因此，本节基于目标视线矢量 $\boldsymbol{v}_I$ 来分析定位精度。

根据目标视线矢量的定义，$\boldsymbol{v}_I$ 与目标位置 $\boldsymbol{r}$ 和卫星位置 $\boldsymbol{r}_s$ 之间具有以下恒等关系

$$\boldsymbol{v}_I = \frac{\boldsymbol{r} - \boldsymbol{r}_s}{\|\boldsymbol{r} - \boldsymbol{r}_s\|} \tag{8-43}$$

对上式进行一阶微分

$$\mathrm{d}\boldsymbol{v}_I = \boldsymbol{H}(\mathrm{d}\boldsymbol{r} - \mathrm{d}\boldsymbol{r}_s) \tag{8-44}$$

式中，$\mathrm{d}\boldsymbol{r} = (\mathrm{d}x, \mathrm{d}y, \mathrm{d}z)^{\mathrm{T}}$，为目标三维位置误差；$\mathrm{d}\boldsymbol{r}_s = (\mathrm{d}x_s, \mathrm{d}y_s, \mathrm{d}z_s)^{\mathrm{T}}$，为平台三维位置误差；$\boldsymbol{H}$ 反映了目标位置误差、平台位置误差对目标视线误差的转换灵敏度。

$$\boldsymbol{H} = \frac{\begin{pmatrix} (y-y_s)^2 + (z-z_s)^2 & -(x-x_s)(y-y_s) & -(x-x_s)(z-z_s) \\ -(x-x_s)(y-y_s) & (x-x_s)^2 + (z-z_s)^2 & -(y-y_s)(z-z_s) \\ -(x-x_s)(z-z_s) & -(y-y_s)(z-z_s) & (x-x_s)^2 + (y-y_s)^2 \end{pmatrix}}{\|\boldsymbol{r} - \boldsymbol{r}_s\|^3} \tag{8-45}$$

将式（8-45）重写为

$$\boldsymbol{H}\mathrm{d}\boldsymbol{r} = \boldsymbol{H}\mathrm{d}\boldsymbol{r}_s + \mathrm{d}\boldsymbol{v}_I \tag{8-46}$$

由于对于任意 $\boldsymbol{r}$ 和 $\boldsymbol{r}_s$，有 $|\boldsymbol{H}| \equiv 0$，即 $\boldsymbol{H}$ 不可逆，因此在单观测平台条件情况下，由式（8-46）无法求解目标的位置误差 $\mathrm{d}\boldsymbol{r}$，也无法进一步求解 $\mathrm{d}\boldsymbol{r}$ 的统计特性。即在被动探测体制下，为了实现单次观测对目标的三维定位，需要至少两个以上平台同时观测。

记观测平台个数为 $N_s$（$N_s \geq 2$），将式（8-46）中的 $\boldsymbol{H}$ 写成 $\boldsymbol{H}_j$、$\mathrm{d}\boldsymbol{r}_s$ 写成 $\mathrm{d}\boldsymbol{r}_{s,j}$、$\mathrm{d}\boldsymbol{v}_I$ 写成 $\mathrm{d}\boldsymbol{v}_{I,j}$，以区分来自不同卫星的数据，然后将 $N_s$ 颗卫星的定位误差方程组合在一起，有

$$\begin{pmatrix} \boldsymbol{H}_1 \\ \vdots \\ \boldsymbol{H}_{N_s} \end{pmatrix} \mathrm{d}\boldsymbol{r} = \Lambda_H \begin{pmatrix} \mathrm{d}\boldsymbol{r}_{s,1} \\ \vdots \\ \mathrm{d}\boldsymbol{r}_{s,N_s} \end{pmatrix} + \begin{pmatrix} \mathrm{d}\boldsymbol{v}_{I,1} \\ \vdots \\ \mathrm{d}\boldsymbol{v}_{I,N_s} \end{pmatrix} \tag{8-47}$$

式中，$\Lambda_H = \mathrm{diag}(\boldsymbol{H}_1, \cdots, \boldsymbol{H}_{N_s})$。

进一步求得

$$\mathrm{d}\hat{\boldsymbol{r}} = (\Sigma_H)^{-1} \boldsymbol{B}_H \begin{pmatrix} \mathrm{d}\boldsymbol{r}_{s,1} \\ \vdots \\ \mathrm{d}\boldsymbol{r}_{s,N_s} \end{pmatrix} + (\Sigma_H)^{-1} \boldsymbol{C}_H \begin{pmatrix} \mathrm{d}\boldsymbol{v}_{I,1} \\ \vdots \\ \mathrm{d}\boldsymbol{v}_{I,N_s} \end{pmatrix} \tag{8-48}$$

式中，$\Sigma_H = \sum_{j=1}^{N_s} \boldsymbol{H}_j^{\mathrm{T}} \boldsymbol{H}_j$；$\boldsymbol{B}_H = (\boldsymbol{H}_1^{\mathrm{T}} \boldsymbol{H}_1, \cdots, \boldsymbol{H}_{N_s}^{\mathrm{T}} \boldsymbol{H}_{N_s})$；$\boldsymbol{C}_H = (\boldsymbol{H}_1^{\mathrm{T}}, \cdots, \boldsymbol{H}_{N_s}^{\mathrm{T}})$。

对于任意 $j = 1, 2, \cdots, N_s$，记 $\mathrm{d}\boldsymbol{v}_{I,j}$、$\mathrm{d}\boldsymbol{r}_{s,j}$ 的一阶、二阶矩分别为

$$E(\mathrm{d}\boldsymbol{v}_{I,j}) = \boldsymbol{\mu}_{v_I,j}, \quad E(\mathrm{d}\boldsymbol{v}_{I,j} \mathrm{d}\boldsymbol{v}_{I,j}^{\mathrm{T}}) = \boldsymbol{R}_{v_I,j} \tag{8-49}$$

$$E(\mathrm{d}\boldsymbol{r}_{s,j}) = \boldsymbol{\mu}_{r_s,j}, \quad E(\mathrm{d}\boldsymbol{r}_{s,j} \mathrm{d}\boldsymbol{r}_{s,j}^{\mathrm{T}}) = \boldsymbol{R}_{r_s,j} \tag{8-50}$$

将式（8-49）、式（8-50）代入式（8-48）

$$E(\mathrm{d}\boldsymbol{r}) = (\Sigma_H)^{-1}\boldsymbol{B}_H \begin{pmatrix} \boldsymbol{\mu}_{r_s,1} \\ \vdots \\ \boldsymbol{\mu}_{r_s,N_s} \end{pmatrix} + (\Sigma_H)^{-1}\boldsymbol{C}_H \begin{pmatrix} \boldsymbol{\mu}_{v_l,1} \\ \vdots \\ \boldsymbol{\mu}_{v_l,N_s} \end{pmatrix} \tag{8-51}$$

$$E(\mathrm{d}\boldsymbol{r}\mathrm{d}\boldsymbol{r}^{\mathrm{T}}) = (\Sigma_H)^{-1}\left(\sum_{j=1}^{N_s} \boldsymbol{C}_{r_s,j} + \sum_{j=1}^{N_s} \boldsymbol{C}_{v_l,j}\right)(\Sigma_H)^{-\mathrm{T}} \tag{8-52}$$

式中，$\boldsymbol{C}_{r_s,j} = \boldsymbol{H}_j^{\mathrm{T}}\boldsymbol{H}_j\boldsymbol{R}_{r_s,j}\boldsymbol{H}_j^{\mathrm{T}}\boldsymbol{H}_j$；$\boldsymbol{C}_{v_l,j} = \boldsymbol{H}_j^{\mathrm{T}}\boldsymbol{R}_{v_l,j}\boldsymbol{H}_j$。

从式（8-51）和式（8-52）可以得出观测平台位置误差和视线测量误差各自对定位误差的影响程度。

## 8.2 运动目标跟踪技术

8.1 节介绍了目标定位基本原理，空间定位方法能消除一部分测量噪声，得到目标静态的空间位置。但这远远不够，对于高精度运动目标跟踪，需要估计每一个时刻的目标运动状态，而目标运动有着诸多的不确定性因素，因此需要消除这些不确定性因素和各种噪声的运动目标跟踪技术。目标的运动特性、噪声特性等都需要被合理考虑，来提高目标状态估计精度，这里的目标状态不仅仅包含目标的位置，还包含目标速度、加速度、转弯速率，等等。对于存在目标检测和测量的不确定性情况，以及多目标的运动场景，存在测量与目标的匹配关联问题；对于多观测平台的场景，还存在目标与目标之间的关联问题。在这种充满不确定性因素的情况下，保持对目标运动状态的连续观测和估计需要数据关联和跟踪技术的支持。另外，从跟踪全过程的角度来看，目标航迹的起始、终结以及维护的目标航迹管理都穿插在整个跟踪过程中，少了其中任何一步都不能构成一个完整的跟踪过程。

### 8.2.1 目标跟踪的基本概念

目标跟踪是根据传感器输出的测量数据，对运动目标实现持续观测并提供对运动状态参数连续估计结果的过程，其本质是一个状态估计问题。

对于不同的探测系统，根据任务需求的不同有不同的探测跟踪模式，因此一个系统可能有多个跟踪子系统。目标跟踪数据处理技术始于搜索雷达对飞机等目标的跟踪探测，后来这种技术被借鉴应用到光电搜索跟踪系统。主要的区别是雷达可以获得距离和方位信息，可以直接获取目标的位置信息，而光电系统一般仅提供视线测量，视线矢量仅包含了方位信息而无距离信息，因而在观测模型上存在较大差异。此外，在杂波模型等方面也有区别。但是目标跟踪的基本思路和原理方法是相近的。跟踪系统处理框图如图 8-10 所示。下面对该图进行简要的说明。

（1）点迹就是检测器输出检测后的结果。以光电成像与探测系统为例，点迹可以理解为目标在方位角-俯仰角平面上的点。由于实际检测、测量存在的不确定性，因此点迹中包含了目标的真实点迹和虚警点迹。

（2）在有虚假目标（因虚警概率）测量和多目标的情况下，需要首先将得到的测量与特定的目标联系起来，其过程称为数据关联，简称关联。关联处理主要指的是本次采样与已形成的跟踪目标航迹之间的配对处理。从广义上讲，关联处理是一种识别算法，关联处理的方法还可用于点迹与点迹之间的相关处理、航迹与航迹之间的相关处理。

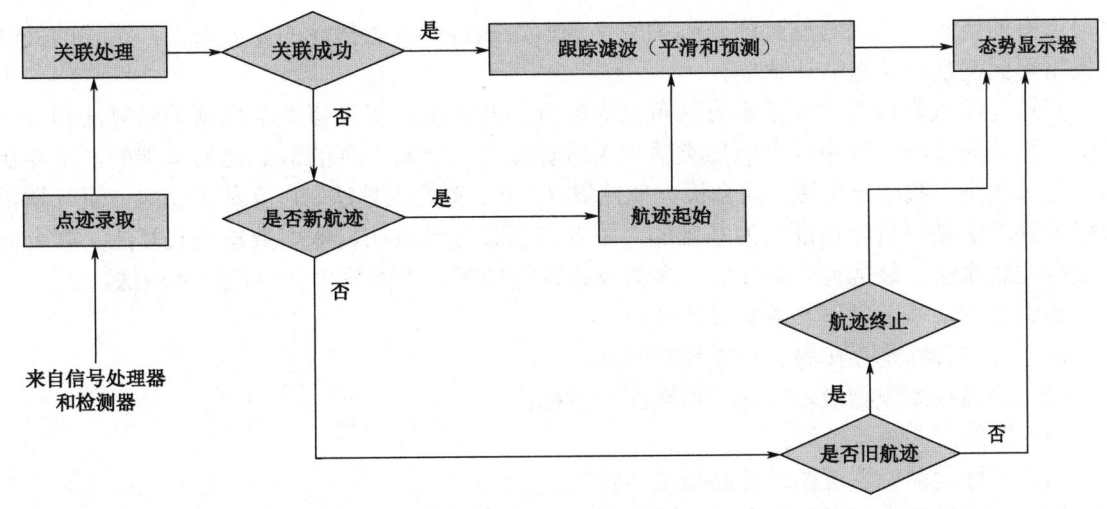

图 8-10 跟踪系统处理框图

（3）跟踪滤波是根据关联后的数据对目标进行状态估计的过程，是目标跟踪系统的核心。

（4）航迹管理贯穿在整个跟踪过程中。经滤波跟踪处理后，最终要形成目标运动轨迹，并在态势显示器上面显示这些航迹。航迹管理问题主要包括航迹起始、航迹维持、航迹终止等。

下面将介绍关联处理、跟踪滤波以及航迹管理的基本原理以及常用的算法。

### 8.2.2 航迹起始

通过初始点迹与点迹的关联建立航迹的过程称为航迹起始，航迹起始是多目标跟踪中的重要问题。提高起始航迹的正确性，是减少多目标跟踪固有的组合爆炸所带来计算负担的有效措施。真假目标的出现并没有真正的统计规律，给航迹的正确起始带来了很大的困难，特别是对于多目标密集环境。

现有的航迹处理算法可分为顺序处理技术和批处理技术两大类。通常，顺序处理技术适用于弱杂波背景中目标的起始航迹，而批处理技术对于强杂波环境下目标的航迹起始具有较好的效果。但是使用批处理技术将增加计算负担。本节介绍一种基本的航迹起始法，即直观法。

直观法就是利用直观的先验约束来起始航迹，例如速度约束、加速度约束以及角度约束等，因为目标运动必然满足某些物理约束。

假设 $r_i(i=1,2,\cdots,N)$ 为 $N$ 次连续扫描获得的位置观测值（可以是真实的三维位置，也可以是像平面位置），如果这 $N$ 次扫描中有 $M$ 个观测值满足以下条件，则起始一条航迹：

（1）测得的或者估计的速度大于某一个最小值 $V_{\min}$ 而小于某一个最大值 $V_{\max}$；

（2）测得或估计的加速度的绝对值小于最大加速度 $a_{\max}$。如果存在不止一个点迹，则用加速度最小的那个来形成新的轨迹。

直观法是一种确定性较为粗糙的方法。一般在没有真假目标先验信息的情况下使用。

### 8.2.3 数据关联

上一节简单介绍了航迹起始，解决了点迹与点迹的关联问题，在航迹起始后，还要解决点迹与航迹的关联问题。点迹与航迹的关联即是在获得新观测点迹后，判断该点迹是否真的来自已有的航迹。点迹与航迹的正确关联是获取正确目标状态估计的充分条件,错误的关联结果将得到混乱的状态估计结果。

点迹与航迹数据关联的基本方法可以大致分为两大类,极大似然类数据关联法和贝叶斯类数据关联算法。其中极大似然类数据关联算法是以观测序列的似然比为基础的,主要包括人工标图法、航迹分叉法、联合极大似然算法、0-1 整数规划法、广义相关法等。贝叶斯类数据关联算法是以贝叶斯准则为基础的,主要包括最近邻域法、概率数据关联算法、联合概率数据关联算法、最优贝叶斯算法、多假设跟踪算法等。下面简单介绍最近邻域法。

最近邻域法基于以下 5 条假设条件:
(1) 真实目标是存在的且总能被检测到;
(2) 距离观测预测最近的观测值来源于目标;
(3) 其他观测源于杂波;
(4) 目标运动特性遵循线性高斯统计特性;
(5) 观测噪声为高斯白噪声。

换言之,就是在所有观测中,只有统计距离与预测距离最近的观测被认为是源于目标的观测。

最近邻域法的工作原理是先设置跟踪门,跟踪门(相关波门)初步筛选所得到的点迹成为候选点迹,以限制参与相关判别的目标数目。跟踪门是跟踪空间中的一块子区间,中心位于被跟踪目标的预测位置,跟踪门大小的设计应保证以一定的概率接受正确点迹,落入跟踪门内的测量值作为候选点迹,即看目标的测量值 $z_k(i)$ 是否满足下式

$$(z(i) - \hat{x})^T S^{-1} (z(i) - \hat{x}) \leq \gamma \tag{8-53}$$

式中,$z(i)$ 为当前时刻的第 $i$ 个测量值;$\hat{x}$ 是当前时刻预测的目标位置;$S$ 为当前时刻的目标协方差矩阵;$\gamma$ 为事先设定的门限。

若落入跟踪门内的测量值只有一个,则该测量值可直接用于航迹更新;但若有一个以上的点迹落在被跟踪目标的跟踪门内,此时要统计距离最小的候选点迹作为目标点迹,也就是使新息加权范数达到极小的测量,用于在滤波器中对目标状态进行更新。新息加权范数表达式如下

$$d^2 = (z(i) - \hat{x})^T S^{-1} (z(i) - \hat{x}) \tag{8-54}$$

式中,$z(i)$ 是点迹坐标。

最近邻域法的优点是计算简单,缺点是在多点迹环境下,离目标预测位置最近的候选点迹并不一定是目标的真实点迹,例如目标相距较近或者轨迹交叉的目标的场景,有可能出现误跟和丢失目标的现象。由于最近邻域法是利用跟踪门中离预测值最近的测量值来进行状态更新,因而只适用于在稀疏点迹环境中跟踪非机动目标,当跟踪低可观测性机动目标或虚警概率较大时,该方法并不适用。

### 8.2.4 跟踪滤波

状态估计是对目标过去的运动状态(例如目标位置、速度、加速度等)进行平滑,对目标现在的运动状态进行滤波以及对目标未来的运动状态进行预测,是根据一组与未知参数有关的观测数据来推算未知参数的值,其目的是消除噪声的影响。由于在目标跟踪问题中,目标状态随时间变化,因此状态估计本质是未知时变参数的估计问题,是根据一组与未知参数相关的测量数据来估计出未知参数的值。由于参数是时变的,因此在进行数据处理时,未知参数和观测数据的时间演变都必须加以考虑,这也是与静态参数估计问题不同的地方。目标

跟踪常用的处理方法分为批处理和序贯处理两大类,批处理方法以经典的最小二乘方法为代表,序贯处理方法以卡尔曼滤波方法为代表,下面对这两种方法进行介绍。

**1. 最小二乘方法**

最小二乘估计是古典的,也是大家较为熟悉的一个估计方法,被广泛应用于工程实践。古典的最小二乘估计只是残差平方和达到最小意义下的一个估计,从最优估计的观点来看,它是一个线性无偏的估计,但一般不是线性最小方差估计,只有当残差平方和中取最优加权时,才是线性最小方差估计。古典的最小二乘估计是把所有观测量放在一起处理,随着递推滤波的出现,又导致了最小二乘估计的递推形式,它可以像卡尔曼滤波方法那样,逐步迭代,在一定条件下,这种估计等价于卡尔曼滤波方法。但本节讨论的是古典的最小二乘方法,即使得残差平方和最小的批处理数据方法。

给定标量线性/非线性测量,

$$y_j = h(j, x_k) + \omega_j, \quad j = 1, \cdots, k \tag{8-55}$$

式中,参数 $x_k$ 为第 $k$ 时刻的目标状态,其最小二乘估计为

$$\hat{x}_k^{\text{LS}} = \arg\min_x \left\{ \sum_{j=1}^k \left[ y_j - h(j, x_k) \right]^2 \right\} \tag{8-56}$$

式(8-56)中并没有对噪声 $\omega_j$ 进行任何假设。如果测量噪声为独立同分布的零均值的高斯随机变量,即

$$\omega_j \sim N(0, \sigma^2) \tag{8-57}$$

那么最小二乘估计与极大似然估计一致,因为在上式假设的条件下,$y_j$ 服从高斯分布,即

$$y_j \sim N(h(j, x_k), \sigma^2) \tag{8-58}$$

参数 $x_k$ 的似然函数为

$$\begin{aligned}\Lambda_k(x_k) &= p(Y \mid x_k) = p(y_1, \cdots, y_k \mid x_k) \\ &= \prod_{j=1}^k N(y_j; h(j, x_k), \sigma^2) = c e^{-\frac{1}{2\sigma^2}\sum_{j=1}^k (y_j - h(j, x_k))^2}\end{aligned} \tag{8-59}$$

可以发现式(8-56)等价于式(8-59),即最小二乘等价于极大似然估计。

下面结合光电成像与探测系统具体的传感器观测模型光电成像,介绍最小二乘方法的应用。

现在假设有一组时刻 $t_0, t_2, \cdots, t_M$,每个时刻对应的视线记为 $v_{I,t_0}, v_{I,t_1}, \cdots, v_{I,t_M}$,其对应的卫星位置记为 $r_{s,t_0}, r_{s,t_1}, \cdots, r_{s,t_M}$。在上述条件下求 $t_M$ 时刻目标的状态矢量 $x_{t_M} = [r_{t_M}, \dot{r}_{t_M}]$,其中 $r_{t_M}$ 表示 $t_M$ 时刻的位置,$\dot{r}_{t_M}$ 表示 $t_M$ 时刻的速度。

由式(8-26)可以得到每一个时刻的定位方程,如下所示:

为叙述简便,记 $A_k = \begin{pmatrix} 1 & 0 & -v_{Ix,t_k}/v_{Iz,t_k} \\ 0 & 1 & -v_{Iy,t_k}/v_{Iz,t_k} \end{pmatrix}$, $B_k = \begin{pmatrix} r_{sx,t_k} - v_{Ix,t_k} r_{sz,t_k}/v_{Iz,t_k} \\ r_{sy,t_k} - v_{Iy,t_k} r_{sz,t_k}/v_{Iz,t_k} \end{pmatrix}$

$$A_0 \begin{pmatrix} r_{x,t_0} \\ r_{y,t_0} \\ r_{z,t_0} \end{pmatrix} = B_0, A_1 \begin{pmatrix} r_{x,t_1} \\ r_{y,t_1} \\ r_{z,t_1} \end{pmatrix} = B_1, \cdots, A_M \begin{pmatrix} r_{x,t_M} \\ r_{y,t_M} \\ r_{z,t_M} \end{pmatrix} = B_M \tag{8-60}$$

假设目标做匀速直线运动,则上式可以改写为

$$\boldsymbol{A}_0 \begin{pmatrix} r_{x,t_M} + (t_0 - t_M) \cdot \dot{r}_{x,t_M} \\ r_{y,t_M} + (t_0 - t_M) \cdot \dot{r}_{y,t_M} \\ r_{z,t_M} + (t_0 - t_M) \cdot \dot{r}_{z,t_M} \end{pmatrix} = \boldsymbol{B}_0$$

$$\boldsymbol{A}_1 \begin{pmatrix} r_{x,t_M} + (t_1 - t_M) \cdot \dot{r}_{x,t_M} \\ r_{y,t_M} + (t_1 - t_M) \cdot \dot{r}_{y,t_M} \\ r_{z,t_M} + (t_1 - t_M) \cdot \dot{r}_{z,t_M} \end{pmatrix} = \boldsymbol{B}_1$$

$$\vdots$$

$$\boldsymbol{A}_M \begin{pmatrix} r_{x,t_M} \\ r_{y,t_M} \\ r_{z,t_M} \end{pmatrix} = \boldsymbol{B}_M$$

（8-61）

上式可化简为

$$\begin{pmatrix} \boldsymbol{A}_0 & (t_0 - t_M) \cdot \boldsymbol{A}_0 \end{pmatrix} \boldsymbol{x}_{t_M} = \boldsymbol{B}_0$$
$$\begin{pmatrix} \boldsymbol{A}_1 & (t_1 - t_M) \cdot \boldsymbol{A}_1 \end{pmatrix} \boldsymbol{x}_{t_M} = \boldsymbol{B}_1$$
$$\vdots$$
$$\begin{pmatrix} \boldsymbol{A}_M & (t_M - t_M) \cdot \boldsymbol{A}_M \end{pmatrix} \boldsymbol{x}_{t_M} = \boldsymbol{B}_M$$

（8-62）

进一步合并简化得

$$\begin{pmatrix} \boldsymbol{A}_0 & (t_0 - t_M) \cdot \boldsymbol{A}_0 \\ \boldsymbol{A}_1 & (t_1 - t_M) \cdot \boldsymbol{A}_1 \\ \vdots & \vdots \\ \boldsymbol{A}_M & (t_M - t_M) \cdot \boldsymbol{A}_M \end{pmatrix} \boldsymbol{x}_{t_M} = \begin{pmatrix} \boldsymbol{B}_0 \\ \boldsymbol{B}_1 \\ \vdots \\ \boldsymbol{B}_M \end{pmatrix}$$

（8-63）

记 $\boldsymbol{A} = \begin{pmatrix} \boldsymbol{A}_0 & (t_0 - t_M) \cdot \boldsymbol{A}_0 \\ \boldsymbol{A}_1 & (t_1 - t_M) \cdot \boldsymbol{A}_1 \\ \vdots & \vdots \\ \boldsymbol{A}_M & (t_M - t_M) \cdot \boldsymbol{A}_M \end{pmatrix}$，$\boldsymbol{B} = \begin{pmatrix} \boldsymbol{B}_0 \\ \boldsymbol{B}_1 \\ \vdots \\ \boldsymbol{B}_M \end{pmatrix}$，则求解式（8-63）得

$$\hat{\boldsymbol{x}}_{t_M} = (\boldsymbol{A}\boldsymbol{A}^T)^{-1} \boldsymbol{A}^T \boldsymbol{B}$$

（8-64）

在时间推进的过程中，每得到一个点迹，就需要将测量矢量增加一维，式（8-64）的求逆矩阵也将不断增大，这对计算十分不利，通常通过选取固定的时间窗口来解决这个问题。

**2. 卡尔曼滤波方法**

上述最小二乘方法是一个批处理方法，将一段时间的数据一起进行处理，然而在实际场景中观测数据往往是序贯到达的，考虑到某些跟踪应用场景的时效性，需要一种能够序贯处理观测数据的跟踪方法，卡尔曼滤波方法便应运而生。卡尔曼滤波方法是通过模型假设来近似最优贝叶斯滤波得到的。贝叶斯估计问题是求解感兴趣参数的后验概率密度，后验概率密度包括了观测和预先假设的时变参数的演变模型的所有信息，可以最优地估计目标参数。最优贝叶斯滤波是一种通过递推计算目标状态后验概率密度的方法。

（1）目标状态方程

假设 $\boldsymbol{x}_k \in \boldsymbol{R}^{n_x}$ 表示在 $k$ 时刻的目标状态，目标状态方程可以由以下随机差分方程描述

$$\boldsymbol{x}_k = \boldsymbol{g}(\boldsymbol{x}_{k-1}, \boldsymbol{v}_k)$$

（8-65）

式中，$\boldsymbol{g}(\cdot): R^{n_x} \times R^{n_v} \to R^{n_x}$ 是二阶连续可微函数；$\boldsymbol{v}_k$ 是过程噪声，用于描述系统模型的误差，

目标状态方程的构建是基于对目标运动特性的先验认知。大多数目标跟踪算法假定状态方程中的过程噪声为加性噪声，则目标状态方程变为

$$x_k = f(x_{k-1}) + v_k \tag{8-66}$$

则状态转移密度函数可以表示为

$$p(x_k | x_{k-1}) = p_{v_k}(g^{-1}(x_k, x_{k-1})) | \nabla_{x_k} g^{-1}(x_k, x_{k-1}) | = p_{v_k}(x_k - f(x_{k-1})) \tag{8-67}$$

（2）传感器观测方程

假设 $y_k \in R^{n_y}$ 表示 $k$ 时刻目标观测向量，传感器特性可由传感器观测模型描述。

$$y_k = l(x_k, w_k) \tag{8-68}$$

式中，$l(\cdot)$：$R^{n_x} \times R^{n_w} \to R^{n_y}$ 是二阶连续可微函数；随机变量 $w_k$ 表示观测误差。传感器观测方程表明了目标状态 $x_k$ 和观测值 $y_k$ 之间的定量关系（传感器观测方程是根据不同传感器的物理特性来构建的）。大多数目标跟踪算法假定观测噪声为加性噪声，观测方程可以表示如下

$$y_k = h(x_k) + w_k \tag{8-69}$$

则似然函数可以表示为

$$p(y_k | x_k) = p_{w_k}(l^{-1}(y_k, x_k)) | \nabla_{y_k} l^{-1}(y_k, x_k) | = p_{w_k}(x_k - h(x_k)) \tag{8-70}$$

（3）预测与滤波

状态转移密度函数 $p(x_k | x_{k-1})$ 和似然函数 $p(y_k | x_k)$ 可分别由目标状态方程和观测方程得到，两者用于目标状态后验概率密度的递推估计。

$$p(x_k | y^k) = \frac{p(y_k | x_k) p(x_k | y^{k-1})}{p(y^k | y^{k-1})}$$
$$= \frac{1}{p(y^k | y^{k-1})} p(y_k | x_k) \int p(x_k | x_{k-1}) p(x_{k-1} | y^{k-1}) \mathrm{d}x_{k-1} \tag{8-71}$$

式中，$p(x_{k-1} | y^{k-1})$ 为 $k-1$ 时刻的后验概率密度，代表了 $k-1$ 时刻对目标状态的概率知识，在贝叶斯框架下称为先验概率密度或先验分布；$p(y^k | y^{k-1})$ 为归一化因子；$y^k = (y_1, \cdots, y_k)$ 表示从起始到 $k$ 时刻所有的观测。上式可分为预测和滤波这两步来计算目标后验概率密度。

① 预测

在先验概率密度 $p(x_{k-1} | y^{k-1})$ 已知条件下，利用状态转移概率密度通过查普曼-科莫高洛夫方程求解一步预测概率密度。

$$p(x_k | y^{k-1}) = \int p(x_k | x_{k-1}) p(x_{k-1} | y^{k-1}) \mathrm{d}x_{k-1} \tag{8-72}$$

式中，预测概率密度 $p(x_k | y^{k-1})$ 表示 $k-1$ 时刻的概率密度。

② 滤波

在得到当前观测值 $y_k$ 后，似然函数 $p(y_k | x_k)$ 即可计算得到，然后可由式（8-72）计算得到后验概率密度分布 $p(x_k | y^k)$。在过程噪声和测量噪声都是加性噪声的假设下，目标状态后验概率密度的递推估计可以改写为

$$p(x_k | y^k) = \frac{p(y_k | x_k) p(x_k | y^{k-1})}{p(y^k | y^{k-1})}$$
$$= \frac{1}{p(y^k | y^{k-1})} p_{w_k}(x_k - h(x_k)) \int p_{v_k}(x_k - f(x_{k-1})) p(x_{k-1} | y^{k-1}) \mathrm{d}x_{k-1} \tag{8-73}$$
$$= \frac{p_{w_k}(x_k - h(x_k)) \int p_{v_k}(x_k - f(x_{k-1})) p(x_{k-1} | y^{k-1}) \mathrm{d}x_{k-1}}{\int p_{w_k}(x_k - h(x_k)) p(x_k | y^{k-1}) \mathrm{d}x_k}$$

式中，$p(\boldsymbol{x}_k|\boldsymbol{y}^{k-1}) = \int p_{\boldsymbol{v}_k}(\boldsymbol{x}_k - \boldsymbol{f}(\boldsymbol{x}_{k-1}))p(\boldsymbol{x}_{k-1}|\boldsymbol{y}^{k-1})\mathrm{d}\boldsymbol{x}_{k-1}$。

上式在数学上归纳了非机动目标跟踪背景下的贝叶斯递推形式。这是文献中提到的各种贝叶斯算法的起点。这些算法的区别在于计算上式时使用了不同的假设。而卡尔曼滤波方法是基于上式在如下三个假设下推导而来的，假设如下。

假设1：目标状态和观测方程是线性的。

$$\boldsymbol{x}_k = \boldsymbol{F}\boldsymbol{x}_{k-1} + \boldsymbol{v}_k \tag{8-74}$$

$$\boldsymbol{y}_k = \boldsymbol{H}\boldsymbol{x}_k + \boldsymbol{w}_k \tag{8-75}$$

假设2：过程噪声 $\boldsymbol{v}_k$ 和测量噪声 $\boldsymbol{w}_k$ 是均值为零，协方差分别为 $\boldsymbol{Q}_k$ 和 $\boldsymbol{R}_k$ 的高斯白噪声。

假设3：$k-1$ 时刻后验概率密度 $p(\boldsymbol{x}_{k-1}|\boldsymbol{y}^{k-1})$ 是均值为 $\hat{\boldsymbol{x}}_{k-1|k-1}$、方差为 $\boldsymbol{P}_{k-1|k-1}$ 的高斯分布。

在上述假设条件下可以推导出标准的卡尔曼算法迭代步骤。

步骤1：计算预测均值和方差矩阵。

$$\begin{aligned}\hat{\boldsymbol{x}}_{k|k-1} &= \boldsymbol{F}\hat{\boldsymbol{x}}_{k-1|k-1} \\ \boldsymbol{P}_{k|k-1} &= \boldsymbol{F}\boldsymbol{P}_{k-1|k-1}\boldsymbol{F}^{\mathrm{T}} + \boldsymbol{Q}_k\end{aligned} \tag{8-76}$$

步骤2：计算观测预测、新息方差矩阵和卡尔曼增益。

$$\begin{aligned}\hat{\boldsymbol{y}}_{k|k-1} &= \boldsymbol{H}\hat{\boldsymbol{x}}_{k|k-1} \\ \boldsymbol{S}_k &= \boldsymbol{H}\boldsymbol{P}_{k|k-1}\boldsymbol{H}^{\mathrm{T}} + \boldsymbol{R}_k \\ \boldsymbol{K}_k &= \boldsymbol{P}_{k|k-1}\boldsymbol{H}^{\mathrm{T}}\boldsymbol{S}_k^{-1}\end{aligned} \tag{8-77}$$

步骤3：计算后验均值和方差矩阵。

$$\begin{aligned}\hat{\boldsymbol{x}}_{k|k} &= \hat{\boldsymbol{x}}_{k|k-1} + \boldsymbol{K}_k(\boldsymbol{y}_k - \hat{\boldsymbol{y}}_{k|k-1}) \\ \boldsymbol{P}_{k|k} &= (\boldsymbol{I} - \boldsymbol{K}_k)\boldsymbol{P}_{k|k-1}\end{aligned} \tag{8-78}$$

### 8.2.5 跟踪终结

在多目标跟踪领域中，除了上述的滤波估计方法、航迹起始以及数据关联，航迹的跟踪终结也是航迹管理中十分重要的问题。由于在跟踪过程中，目标有可能出现脱离监视区域、目标生命周期结束等情况，跟踪器有必要做出合适的决策来确定是否终结跟踪。目前多目标终结技术主要有序列概率比检验算法、跟踪门算法、代价函数法、贝叶斯算法以及全邻贝叶斯算法等。下面简单介绍序列概率比检验算法。

序列概率比检验算法（Sequential Probability Ratio Test，SPRT）既可用于跟踪起始又可用于跟踪终结，序列概率比检验算法采用假设检验来进行跟踪的起始或者终结。

首先建立两个假设，

$$H_1：跟踪起始$$
$$H_0：跟踪终结$$

然后计算每种假设的似然函数 $P_1$ 和 $P_0$，

$$\begin{aligned}P_1 &= P_D^m(1-P_D)^{k-m} \\ P_0 &= P_F^m(1-P_F)^{k-m}\end{aligned} \tag{8-79}$$

式中，$P_D$ 和 $P_F$ 分别为检测概率和虚警概率；$m$ 为检测数；$k$ 为扫描数。

定义两种假设的似然比为

$$U = \frac{P_1}{P_0} \quad (8\text{-}80)$$

设置两个门限分别为 $C_1$ 和 $C_2$。则 SPRT 算法的决策逻辑如下：

$U \geqslant C_2$，接受假设 $H_1$，跟踪起始

$U \leqslant C_1$，接受假设 $H_0$，跟踪终结

$C_1 < U < C_2$，继续检验

其中，决策门限 $C_1$ 和 $C_2$ 满足如下表达式，

$$\begin{aligned} C_1 &= \frac{\beta}{1-\alpha} \\ C_2 &= \frac{1-\beta}{\alpha} \end{aligned} \quad (8\text{-}81)$$

式中，$\alpha$ 是假设 $H_0$ 为真时，接受 $H_1$ 的概率，即漏撤概率 $p(H_1|H_0)$；$\beta$ 是假设 $H_1$ 为真时，接受 $H_0$ 的概率，即误撤概率 $p(H_0|H_1)$。

前面叙述了整个跟踪的全过程，大致包括航迹起始、数据关联、滤波估计以及跟踪终结，其中包含了航迹的起始、确认、保持、撤销等操作。在现代化战争中，航迹与航迹之间呈现出错综复杂的关系，这些操作在工程应用中成为了十分重要的问题，战场航迹管理成为一项重要且不可替代的环节。

## 8.3 光电成像与探测系统中的目标跟踪示例

在光电成像与探测系统中，最终的目的是完成对视场内目标的跟踪和识别。跟踪是识别的基础，目标跟踪的本质是对目标运动参数的估计，运动参数一般包括目标的位置、速度、加速度、角速度等。相对于静态的状态估计，运动目标跟踪需要对目标的时间演变模型有深刻的认识，即对目标的运动方式与运动特性有一个先验的认知和假设，称为目标的运动模型。准确的目标运动模型会提高参数估计的精度，而往往目标实际的运动是十分复杂的，对目标运动的精准建模有一定的难度，且复杂的模型对计算量有更高的要求。因此，在实际操作中，建模时需要进行简化但又要抓住目标的运动特性，常见的运动模型有匀速直线运动模型、匀速转弯运动模型、Singer 模型、Jerk 模型等。

下面给出了某空天动目标的跟踪示例，该场景中有一个目标按照预设的轨迹运动，被分别位于（117°E，22°N）（118°E，22°N）的两个光学传感器进行探测，测角误差 0.1°，场景示意图如 8-2 所示。

采用匀速直线运动模型，主动段跟踪结果仿真如图 8-11 所示。

从上述结果可知，估计出的目标轨迹与实际轨迹紧密贴合，说明成功对目标进行了跟踪定位，进一步统计估计轨迹结果与实际轨迹的均方根误差，来对跟踪结果进行定量分析，空天动目标跟踪结果如图 8-12 所示。

图 8-12 中位置误差曲线和速度误差曲线在局部有小的跳跃现象，这是因为目标运动较为复杂，其航向发生了变化，目标的运动状态发生了改变，难以保证预设的目标运动模型与真实的目标运动完美贴合。

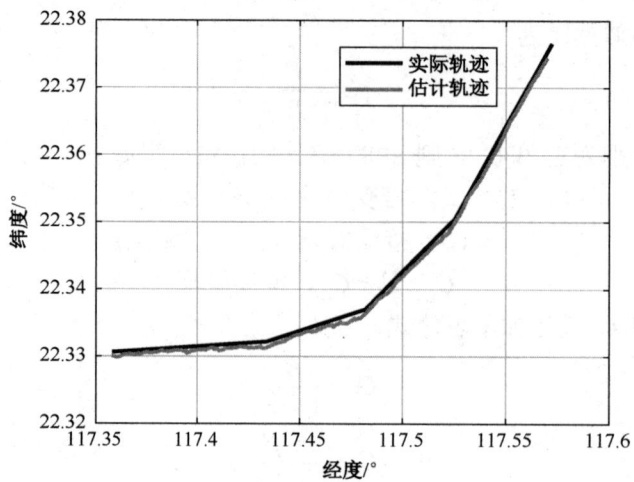

图 8-11 主动段跟踪结果仿真

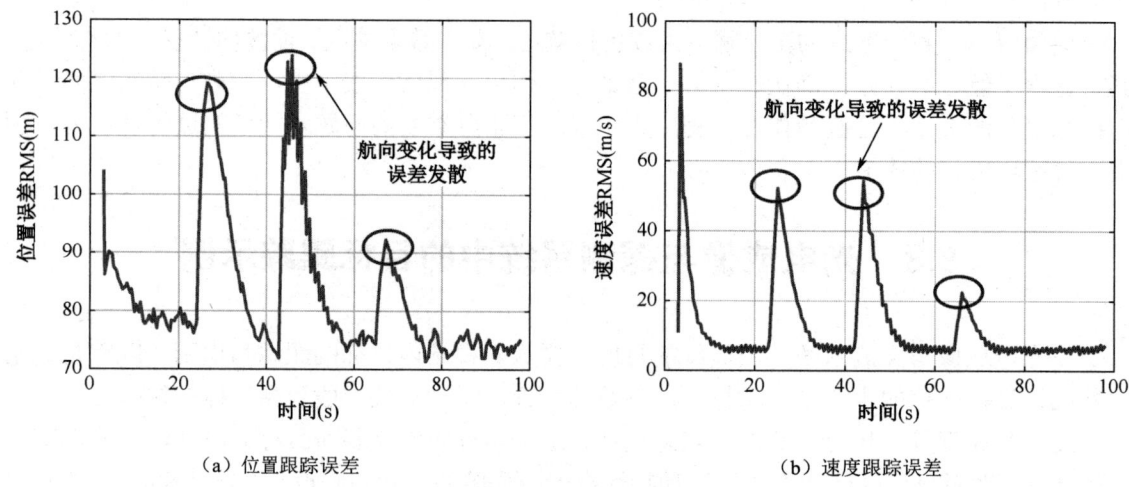

(a) 位置跟踪误差　　　　　　　　　(b) 速度跟踪误差

图 8-12 空天动目标跟踪结果

从上述结果也可以看出对目标运动精准建模的必要性。整个跟踪滤波过程本质上是利用观测信息和目标运动模型先验来抑制噪声，但是建模的参数规模还需要结合特定场景来考虑，过多的参数可能会导致过拟合，参数过少可能导致建模不够精细准确。

# 习题

1. 单观测平台对目标的空间定位的约束有哪些？
2. 最小二乘方法和卡尔曼滤波方法的主要区别是什么？

# 参考文献

[1] 蓝江桥. 战略预警体系概论[M]. 北京：军事科学出版社，2015.
[2] 林再平. 天基红外图像弱目标检测前跟踪技术研究[D]. 国防科技大学，2012.

[3] 龙云利. 天基红外监视系统目标检测与跟踪技术研究[D]. 国防科技大学，2012.
[4] 林两魁. 天基红外传感器对中段弹道目标群的跟踪与超分辨技术研究[D]. 国防科技大学，2011.
[5] 盛卫东. 天基光学监视系统目标跟踪技术研究[D]. 国防科技大学，2011.

# 反侵权盗版声明

电子工业出版社依法对本作品享有专有出版权。任何未经权利人书面许可，复制、销售或通过信息网络传播本作品的行为；歪曲、篡改、剽窃本作品的行为，均违反《中华人民共和国著作权法》，其行为人应承担相应的民事责任和行政责任，构成犯罪的，将被依法追究刑事责任。

为了维护市场秩序，保护权利人的合法权益，我社将依法查处和打击侵权盗版的单位和个人。欢迎社会各界人士积极举报侵权盗版行为，本社将奖励举报有功人员，并保证举报人的信息不被泄露。

举报电话：（010）88254396；（010）88258888

传　　真：（010）88254397

E-mail：　dbqq@phei.com.cn

通信地址：北京市万寿路173信箱
　　　　　电子工业出版社总编办公室

邮　　编：100036